创新驱动汽车产业发展的探索与实践

王秀丽 著

中国纺织出版社有限公司

图书在版编目（CIP）数据

创新驱动汽车产业发展的探索与实践／王秀丽著
．－－北京：中国纺织出版社有限公司，2021.12
ISBN 978-7-5180-9201-7

Ⅰ．①创⋯　Ⅱ．①王⋯　Ⅲ．①汽车工业—经济发展—研究—中国　Ⅳ．① F426.471

中国版本图书馆 CIP 数据核字（2021）第 252164 号

责任编辑：郭　婷　责任校对：高　涵　责任印制：储志伟

中国纺织出版社有限公司出版发行
地址：北京市朝阳区百子湾东里 A407 号楼　邮政编码：100124
销售电话：010—67004422　传真：010—87155801
http://www.c-textilep.com
官方微博 http://weibo.com/2119887771
北京佳诚信缘彩印有限公司印刷　各地新华书店经销
2021 年 12 月第 1 版第 1 次印刷
开本：710×1000　1/16　印张：11.75
字数：200 千字　定价：68.00 元

凡购本书，如有缺页、倒页、脱页，由本社图书营销中心调换

前言

我国汽车产销量 2009 年首次超越美国和日本，跻身全球汽车产销第一大国，2013 年突破 2000 万辆，至 2017 年达到 2900 万辆。2020 年虽然受到疫情影响，汽车产销量同比下降 2% 和 1.9%，但仍然达到产量 2522.5 万辆和销量 2531.1 万辆。我国在全球汽车制造业的市场份额已从 2000 年的 3.5% 提高到 2020 年的 30% 以上，成为名副其实的世界汽车制造大国。经过半个多世纪的发展，我国汽车产业在技术变革、市场发展、供应链管理、组织创新等领域取得了丰富的经验。尤其是 2020 年暴发的新冠肺炎疫情，对全球经济产生重大影响，但作为产业链长的中国汽车产业是复工最早的产业，其产业链韧性、稳定性和安全性的实践为其他产业应对不确定性提供了较好的经验借鉴。

汽车产业是国民经济重要的支柱产业，产业链长、关联度高、就业面广、消费拉动大的特点，使得汽车产业在国民经济和社会发展中发挥着重要作用。作为制造业的集大成者，在全球制造业转型升级、创新变革和商业模式重构的新时代，汽车产业首当其冲受到新技术带来的深刻影响。由此，汽车产业进入全面变革的特殊时期：制造体系、产业形态、产业价值链和产品形态等都将发生重大改变。与此同时，能源、环境、拥堵和安全等汽车社会制约因素又给汽车产业变革增加了外部压力。此外，汽车产业的发展离不开国际国内环境的变化，并受到国际国内环境的影响。党的十八大以来，党中央根据新时代面临的新格局、新挑战和新使命，提出了一系列以内需拉动和创新驱动来促进经济发展的举措。在中国经济进入新常态、《中国制造 2025》的深入实施和创新驱动发展战略、供给侧结构性改革、"一带一路"倡议、高质量发展、双循环新发展格局的背景下，汽车产业的发展面临着诸多的机遇与挑战。因此总结经验，正视汽车产业发展中需要改进的地方，最终实现高质量发展，是汽车产业亟待解决的课题。创新驱动已成为汽车产业高质量发展的内生动力已得到理论界和产业界的共识，基于此，本书结合典型案例总结了近年来创新驱动我国汽车产业发展的实践经验，并结合新时期国内外环境，提出创新驱动汽车产业高质量发展的对策。

本书分三个部分：第一部分是汽车产业发展概括，讲述汽车产业发展演化及趋势。第二部分是创新驱动汽车产业发展的实践。结合中国汽车产业的特点，以技术创新、产业链协同创新、商业模式创新三个方面分三章进行深入探讨。第三部分是新时期汽车产业创新发展研究。结合近十年的时代背景，从新常态下的汽车产业转型升级与创新发展，提炼新常态下汽车产业创新发展的实践经验；同时结合当前的高质量发展背景，提出了汽车产业创新发展的对策；最后提出了高校人才培养对接汽车产业创新发展的对策措施。

2021年是"十四五"规划的开局之年，迈向"以国内大循环为主体、国内国际双循环相互促进的新发展格局"决定了战略转型和战略替换将是2021年经济运行的核心主题。希望本书能够为汽车产业的转型升级和高质量发展提供资料借鉴！鉴于水平有限，研究不妥之处在所难免，敬请各位读者包涵和批评指正！

本书写作过程比较缓慢，在本书付印之际，非常感谢众多"贵人"的相助。首先，感谢湖北汽车工业学院提供的教学科研平台，在这里我工作了近二十年，成长于此，回首往事，很多难忘的时刻呈现在眼前。也非常感谢我现在工作单位武汉商学院的领导和同事们给予的大量帮助和支持！还要感谢中国纺织出版社有限公司的编辑们，你们审稿过程中认真负责的工作态度使我敬佩！另外，在本书撰写过程中参考了大量书籍和文献资料，在此谨向作者们表示衷心的感谢！

王秀丽
书于后官湖畔武汉商学院
2021年9月

目录

第一章 汽车产业发展演化及趋势分析 ... 1

- 一、世界汽车产业发展历程 ... 1
- 二、中国汽车产业发展历程 ... 3
- 三、汽车产业在社会经济发展中的地位和作用 ... 4
- 四、我国汽车产业的世界地位 ... 7
- 五、当前汽车产业竞争格局 ... 11
- 六、我国汽车市场的类型 ... 16
- 七、我国汽车市场的特点 ... 19
- 八、我国汽车市场的发展趋势 ... 20
- 九、新时期我国汽车产业的变化趋势 ... 22

第二章 技术创新驱动汽车产业发展的实践 ... 25

- 一、技术创新驱动产业发展的理论与实践 ... 25
- 二、中国汽车产业的模仿创新 ... 35
- 三、当前汽车技术创新的表现形式及驱动力 ... 36
- 四、汽车产业应对技术变革和市场发展的对策 ... 44
- 五、技术创新驱动新能源汽车产业发展和转型升级实践 ... 47
- 六、大型汽车企业的技术创新实践 ... 52

第三章 产业链协同创新驱动汽车产业发展的实践 ... 60

- 一、汽车产业价值链相关研究 ... 60

二、汽车企业渠道管理的创新案例 …………………………………… 63

　　三、汽车渠道冲突的解决使得汽车制造商与渠道商协同创新发展 …… 79

　　四、技术创新驱动中国汽车价值链重构 ………………………………… 86

第四章　商业模式创新驱动汽车产业发展的探索 ………………………… 95

　　一、新能源汽车的商业模式 ……………………………………………… 96

　　二、湖北省汽车产业商业模式创新的实践探索 ……………………… 104

第五章　新常态下我国汽车产业转型与创新实践 ………………………… 138

　　一、新常态下我国汽车产业转型升级研究 …………………………… 139

　　二、新常态下我国汽车分销渠道的整合创新发展 …………………… 145

第六章　创新驱动汽车产业高质量发展研究 ……………………………… 152

　　一、高质量发展的提出及内涵 ………………………………………… 152

　　二、汽车产业高质量发展的路径 ……………………………………… 155

　　三、创新驱动汽车产业高质量发展的典型案例 ……………………… 159

第七章　新时期汽车产业发展与创新性人才培养 ………………………… 163

　　一、汽车产业的创新发展对人才提出的新要求 ……………………… 163

　　二、汽车产业创新发展下汽车人才的分类及知识储备 ……………… 165

　　三、产学研协同助推汽车产生创新发展的建议 ……………………… 166

　　四、新时期高校汽车营销人才实践能力培养措施 …………………… 167

参考文献 ……………………………………………………………………… 173

第一章 汽车产业发展演化及趋势分析

一、世界汽车产业发展历程

从世界上第一家汽车公司——德国奔驰汽车公司1887年成立至今，世界汽车产业走过了130多年历程，成为"改变世界的机器""推动社会进步的动力和促进经济发展的引擎"。

1. 汽车产业诞生于德国

德国是汽车产业的发源地，卡尔·本茨（Karl Benz）于1887年创立奔驰汽车公司，戈特利布·戴姆勒（Gotlieb Daimler）于1890年创立戴姆勒汽车公司，两家公司于1926年6月合并为戴姆勒—奔驰汽车公司，所生产的汽车命名为"梅赛德斯—奔驰"。早在1908年，德国就有53家汽车公司，如今只剩下戴姆勒—奔驰、宝马和大众三大汽车集团。其中，大众汽车集团在2016年成功实现对丰田汽车集团的"逆袭"，成为全球汽车业的新霸主。这一年，大众汽车集团在全球范围内的总销量达1030万辆，营业收入达2366亿美元，在世界500强中排名第7。德国目前是世界第四大汽车生产国，其产品以质量好、安全可靠而著称，奔驰、宝马、奥迪等豪华轿车和保时捷跑车在世界车坛享有盛誉、经久不衰，品牌含金量极高。

2. 汽车产业成熟于美国

汽车产业的第一次飞跃发展要归功于美国的亨利·福特（Henry Ford）。亨利·福特于1903年创立福特汽车公司，并于1908年推出了著名的福特T型车，售价仅为300美元，只有当时同类汽车价格的1/6甚至更低，福特的T型车战略使汽车成为真正意义上的大众交通工具。1913年，福特公司首先在生产中使用流水线装配汽车，这给世界汽车产业乃至整个制造业带来了惊天动地的革命性变化——标准化、流水线和大规模生产，极大地促进了汽车生产的高效率与低成本。大批量流水生产成为世界汽车产业乃至整个制造业一个十分重要的里程碑。美国汽车产业从20世纪初到21世纪初的100多年里，几乎主宰了世界汽车产业的发展，虽然在产量上于2009年被中国超越而位居第二，但它仍然是名副其实的汽车强国。目前美国主要有通用、福特和克莱斯勒三大汽车集团，其中，通用汽车集团是目前世界上最大的汽车集团。

3. 汽车产业兴旺于欧洲

欧洲是汽车产业的摇篮，也一度是世界汽车产业的中心。汽车领域的许多技术突破和发明创造都源于欧洲，世界上大多数知名汽车品牌来自欧洲，全球的顶级豪华汽车大部分产自欧洲。除德国外，法国、英国、西班牙、意大利、捷克等都是世界上主要的汽车大国。法国以科技创新推动世界汽车产业的发展，目前有标致雪铁龙（PSA）和雷诺两大汽车集团。英国汽车一直被认为是代表着汽车工艺的极致以及品位、豪华、典雅的完美体现，英国的劳斯莱斯（Rolls-Royce）、宾利（BENTLEY）、路虎（Landrover）、阿斯顿·马丁（Aston Martin）、MINI、罗孚（Rover）、捷豹（Jaguar）等都是享誉全球的汽车品牌。意大利的汽车产量在2016年虽然只有100多万辆，但它却是一个盛产豪华轿车和超级跑车的国家，大家比较熟悉的法拉利（Ferrari）、玛莎拉蒂（Maserati）、兰博基尼（Lamborghini）、阿尔法—罗密欧（Alfa-Romeo）、蓝旗亚（LANCIA）等均受到世界各国爱车人士的青睐。

4. 汽车产业激增于亚洲

20世纪70年代以后，世界汽车产业的重心逐渐向亚洲转移。日本汽车产业起步较晚，1960年日本汽车产量仅为16万辆，远低于美国和欧洲各主要汽车生产国的产量。但以汽车公司为代表的日本汽车企业采用"准时化（JIT）生产方式"（之后演变为"精益生产方式"）和"全面质量管理（TQC）"，使汽车生产成本大幅降低，质量明显提升。同时，20世纪70年代中东石油危机中日本大力开发汽车节油技术，从而极大地促进了日本汽车产业的高速发展。到1980年，日本汽车生产量达到1100万辆，出口量猛增到600万辆，超过美国成为世界最大的汽车生产国和出口国。继日本之后，韩国、中国和印度的汽车产业在政府的扶持下也得以迅速发展，其中，韩国注重自主汽车品牌的发展，中国走的是合资发展道路，印度则大力发展平民化小型汽车。目前为止，中国、日本、韩国、印度四国分别是世界第一、第三、第五和第六大汽车生产大国，亚洲成为继美国和欧洲之后的第三个汽车产业发展中心。

二、中国汽车产业发展历程

我国汽车产业起步于20世纪50年代初，从第一汽车制造厂奠基算起，已经走过60多年，成为我国经济发展的战略性支柱产业。从步履蹒跚到大踏步迈进，我国汽车产业走出了一条独特的发展道路，中国如今已成为世界第一汽车制造大国和第一汽车消费大国。我国汽车产业60多年的发展历程，大致可以分为四个阶段：

1. 初创期（1953—1980年）

这个阶段是我国汽车产业从无到有、从创业到初步成长的时期。1953年第一汽车制造厂破土动工，标志着我国汽车产业的诞生；1958年，北京汽车制造厂、上海汽车制造厂、南京汽车制造厂相继成立；1969年9月，第二汽车制造厂在湖北省十堰市开工建设。这个时期以引进和仿制国外汽车产品为主，代表性产品主要有解放牌载货车、东风牌越野车、红旗牌轿车等。

2. 开拓期（1981—1998年）

这个阶段是我国汽车产业从小到大、从独立自主发展到合资发展转变的时期。改革开放政策为我国汽车产业带来了新的曙光，20世纪80年代（1981—1989年）出现了第一代合资潮，通用、大众、丰田等国外汽车品牌纷纷来到我国市场寻求合作，我国汽车产业的改革大幕由此拉开。1983年5月，北京吉普汽车有限公司成立，这是我国第一家整车合资企业。1984—1985年，天津夏利、上海大众、广州标致三家合资企业相继成立。90年代（1990—1998年）迎来了第二代合资潮，我国汽车产业的重心从载货汽车转到轿车上来，一汽大众、神龙汽车、重庆长安、上海通用、广州本田、一汽丰田等一大批合资企业相继成立，通过以市场换技术的方式与国外大型企业集团合资合作，加快了我国大型汽车集团的发展步伐。1994年出台的《汽车产业发展政策》确定了汽车产业在我国经济中的支柱产业地位。

3. 爆发期（1999—2010年）

这个阶段是我国汽车产业进入"井喷式"发展的时期。2001年11月，我国加入世界贸易组织（WTO），我国汽车市场成为全球汽车界关注的焦点，我国汽车制造业面临更为广泛的国际合作与竞争。在国外汽车资本和技术大举进入、合资汽车企业的规模极速增长的同时，国家提出了自主品牌发展战略，吉利、奇瑞、比亚迪、长城等自主品牌得到了前所未有的发展。得益于我国经济的持续高速增长，市场对各类汽车的需求呈现爆炸式增长。这是我国汽车产业发展最快的10年，产销量分别从1999年的183.4万辆和183.7万辆猛增到2010年的1826.5万辆和1806.2万辆，增长了将近10倍，并在全球汽车市场遭遇重创的2009年，一举超越美国和日本，成为全球第一汽车生产大国和第一汽车消费大国。

4. 转型期（2011年至今）

这个阶段是我国汽车产业回归理性、转型发展的时期。在经历了10年"井喷式"发展之后，我国汽车产业开始从跨越全球第一大市场的兴奋中回归理性。在《中国制造2025》以及"互联网＋"的推动下，我国汽车产业从规模扩张向结构调整和转型升级转变，由汽车大国向汽车强国转变。汽车行业合资走向多元化，合作层面更加深入，依托我国巨大的消费市场以及我国企业的资金优势，中方在合资企业中开始取得真正意义上的控股权和控制权。我国汽车行业的技术创新能力显著提高，自主品牌发展进入快车道；产业结构进一步优化，市场集中度稳步提升；新能源汽车进入产业化发展，智能网联汽车成为行业关注焦点。我国连续12年蝉联世界汽车产销第一的位置，2017年，我国汽车产销量分别连续增长，达到2901.5万辆和2887.9万辆，占全球汽车总销量的30%以上，成为拉动全球汽车产业持续增长的新引擎。20年来的汽车销量及增长如图1-1所示。

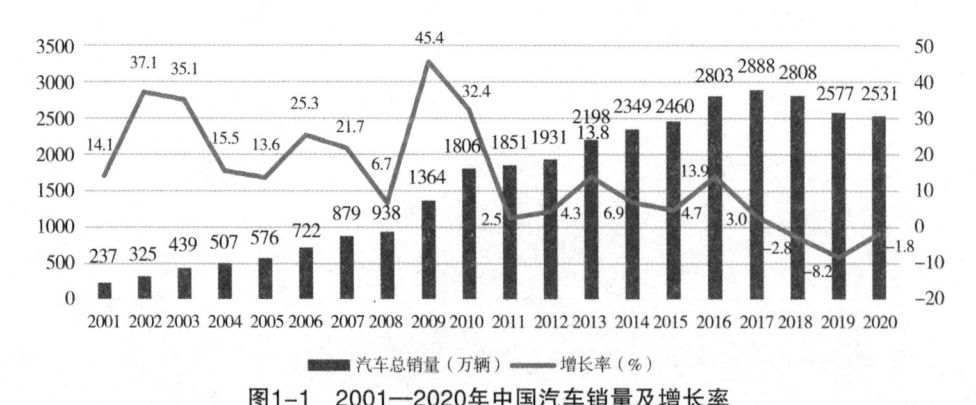

图1-1 2001—2020年中国汽车销量及增长率

三、汽车产业在社会经济发展中的地位和作用

1. 汽车产业对宏观经济的贡献

（1）汽车产业是拉动经济增长的引擎

随着我国汽车产业持续快速发展，汽车产业在国民经济中的地位也在不断提

升,已经成为支撑和拉动我国经济持续快速增长最重要的支柱产业和主导产业之一。我国汽车产业增加值在全国 GDP 中所占比例也由 1996 年的 0.85% 上升至 2020 年接近 2%,汽车产业增加值的增速远高于 GDP 的增速。近几年,我国汽车产业对国民经济的综合贡献率均保持在 5% 以上。

(2)汽车产业是收入、利润和税收的重要来源

汽车是一种单位价值高、附加值大、需求巨大且增长迅速的产品,汽车产业每年为国家创造巨大的收入、利润和税收。以 2016 年为例,我国汽车行业工业增加值同比增长 15.5%,高于全国 GDP 增速 8.8 个百分点,高于全国规模以上工业增速 9.5 个百分点。2016 年,汽车行业 15445 家规模以上企业累计实现主营业务收入 83345.25 亿元,累计实现利润总额 6886.24 亿元,累计缴纳税款总额 3927.49 亿元,如果加上销售和使用环节的税收,则至少在 8300 亿元以上。至 2019 年,汽车产业的税负超利润 4 成,2020 年 1—11 月重点企业的收入变化及利税总额增长变化趋势如图 1-2 和图 1-3 所示。

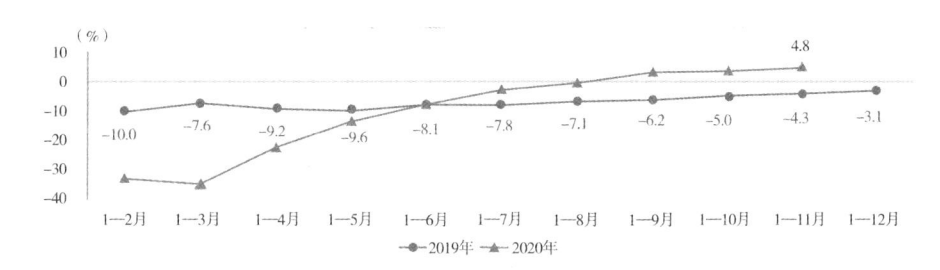

图 1-2　2020 年 1—11 月重点企业营业收入增长变化趋势
(数据来源:中国汽车工业协会)

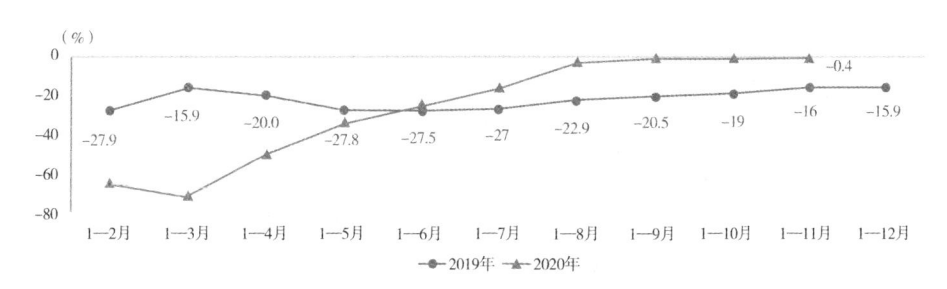

图 1-3　2020 年 1—11 月重点企业利税总额增长变化趋势
(数据来源:中国汽车工业协会)

（3）汽车产业是拉动上下游关联产业快速发展的"发动机"

汽车产业具有产业链长、上下游产业关联度高、辐射面广、综合性强等特点，汽车产业的蓬勃发展可以显著拉动上下游关联产业的快速发展。有关统计资料表明，汽车产业可以带动150多个上下游相关产业的发展，包括钢铁、石化、橡胶、玻璃、电子、机械等上游产业和金融、保险、维修、保养、租赁、旅游等下游产业。国务院发展研究中心对2005年我国62个部门的投入产出流量表进行了分析，结果显示，汽车制造业每增值1元，就可带动上下游关联产业增值2.64元。随着汽车产业规模不断扩大、汽车产品技术不断发展、汽车产业链条不断完善，汽车产业对上下游产业的拉动效应将更为显著。

（4）汽车产业是提供庞大就业岗位的产业

汽车产业既是资金密集型和技术密集型产业，又是劳动密集型产业，为社会创造了大量的就业机会。相关资料显示，2016年我国汽车制造业直接就业人数为430多万人。不仅汽车产业本身能够提供数量庞大、范围广泛的就业平台，而且可以带动相关产业产生更多的就业机会。国家信息中心分析认为，汽车产业（包括汽车零部件企业在内）与相关产业的就业比例关系是1∶7，即汽车产业每增加1个就业岗位，就会带动相关产业增加7个就业岗位。据此推算，我国汽车产业至少为其他相关产业新创造了3010多万个就业机会。

（5）汽车产业是国家出口创汇的重要产业

汽车产业是资金和技术密集的大批量生产产业，不是任何国家都有条件发展汽车产业的。但是，世界上所有国家都需要大量汽车，这就决定了汽车产业成为强大的出口产业的地位，成为世界制造业中出口创汇最高的产业之一。据中国汽车产业协会提供的数据，2017年我国汽车出口金额为930多亿美元。

2. 汽车对人类生活方式的影响

目前，汽车已经成为人们日常生活中不可或缺的重要组成部分。汽车的普遍使用，不仅改变了社会经济结构，带动了经济发展，推动了社会进步，而且拓展了人类的活动空间，改变了人类的生活方式，丰富了人们的文化生活，在智慧城市、智慧旅游发展中起到了重要作用。

（1）汽车拓展了人类的活动空间

汽车的便利性、运行速度和载重能力使人类如虎添翼。汽车大幅缩短了空间距离，改变了人们的时空观念和效率观念，极大地拓展了人们的活动半径和生活空间。自行车将人类的工作距离增加到10公里以内，汽车则将工作地点与居住地的距离扩展到50公里以上，汽车的大量普及为人们在更大的区域范围内选择工作单位和住宅带来了便利。同时，汽车还为人与人之间的交流提供了便利，增加了结伴旅游、朋友聚会的概率，在每年的"五一""十一"等长假期间，亲朋好友结伴到外地"自驾游"已经成为一种新的旅游方式。尤其是2020年暴发的新冠疫情，对旅游出行方式产生重要影响，自驾游、房车旅游成为旅游热门方式，汽车营地的投资和建设增加，延伸了汽车后市场的产业链。

（2）汽车改变了人类的生活方式

汽车能实现"门对门"的交通，使人们可以自如、快捷地出行，因而大幅改变了人们的周末生活和夜间生活。现在，周末郊游越来越普遍，许多人一到周末就开车去郊外，登山、踏青、赏花、健步走，去欣赏大自然的美景，呼吸清新的空气，品尝绿色的农家菜。同时，汽车方便了城乡之间的联系，促进了城乡的交流和发展，促进了不同区域、不同民族的文化交流与融合。

（3）汽车丰富了人们的文化生活

随着现代汽车技术的飞速发展和汽车文化的兴起，汽车在创造物质文明的同时，也通过丰富人类文化来创造精神文明，由汽车衍生出来的精神文化产品内容丰富、形式多样。如今，各种车展和各种赛车（方程式赛、耐力赛、拉力赛、越野赛、泥地赛等）运动，还有汽车博物馆、汽车俱乐部、汽车餐厅、汽车旅馆，以及各类汽车报纸、杂志、网站等，不仅极大地丰富了人们的闲暇生活，而且对人们的文化生活产生了深远的影响。可以说，汽车文化已经成为人们精神和物质文化生活的重要组成部分。

四、我国汽车产业的世界地位

1. 产业规模

我国汽车产销量2009年首次超越美国和日本，跻身全球汽车产销第一大国；2013年首次突破2000万辆，至2017年达到2900万辆。我国在全球汽车制造业的市场份额已从2000年的3.5%提高到2017年的30.4%，成为名副其实的世界汽车制造大国。2020年，突如其来的新冠疫情为汽车行业按下了"暂停键"，在巨大的冲击下，全行业同舟共济，不畏艰难，坚决落实党中央、国务院的决策部署，扎实推进复工复产，加快转变营销方式，积极促进汽车消费，汽车市场逐步复苏，全年产销增速稳中略降,基本消除了疫情的影响,汽车行业总体表现出了强大的发展韧性和内生动力。全年汽车产销分别完成2522.5万辆和2531.1万辆,同比分别下降2%和1.9%,降幅比上年分别收窄5.5和6.3个百分点,仍然连续12年蝉联全球第一位。截至2021年10月,受车用芯片供应短缺、电力供应紧张等不利因素影响,我国汽车产销同比呈下降趋势,但降幅较此前明显收窄;新能源汽车产销继续保持高速增长,1—10月市场渗透率达到12.1%。

2. 细分市场

(1) 乘用车

我国乘用车产量自2005年以来以年均18%以上的增速持续增长,2017年达到2480.67万辆,占全球乘用车总产量的34.5%。其中,基本型乘用车(轿车)1193.78万辆,运动型多用途乘用车(SUV)1028.7万辆,均居全球首位。但2018年我国乘用车市场出现了28年以来的首次负增长。我国商用车产量2017年达到420.87万辆,占全球商用车总产量的16.9%。其中,中重型载货车产量占全球中重型载货车总产量的比例高达42.5%,自2007年以来一直稳居世界首位;客车产量占全球客车总产量的比例更是高达61.9%,自2003年以来一直独占鳌头;轻型货车的产量也居全球第二位。中国汽车细分市场变化如图1-4所示。

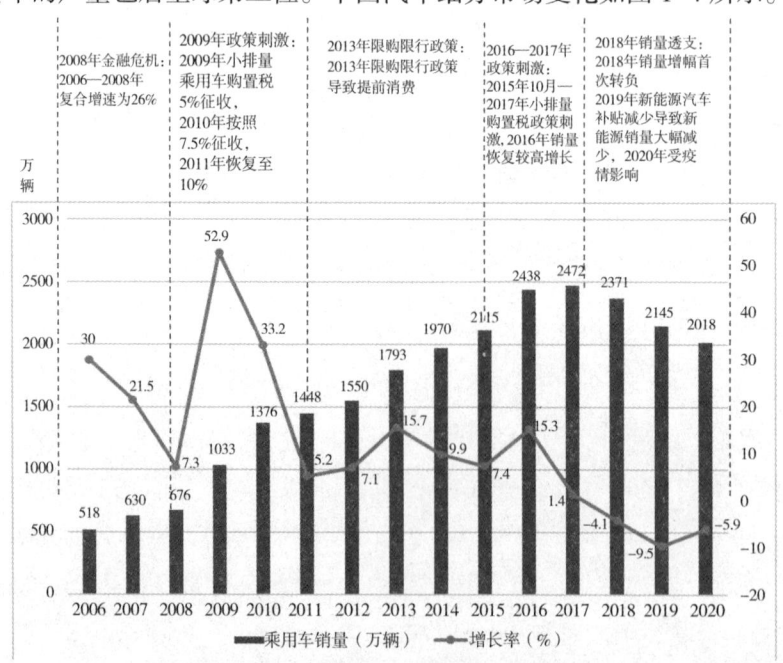

图1-4 乘用车年度销量及同比增速

（2）商用车

2020年，受国Ⅲ汽车淘汰、治理超标加严以及基建投资等因素的拉动，商用车全年产销呈现大幅增长（图1-5）。2020年商用车产销分别完成523.1万辆和513.3万辆，首超500万辆，创历史新高，商用车产销同比分别增长20.0%和18.7%，产量增幅比上年提高18.1个百分点，销量增速比上年实现了由负转正。分车型产销情况看，货车是支撑商用车增长的主要车型，货车产销分别完成477.8万辆和468.5万辆，同比分别增长22.9%和21.7%；客车产销分别完成45.3万辆和44.8万辆，同比分别下降4.2%和5.6%。

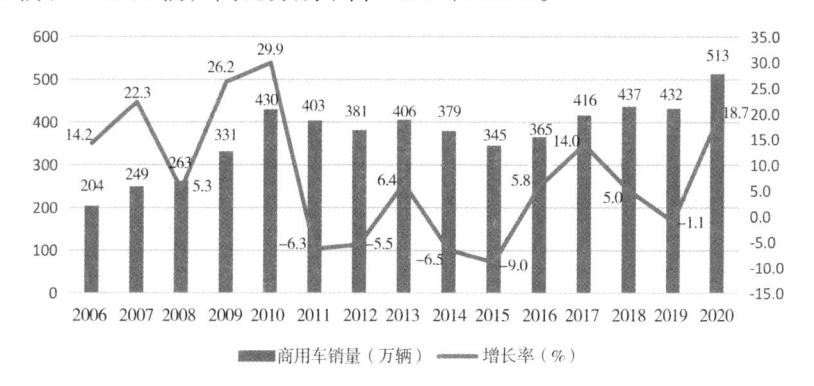

图1-5　2006—2020年商用车销量及增长率

（3）皮卡车

2020年，皮卡产销分别完成49.2万辆和49.1万辆，同比分别增长8.0%和8.6%，排名前五的皮卡企业销量合计40.0万辆，同比增长28.2%，占皮卡销售总量的81.4%，高于上年同期12.5个百分点（图1-6）。2020年，中国排名前五家的皮卡企业销量合计40.0万辆，同比增长28.2%，占皮卡销售总量的81.4%，高于上年同期12.5个百分点。

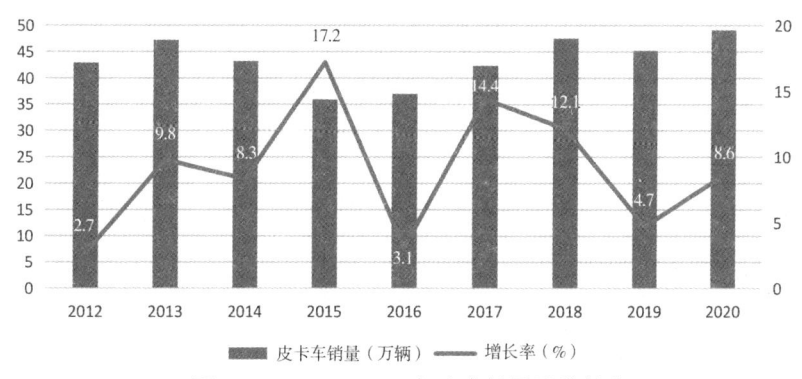

图1-6　2012—2020年皮卡销量及增长率

（4）新能源汽车

通过多年来对新能源汽车整个产业链的培育，各个环节逐步成熟，丰富和多元化的新能源汽车产品不断满足市场需求，使用环境也在逐步优化和改进，在这些措施之下，新能源汽车越来越受到消费者的认可。2020年，新能源汽车产销分别完成136.6万辆和136.7万辆，同比分别增长7.5%和10.9%，增速较上年实现了由负转正。其中纯电动汽车产销分别完成110.5万辆和111.5万辆，同比分别增长5.4%和11.6%；插电式混合动力汽车产销分别完成26万辆和25.1万辆，同比分别增长18.5%和8.4%；燃料电池汽车产销均完成0.1万辆，同比分别下降57.5%和56.8%。主要新能源汽车品牌"比亚迪"电动车沿着"一带一路"驶入全球50多个国家和地区、300多个城市，成为首个进入欧、美、日等汽车发达市场的中国品牌。比如，2015年进入英国伦敦的纯电动双层大巴；2018年至2020年交付智利的400多台纯电动公交车；2020年与北欧最大公共交通运营商Nobina签订106台纯电动大巴订单，正式进入芬兰市场（图1-7）。

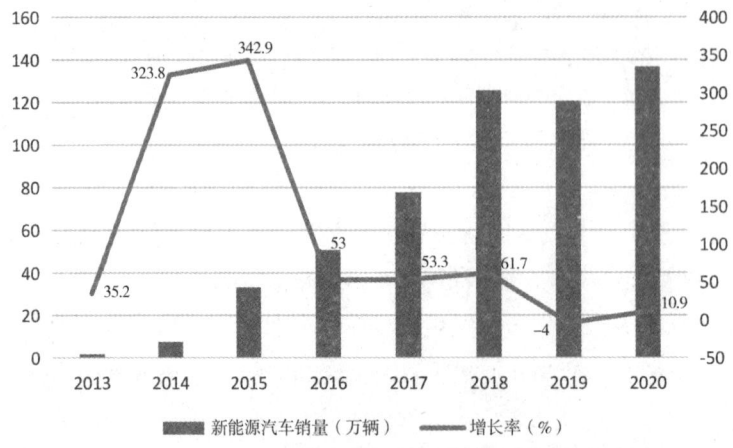

图1-7 2013—2020年中国新能源汽车产销量及增长率

3. 市场地位

虽然我国汽车产业已进入缓速增长期，但世界各大汽车巨头依然看好中国汽车市场，并纷纷把中国汽车市场作为未来发展的重点，或通过不断引进新产品，或通过继续投资建厂，或采取协调经销商利润等方式，进一步挖掘中国市场的潜力，不断提升我国在其全产业链战略布局中的地位。

与此同时，跨国车企纷纷国产化以抢占中国市场。据中国汽车产业协会的数据显示，2017年排名前十的豪华品牌，除了雷克萨斯外，其余9个品牌均已不同程度地实现国产化。早期通过国产化在我国取得成功的豪华品牌三强——奥迪、宝马和奔驰已经成为国产化的标杆，占据我国豪华轿车市场75%的份额；而紧随其后的捷豹、路虎、英菲尼迪、沃尔沃等二线豪华品牌，甚至宾利、保时捷、法拉利等超豪华品牌也纷纷宣布国产。中方企业在合资企业中的地位和话语权逐步增强，我国汽车产业在世界汽车产业中的地位持续提升。

五、当前汽车产业竞争格局

1. 全球汽车市场格局

汽车产业经过130多年的发展，已成为世界上规模最大和最重要的产业之一。全球汽车总产量由2001年的5630万辆增至2016年的9497万辆，全球汽车总销量由2001年的55万辆增至2016年的9385万辆，15年间全球汽车产销量分别增长了68.7%和68.2%。可以分为三个梯队：处在第一梯队的只有我国和美国两个国家，两国的汽车年销量情况来看，占全球汽车总销量的一半，其中我国市场的年销量2017年已经突破2900万辆，约占全球汽车总销量的30%，稳居全球汽车市场第一，尤其是新能源汽车增幅较大。2020年我国汽车产销量虽然受到疫情的影响，但全年销量仍然完成2531.1万辆，继续蝉联全球销量第一，预计2021将恢复正增长，有望达到2600万辆。第二梯队包括日本、德国、印度、英国、法国、意大利、巴西、加拿大、韩国、墨西哥、俄罗斯、西班牙、澳大利亚、印度尼西亚、土耳其15个国家，汽车年销量在100万～500万辆；其余国家为第三梯队，汽车年销量在80万辆以下。

从市场集中度来看，大众、丰田、通用、雷诺—日产、现代起亚、福特、菲亚特、本田八大车企的汽车销量占到全球汽车总销量的63%以上，其中，大众、丰田、通用三大集团在全球的汽车销量均已突破或接近1000万辆大关，三大集团近10年稳居全球车企销量前三甲，三大集团的总销量约占全球汽车总销量的1/3。近10年来，全球汽车市场集中度有所降低，同时，在前三甲中销量冠军几度易主，而且第4～10名的排序也不断变化，现代起亚、菲亚特逐步超越了本田、标志雪铁龙（PSA）、戴姆勒、宝马等传统汽车强企，尤其是现代起亚作为行业后起之秀，一跃成为全球排名第五的特大型汽车企业集团。

从系别和品牌来看，日系、德系和美系车长期稳居全球汽车销量前三名，在全球品牌销量十强中占据七席，分别是日系车中的丰田、本田和日产，德系车中的大众和奔驰以及美系车中的福特和雪佛兰。其中，丰田连续多年位居全球品牌销量第一。在近几年全球汽车车型销量百强榜中，日系、德系和美系车共有约70款车型上榜，其中，丰田的卡罗拉（含雷凌）、福特的F系列皮卡两个车型的年销量均已超过100万辆。

2. 我国汽车市场格局

（1）产业结构

随着我国宏观经济的企稳向好和供给侧结构性改革的深入实施，并受购置税优惠政策等促进因素的影响，我国汽车产业保持快速增长势头，继续呈现产销两旺发展态势。与此同时，产业结构进一步优化，汽车行业重点企业（集团）的主导作用日益凸显，汽车产业集中度保持较高水平且基本稳定。汽车销量排名前十位企业集团的市场占有率保持在89.5%以上，排名前五位的企业集团近几年排序基本没有发生变化，依次为上汽集团、东风汽车、一汽集团、长安汽车和北汽集团，且前五家企业集团的市场占有率稳定在66.2%左右。

但从单个企业来看，我国乘用车市场的集中度还比较低，销量排名前十的乘用车制造企业的市场占有率不足60%，与发达国家前五名汽车制造企业占市场份额达60%~80%的市场格局相比，我国乘用车市场集中度依然较低。从2020年的数据来看，2020年市场集中度仍然较低，说明中国汽车市场的竞争仍然非常激烈，见表1-1及图1-8。

表1-1 2020年汽车市场集中度情况

排名	销售量		集中度	
	万辆	同比	%	同比
前十家	2264.4	-2.3	89.5	-0.4
前五家	1674.5	-1.9	66.2	0.0
前三家	1269.8	-4.1	50.2	-1.2

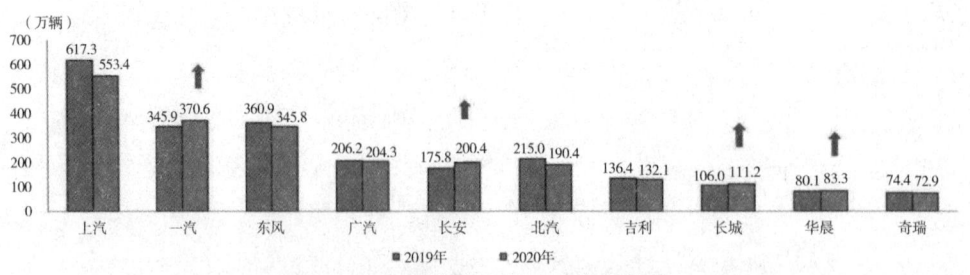

图1-8 2020年前十位企业集团销量

（2）产品结构

在我国私人汽车消费持续增长的形势下，我国汽车市场的产品结构也不断发生变化（图1-9），主要表现为以下三大特征：一是乘用车的市场主体地位进一步巩固。过去十余年，我国经济高速发展，国民购买力提升，以私家车为主的乘用车逐渐成为汽车市场消费主力，乘用车市场销量保持持续高速增长，汽车市场"商乘比"持续下降，乘用车牢牢占据汽车市场主导地位，市场份额逐年上升，已高达86%以上。二是运动型多用途车（SUV）细分市场迅猛增长。在乘用车细分市场中，虽然轿车依旧占主导地位，但增速明显放缓。受消费者消费升级、二次购车、个性化需求提升等因素的影响，近年来我国SUV市场快速增长，年均增速高达50%，市场占比大幅上升。三是新能源汽车市场发展势头强劲。近年来新能源汽车的销量及增长如图1-10所示，预计到2025年，我国新能源汽车有望实现20%的市场占比目标。

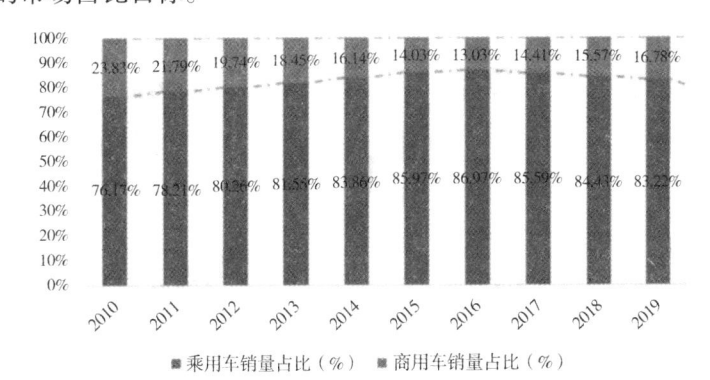

图1-9　2010—2020年中国汽车产量产品结构图

图1-10　2013—2020年中国新能源汽车销量及增长率

（3）品牌结构

经过近几年的战略调整和研发铺垫，我国自主品牌汽车企业的后发优势开始显现，其市场份额呈现稳步攀升，由2013年的40.5%上升到2017年的43.9%。但由于我国整车特别是乘用车制造业的特有模式为中外合资，目前我国乘用车市场仍以合资品牌占据主导地位，乘用车销量排名前九的均为合资品牌。轿车作为汽车行业中竞争最激烈的细分市场，自主品牌市场占有率有所下滑，尤其是在中高档轿车细分市场，几乎是清一色的合资品牌。但以长城汽车、长安汽车、吉利汽车、广汽乘用车、江淮汽车等为代表的自主品牌车企，抓住近年来我国SUV市场快速增长的契机，表现突出。自主品牌SUV连续多年稳居销量第一，2017年销售量突破600万辆，占SUV销售总量的60%，在销量排名前十的SUV品牌中，我国自主品牌占据了6席。

2019年乘用车销量排名前十家的生产企业分别是：一汽大众、上汽大众、上汽通用、吉利控股、东风有限(本部)、上汽通用五菱、长城汽车、长安汽车、东风本田和广汽本田，分别销售204.6万辆、200.2万辆、160万辆、136.2万辆、127.7万辆、124.2万辆、91.1万辆、81.5万辆、80万辆和77.1万辆。与2018年相比，东风本田销量呈较快增长，广汽本田和一汽大众增速略低，其他七家企业呈不同程度下降，其中上汽通用五菱和上汽通用降幅更为明显。2019年，上述十家企业共销售1282.5万辆，占乘用车销售总量的59.8%。

2019年商用车销量排名前十家企业依次为：东风公司、北汽福田、上汽通用五菱、中国一汽、中国重汽、江淮股份、江铃股份、长安汽车、陕汽集团和长城汽车，分别销售57.1万辆、52.7万辆、41.8万辆、35.1万辆、29.6万辆、25.3万辆、23.7万辆、22.3万辆、18.7万辆和14.9万辆。与2018年相比，江铃股份销量呈较快下降，中国重汽、长安汽车和江淮股份降幅略低，其他六家企业均呈小幅增长。2019年，上述十家企业共销售321.2万辆，占商用车销售总量的74.3%。

2020年主要品牌汽车的产量及增长如图1-11～图1-14所示。

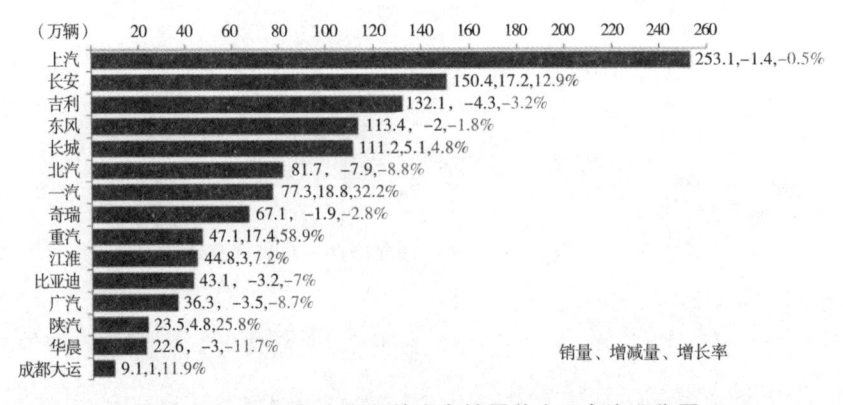

品牌	销量、增减量、增长率
上汽	253.1, -1.4, -0.5%
长安	150.4, 17.2, 12.9%
吉利	132.1, -4.3, -3.2%
东风	113.4, -2, -1.8%
长城	111.2, 5.1, 4.8%
北汽	81.7, -7.9, -8.8%
一汽	77.3, 18.8, 32.2%
奇瑞	67.1, -1.9, -2.8%
重汽	47.1, 17.4, 58.9%
江淮	44.8, 3, 7.2%
比亚迪	43.1, -3.2, -7%
广汽	36.3, -3.5, -8.7%
陕汽	23.5, 4.8, 25.8%
华晨	22.6, -3, -11.7%
成都大运	9.1, 1, 11.9%

图1-11　2020年中国品牌汽车销量前十五名企业集团

图1-12 2020年中国品牌商用车销量前十五名企业集团

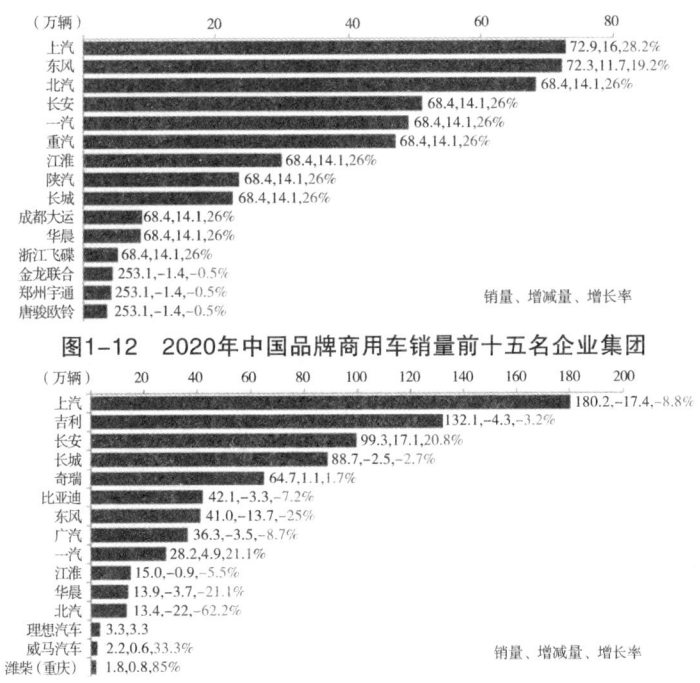

图1-13 2020年中国品牌乘用车销量前十五名企业集团

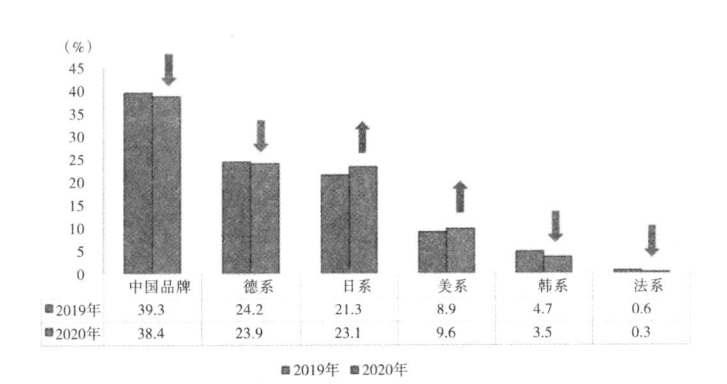

图1-14 乘用车各系别的市场份额比较

	中国品牌	德系	日系	美系	韩系	法系
2019年	39.3	24.2	21.3	8.9	4.7	0.6
2020年	38.4	23.9	23.1	9.6	3.5	0.3

3. 汽车进出口

近十年以来，我国汽车出口量较大，如图1-15所示。2020年，受海外疫情影响，汽车出口呈现下降。全年汽车企业出口99.5万辆，同比下降2.9%。分车型看，乘用车出口76.0万辆，同比增长4.8%；商用车出口23.5万辆，同比下降21.4%。2020年12月，汽车企业出口14.5万辆，环比增长18.3%，同比增长35.5%，继11月汽车出口创历史新高后，12月出口再创历史新高（图1-16）。分车型看，乘用车12月出口11.6万辆，环比增长20.8%，同比增长47.2%；商用车出口2.9万辆，环比增长9.5%，同比增长2.5%。

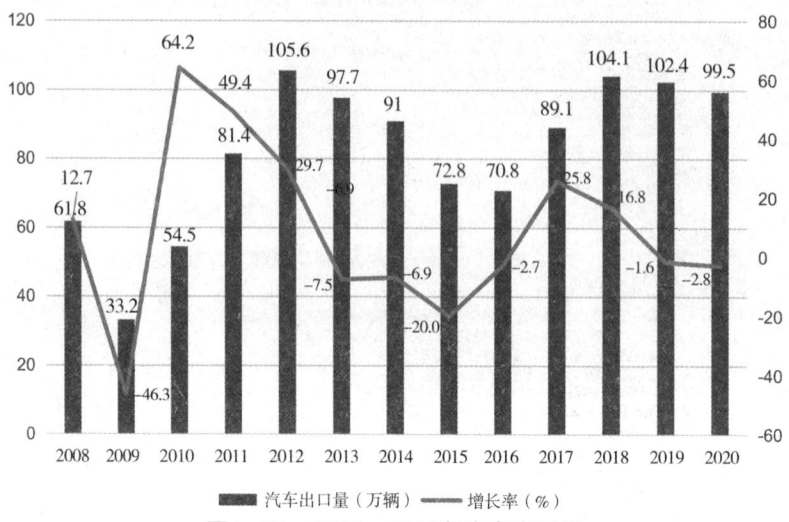

图1-15 2008—2020年汽车出口量

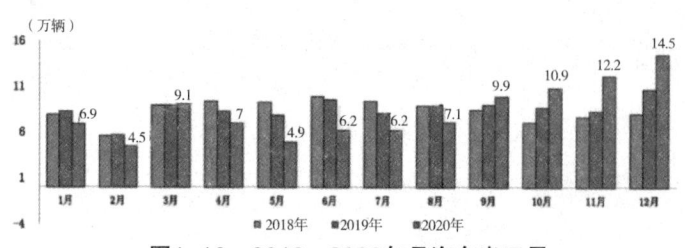

图1-16 2018—2020年月汽车出口量

六、我国汽车市场的类型

1. 按需求主体与应用领域划分的汽车市场类型

按照需求主体与应用领域的不同，我国汽车市场可分为以下五种类型：

（1）公务用车市场

从一般概念来讲，公务用车是指各级党政机关、事业单位和社会团体等执行公务所需的车辆。这些公务用车的主要功能是辅助政府机构的运行和职能部门、社会团体开展活动，因此具有非营利的特征。对用户来讲，车辆购置与运营费用不与其活动本身的经济效益挂钩，购车资金来源一般是财政拨款。公务用车市场的需求基本上是乘用车，品种结构比较集中。在2000年以前，我国公务用车市场规模巨大，但2000年以后逐年下降。特别是2014年国家正式全面推进公务用车制度改革以来，公务用车市场的需求开始出现负增长。

（2）私人用车市场

私人用车是指为满足个人或家庭各种需要的各类汽车。从世界范围来看，分布最广泛、需求最大的就是私人用车市场，占据了每年世界汽车销量的绝大部分。我国从2000年开始，私人用车市场逐步取代公务用车市场，成为需求最旺、增长最快的汽车消费市场。根据我国公安部提供的信息，截至2017年年底，全国载客汽车（含乘用车和客车）保有量达1.85亿辆，其中以个人名义登记的（即私家车）轿车、SUV、MPV（多功能乘用车）以及微型客车达1.70亿辆，占载客汽车的91%以上。

（3）商务（经营）用车市场

商务（经营）用车是指企业用于生产经营活动，作为营利工具的车辆，主要是指商用车，包括各类载重车、工程车和客车，如公路客运车、旅游客车、城市公交车、各类载重（物流）车辆、矿山用车、工程用车等。目前，我国商务（经营）用车市场的需求占全部汽车市场需求的16%左右。

（4）社会用车市场

社会用车是指政府机关、社会组织和企业用于社会服务的车辆。它不同于公务用车，不是政府机关和社会组织开展公务活动所用；也不同于商务（经营）用车，不是企业用作营利的工具。它主要有消防车、救护车、洒水车、清扫车、垃圾车等，是为社会提供特种服务的车辆，其市场规模较小。

（5）租赁用车市场

这是一种特殊的经营用车市场，主要是指传统的出租车市场，以及最近几年出现的共享汽车（快车、专车等网约车）市场。

2. 汽车后市场

汽车后市场是指在汽车销售以后，围绕汽车使用过程中所需要的各种服务而产生的一系列交易活动的总称。具体包括汽车金融与保险、汽车养护、汽车维修及配件、汽车美容、汽车用品与饰品、汽车快修及改装等。随着我国汽车保有量的迅速攀升，汽车后市场行业正迎来巨大的市场空间。从世界主要汽车大国的情况来看，每1元的购车消费会带动0.65元的汽车售后服务。2017年，我国汽车后市场的规模已接近1万亿元。据《2013—2017中国汽车后市场蓝皮书》估算，汽车后市场整体行业利润可达到40%~50%，汽车后市场利润一般是汽车销售利润的3倍。目前，中国汽车后市场正由"群雄逐鹿"迈向"合纵连横"阶段。例如，上汽集团倾力打造的中国汽车后市场O2O电商平台"车享家"宣布获得了A轮融资，资本规模达亿元级别；京东商城与北迈网签约，推进汽车零配件数据标准化进程，优化汽配供应链，深挖汽车后市场B2C的需求；阿里巴巴集团旗下的汽车后市场平台"车码头"也正在加大开店速度，加速市场布局。

3. 汽车出行服务市场

共享出行稳步发展，成为汽车制造商服务化转型的新支柱。共享出行成为连接未来汽车、交通、能源、城市的战略制高点，汽车和科技公司加速布局。以网约车和分时租赁为代表的共享出行快速发展。共享出行是顺应共享经济时代市场消费新需求而出现的一种新型汽车消费文化。2019年，中国网约车用户规模超过4亿人，与2016年相比增长了80.3%，在网民中的普及率达到47.4%；2019年10月，中国分时租赁用户月均使用时长达到2小时，与2018年10月相比增长了81.8%。

传统汽车制造商不仅聚焦于如何制造出安全可靠的产品，而且加快向绿色智能出行服务商转型升级。中国一汽、东风汽车和长安汽车三家汽车集团不仅分别成立了出行公司，还通过整合资源，联合腾讯、阿里等互联网企业，于2019年3月在南京共同出资组建T3出行服务公司，联手进入汽车共享出行领域，着力打造"智慧出行生态圈"；吉利汽车推出了新能源汽车出行服务品牌"曹操出行"；长城汽车推出了共享汽车出行品牌"欧了出行"；上海汽车集团在继续推进分时租赁出行平台EVCARD的同时，又推出了全新移动出行战略品牌"享道出行"；一汽、广汽、北汽、江淮等汽车企业，以及威马汽车、小鹏汽车等造车新势力也推出了共享出行平台。

滴滴出行通过一系列兼并重组逐步成为网约车市场的引领者，不仅占据国内网约车市场主导地位，同时还将业务拓展至海外市场，以及汽车资产和后市场、分时租赁、自动驾驶、智慧交通等领域。2019年，聚合模式受到高度关注和重视，继美团出行、高德出行发力聚合模式之后，滴滴出行也启动了聚合模式。

4. 新能源汽车市场和智能网联市场

共享出行成为新能源汽车、智能网联汽车的最佳应用场景。因此共享出行市场的快速发展推动了新能源汽车市场和智能网联市场的发展。新能源汽车在智能共享出行领域实现大规模应用。截至2019年6月底，滴滴平台注册电动汽车数共96.7万，在全国纯电动汽车保有量中的占比超过3成（34.4%）。2019年6月，仅在滴滴平台上纯电动汽车行驶里程数就达到12亿公里，在全国纯电动汽车行驶里程数中的占比超过4成（42.6%）。

国内相关企业和城市加速推动无人驾驶共享汽车的示范测试。2019年9月，45辆百度RoboTaxi自动驾驶出租车在长沙智能示范区启动了试运行。该车型是由百度和红旗合作打造的一款前装的具备L4级自动驾驶功能的汽车，其整车电子电气架构都经过重新设计，减少了信号干扰和容易松脱等问题。2020年6月，滴滴出行在上海嘉定投入了约20辆自动驾驶出租车，消费者可以通过滴滴出行App预约试乘，报名人数近4万人。此外，大众、曹操出行、小马智行、文远知行等汽车企业或科技公司也纷纷启动了在国内相关城市的自动驾驶出租车示范运营活动。

七、我国汽车市场的特点

1. 市场由供给主导转向需求主导

近年来，我国汽车市场特征发生了诸多变化：一方面，汽车生产企业不断调整策略，各种措施无不在迎合消费者的需求变化；另一方面，消费者的购车意愿也更趋理性。因此，由卖方市场逐步转变为买方市场将成为汽车市场的重大变化之一。

2. 消费升级趋势越发明显

目前，我国私人保有汽车达1.7亿辆，取得汽车驾驶证的人数超过4亿人，如此庞大的保有客户群和潜在客户群将源源不断地为汽车增、换购提供潜在客源。随着我国经济持续向好、居民收入不断增长以及汽车消费群体的日益年轻化，这些因素都将大幅促进汽车消费的升级。

3. 市场竞争加剧，优胜劣汰升级

汽车市场蕴含着产业结构调整优化和发展环境改善的重要机遇。一方面，行业盈利能力将受到严重影响，部分企业可能会面临生产经营的困难；另一方面，也提供了兼并重组、产业组织结构调整的机会。

4. 自主品牌面临空前挑战与机遇

国内方面，在竞争日益加剧的新常态下，自主品牌唯有持续掌握消费需求变化趋势，才有望将市场份额提升至50%。出口方面，"一带一路"倡议的推进将为汽车市场带来新的商机。同时，自主品牌也将迎来整合全球化资源、提升自主研发产品国际知名度的机遇。

5. 渠道变革，多种销售模式共存

以4S店为主的单一模式将向多种销售模式转型。首先，改变单一品牌的经营思路，升级为汽车大卖场；其次，我国汽车电商模式（尤其是O2O模式）有望取得突破。据德勤全球发布的一份消费者调研报告显示，超过40%的中国消费者希望绕过传统经销商渠道，直接从厂家购买汽车。另有约40%的受访者将品牌是否能够在各个线上线下实现O2O无缝整合视为重要决策因素，他们认为这一理念能够让消费者在任何时间、任何节点实现渠道间的自由切换，从而获得"唯我独享"的定制化购车体验。

6. 消费群体多元化，消费趋势复杂化

由于生育政策的调整，我国人口结构将发生较大变化，这将进一步刺激空间相对较大的MPV和SUV的需求。同时，年轻的消费者逐渐成为社会主流，消费向多元化、个性化、年轻化的方向发展，消费环境也将更复杂、多变。

八、我国汽车市场的发展趋势

1. 我国乘用车市场发展趋势

乘用车是在其设计和技术特性上主要用于载运乘客及其随身行李或临时物品的汽车，包括驾驶员座位在内最多不超过9个座位，它也可以牵引一辆挂车，可以分为基本型乘用车（轿车）、多用途车（MPV）、运动型多用途车（SUV）、专用乘用车和交叉型乘用车。在国家支持、行业支撑的环境下，未来智能网联在汽车行业将加速普及，朝着自主式智能与网联式智能技术融合、汽车行业与交通、电子信息产业融合，建立智能网联数据交互平台等方向发展，从手动驾驶到计算机辅助驾驶，再到全自动无人驾驶。未来十年智能网联在汽车行业将加速普及，消费升级大趋势下，车型大型化趋势将会延续，消费升级趋势下，汽车消费平均价格将不断上移，多重因素对豪华车市场利好，市场份额将进一步提升，节能减

排压力以及双积分政策的推动下，节能技术将进一步普及，自主品牌未来发展中机遇与挑战并存，未来市场分化将进一步加剧，新能源市场由政策推动逐渐转化为市场推动，中长期市场发展前景可观。

（1）乘用车市场将进入低增长态势

随着汽车保有量的大幅提高和我国经济进入新常态，乘用车市场将进入低增长时代。同时，受消费群体和消费环境变化影响，轿车和交叉型乘用车的市场份额将会持续下滑，SUV 的市场份额将会大幅提升。

（2）中高级轿车市场份额将稳步提升

未来几年，市场主力仍是 A 级车，但受消费升级和换购影响，中高级（B 级车及以上）轿车份额将会稳步提升。具体来看，受消费年轻化趋势影响，A 级车中追求运动及操控的车型份额将会保持增长；A 级及以下份额将进一步萎缩；自主 B 级车将取得一定突破。

（3）紧凑型 SUV 将迎来又一个高速增长机遇期

SUV 市场将会呈现百花齐放的态势。小型 SUV 增速逐渐回落；紧凑型 SUV 将在 2020 年以后迎来新的高速增长期；高端七座的 SUV 将受到中高收入人群的青睐。

（4）微客型 MPV 增速将会下降

MPV 将继续保持中国特色的发展方式。微客型 MPV 增速下降，但份额仍保持绝对优势；高端家用 MPV 加速增长；商务型 MPV 随经济发展保持微增长。

（5）新能源乘用车市场潜力巨大

随着新能源汽车制造技术的逐步成熟，其销量也逐步上升。据中国汽车产业协会统计，2013 年，新能源汽车销售 1.76 万辆，同期同比去年增长了 37.9%，其中纯电动销售 14604 辆，插电式混合动力销售 3038 辆。到 2017 年，我国新能源乘用车销量已增至 56 万辆。预计 2022 年中国新能源汽车销量将达 519 万辆。随着国家对新能源汽车各项扶持政策的推出、消费者对新能源汽车认知程度的逐步提高、公共充电设施的不断完善，新能源乘用车必将迎来其高速发展时期。

2. 我国商用车市场发展趋势

商用车是在设计和技术特征上用于运送人员和货物的汽车。商用车包含了所有的载货汽车和 9 座以上的客车，分为客车、货车、半挂牵引车、客车非完整车辆和货车非完整车辆，共五类。在整个行业媒体中，商用车的概念主要是从其自身用途不同来定义的，习惯把商用车划分为客车和货车两大类。自2015年以来，受货车需求拉动，我国商用车市场呈现快速增长。尽管进入2020年，新冠疫情的暴发带来了不小的影响，但受基建投资回升、新能源物流车快速发展、扩大内需战略以及各项促进消费政策持续发力影响，仍然实现了连续五年的增长（图1-17）。

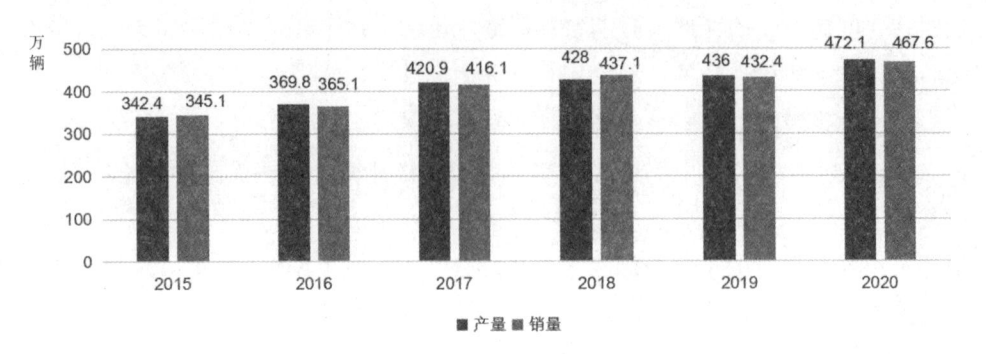

图1-17 近五年我国商用车市场产销量

虽然我国商用车市场呈现快速增长，但目前"危"与"机"并存。一方面我国是最大的发展中国家，基建投资扩大、国内外循环变化、技术创新加强、新能源发展等都是发展机遇，由此也可看出，我国商用车有着较大的发展空间。另一方面，随着汽车"新四化"的快速发展，汽车企业"躺着赚钱"的时代已一去不复返，商用车企业要进一步深耕市场，需要提升产品质量，在节能减排、新能源、智能网联、轻量化等关键核心技术上寻找突破。

九、新时期我国汽车产业的变化趋势

随着我国经济步入新常态，我国汽车工业也在经历了十多年的井喷式增长之后，进入了结构调整和转型升级的新阶段。《中国制造2025》的深入实施、"一带一路"倡议的稳步推进，为我国汽车工业的发展带来了新机遇。同时，世界各大汽车巨头通过加大在华投资或加大新车投放力度，继续抢占我国汽车市场，从而加剧了我国汽车市场的竞争，使汽车市场发生了新变化。我国汽车市场也呈现出以下新的特点。

从发展速度看，由高速增长转为中低速增长。2001—2010年我国汽车市场的年均增长率是24.3%，呈现高速增长；2010年以后，我国汽车市场进入了调整时期，增速大幅下降。我国汽车产业和汽车产业的发展进入了"新常态"，给汽车市场营销带来了新的挑战。另外，随着全球新一轮产业革命的兴起，以及在我国高质量发展和双循环发展格局的背景下，面对新冠疫情对的全球经济的影响，势必会对汽车产业产生重大影响，带来新的机遇和挑战。

从行业结构看，传统汽车的转型升级和新能源汽车的发展同步推进。在2012年以后的5年，一些汽车企业已经开始从过去的以扩大规模为主，逐渐向依靠核心技术创新、发展的方向转型，同时新能源汽车的发展也开始加速。特别是2016年和2017年，新能源汽车的产销量同比增长均在300%以上。可以预期的是，随着政策效应的释放，新能源汽车的产销会继续保持高速增长的态势。

从汽车产业的产业链环节来看，汽车行业正在经历从制造环节向制造与服务环节并重的转型。近年来汽车制造商纷纷进入移动出行服务领域，从制造产品转变为提供出行服务。一个成熟的汽车市场，汽车行业主要的利润来源实际上已经从制造环节开始转向制造与服务环节并重，甚至主要依靠服务环节。制造环节的平均利润率在绝大多数国家远低于服务环节。在这样一个新的背景下，整个汽车行业都需要重新审视行业的发展模式，从产品的研发设计、供应体系、销售模式以及汽车使用等各个环节来进行创新，培育新的竞争优势。

从供需情况看，市场总体呈现供给略大于需求的买方市场格局，竞争不断加剧，推动汽车价格持续走低。近年来随着市场不断扩大，每年有近百种新款车型投放市场。大量新车低价上市，进一步加剧了新老车型市场竞争，导致库存上升、价格下降。现阶段供求关系仍是决定汽车价格的最主要因素，供给略显宽松是近年我国汽车市场的主要特征。从市场发展角度看，任何一个持续快速发展的成熟市场，都会伴有适度的产能过剩，通过市场充分竞争优胜劣汰，从而保持市场发展活力。

从企业运营情况看，生产规模扩大促使生产成本降低，为汽车价格下降提供了空间。近年在产业政策引导下，汽车企业兼并重组以及整体上市进程加快，使企业优质资产持续注入，产业结构不断优化，生产运营管理、盈利水平大幅提升。而随着企业利润的增长，自主研发、产品创新的投入也持续加大，促进了产业技术升级和企业生产能力不断提升，使得运营成本、财务费用逐步下降，促使单车生产成本降低，为汽车价格下降提供了空间。

从汽车消费看，新的变化趋势是新能源汽车、二手车消费信贷产品增加，众多汽车企业推出"置换贷""升级贷"等个性化、定制化购车信贷方案，提升潜在消费者购买力，助力居民实现购车愿望。2018—2020年，汽车金融公司发放汽车消费贷款对应车辆分别为292.60万辆、434.49万辆、574.66万辆，分别占当年我国汽车销量的11.90%、15.50%、19.90%，为我国保持全球最大汽车消费市场地位做出了积极贡献。

汽车技术创新力度加强。当前电动化已成为全球汽车发展的趋势。中国虽拥有全球最大的新能源汽车保有量，在动力电池、电机、电控方面拥有部分上规模的供应企业，但在芯片和电子元器件方面仍然严重依赖进口。比亚迪早在2002年便瞄准了这些关键技术，进入了半导体领域，从消费级半导体产品技术，到车规级高效率、高智能、高集成半导体技术，一路摸索、跨越，成功拿下了IGBT、MCU、SiC MOSFET等一座又一座电动车行业的"珠穆朗玛峰"，打破了国际巨头的技术垄断。2020年世界新能源汽车大会上，比亚迪"高集成芯片动力电池技术"获得了"全球新能源汽车创新技术"大奖。可见在新能源汽车领域，以比亚迪为代表的新能源龙头企业比亚迪做出了重大贡献。比亚迪不仅掌握了电池、电机、电控及芯片等全产业链核心技术，还在不断加大关键技术攻关，持续提升电动车的安全性能和驾驶性能。

第二章 技术创新驱动汽车产业发展的实践

一、技术创新驱动产业发展的理论与实践

近年来，随着各国创新驱动战略的实施，创新已成为当今最热门的概念和研究内容。最早在1912年熊·彼特首次提出"创新"概念时，它不仅包括技术性变化的技术创新，还包括非技术性变化的商业模式创新和组织管理创新，其中，技术创新是研究最早最广泛的领域，20世纪60年代以后，随着新技术革命的突破性发展，产业实践中技术创新处于创新的主导地位，学术界对技术创新的研究更为广泛，目前研究较为成熟；商业模式创新从创新概念提出后，就一直包括在创新范畴内，近年来在以互联网为代表的新一代信息技术推动下逐渐成为创新研究的热点。众多研究得出技术创新和商业模式创新存在密切的关系。Teece认为新产品上市过程必须与商业模式相融合，才能保证新产品顺利打开市场和实现产品价值。王雪冬、董大海以苹果公司为例，认为"苹果"公司凭借技术创新与商业模式创新的融合使其从濒临破产转向主导市场的地位，并指出在商业模式创新过程中，最重要的是找到商业与技术的最佳结合点，提出未来的研究应该探索商业与技术最佳结合的理论、方法和实现路径。除了技术创新会推动商业模式创新外，科学发展也会推动商业模式创新。已有学者对技术创新和商业模式创新展开研究，唐德森提出在工业革命过程中，科技和产业变革与互联网的融合渗透是现代产业发展的主要推动力，由于两者的融合，不断产生新产业、新技术、新业态和新商业模式。科技发展将成就未来产业发展的新格局、世界经济的未来走向和世界格局的未来变化。随着科技发展对产业的影响，学术界和理论界需要关注技术创新、产业变革和商业模式创新关系的研究。

基于蒸汽时代和电气时代都是因为机器的发明（蒸汽机和发电机）所导致工业上的改革，使人类从农业社会进入工业社会，体现出科技对工业发展的巨大推动作用，故将两者合称为工业化时代。本章的研究将从工业化时代、信息经济时

代和智能化时代三个阶段作为时间维度来分析。由于商业模式的概念是20世纪90年代最早由波特提出的,因此在工业化时代侧重研究技术创新对产业变革的影响,随着互联网技术的破坏性创新,在信息经济时代和智能化时代,技术创新在推动产业发展的同时,促进了新商业模式的出现,因此在这两个阶段中技术创新成果不仅推动产业变革,还加快了商业模式创新的步伐。

(一)工业化时代的技术创新及对产业发展的影响

1. 蒸汽时代的技术创新及对产业发展的影响

很多学者将蒸汽时代称为工业1.0时代,是以瓦特改良蒸汽机作为第一次工业革命的主要标志,技术创新的动因是科技创新。科学、技术、生产三者关系是技术——科学——生产的位次,三者关系较为紧密且科学和技术已成为生产力中较为重要的因素,但当时的科学、技术因素在国民生产总值增长中的比重还不算很高。科技创新对产业的影响体现在:一是蒸汽机的广泛运用推动了工业大发展。蒸汽机广泛应用于纺织、煤炭、冶金、交通运输和机器制造等行业,提高了生产力,促进了这些行业发展,使得产品供不应求,市场以卖方市场为主导。二是生产模式由手工制造变革为作坊式单件生产模式。该模式的主要特点是雇用熟练技术工人使用通用设备来加工单件产品,灵活性大,但生产成本仍然较高,且周期长、生产品种多、批量小、互换性差、产品质量难以得到保证、生产过程组织分散和管理高度集中等。三是消费者需求较为单一,产品相对较为单一。企业需要在产量和规模上有所突破以满足消费者产量和价格的需要。四是采用传统的交易方式。交易方式仍然是传统的产销结合。随着产销量的增加,货币作为交换媒介在经济交往中普遍应用,交易方式由手工时代的物物交易转变为有纸化交易。对制造企业而言,收入来源是货物的销售收入,通过货币实现一手交钱一手交货的货款两清或者货款分离。

2. 电气时代的技术创新及对产业发展的影响

第二次工业革命是以电气化为特征的科技革命,故将该阶段称为电气时代,也有学者将此称为工业2.0时代。科学研究中电磁理论的创立及应用促成了发电机、电动机等电磁机器的发明,引起发电机技术的重大突破,电力成为科技创新的主要动因之一。科学、技术、生产三者联系已相当紧密,科学走在技术之前,科学和技术已成为生产力中的重要因素,两者在国民生产总值增长中的比重上升,发达国家从20世纪初的5%~20%提高到50年代的50%。技术创新对产业发展的影响体现在：一是发电机、电动机等电磁机器的发明促进了电力的广泛应用。电力广泛促使无线电报和无线电话的出现，带来通信业的革命，这促进了钢铁业、石油化工业以及内燃机、拖拉机、汽车和飞机等制造业的迅猛发展。二是生产模式从作坊式单件生产模式朝大批量生产模式转变。生产流水线的使用体现了生产过程的专业化和标准化，促进了生产效率的提高和单位成本及价格的下降，生产规模由自然经济、家庭经济向工业、市场经济转换。三是提高了全社会生产力。大规模生产一直是工业化的主要特征，美国福特汽车公司创立第一条汽车生产流水线，它以标准化、大批量生产来降低生产成本，提高生产效率，之后迅速应用到其他行业，普及到全世界，其影响延续到现代。四是公司管理实践和管理理论的创新。由上所知，流水线生产最初的运用就是福特公司在"T型车"生产线上的应用，福特之所以做到这一点是因为他借用并吸收了两个重要理论：劳动分工和零件互换性。这促使大批量生产方式在制造业的应用普及，也使得美国汽车产业称霸世界多年，并成为全球制造业的领导者。

（二）信息经济时代的技术创新及对产业发展的影响

信息技术的发展推动人类由大工业时代进入信息经济时代，并对产业发展产生重大影响，故有学者将该时代称为工业3.0时代。信息技术从早期的计算机技术发展到目前的万物互联技术，每一次技术升级都带来产业变革，并出现新的商业模式。

1. 计算机时代的技术创新及对产业的影响

20世纪50年代，电子计算机的发明成为计算机时代技术创新的动因，其广泛应用，掀起了第三次技术革命(也称新科技革命)。发达国家科技进步因素在国民生产总值增长中的比重已由60年代的50%上升到2000年的80%。科学、技术、生产紧密度加大，科学和技术在劳动者、劳动资料、劳动对象、科学技术等生产力诸因素中处于第一的位置，并已成为最重要的生产力。技术创新对产业发展的影响体现在：一是计算机的广泛应用带来信息产业发展快速。在发达国家计算机普遍应用到自动化工业技术、经济管理、军工管理、医疗实践、数据库等5000多个领域，并产生了巨大的效能，在能源技术、空间技术、材料技术、生物工程、海洋工程等领域出现一大批应用成果。二是科技发展带来需求结构的变化。科技发展促使经济发展和人们收入增加，消费者的需求结构普遍向高层次发展。顾客在产品品种规格、花色式样、数量上呈现个性化、多元化的需求特点，消费者对产品质量、功能、可靠性有更高要求，更加关注产品种类和功能，产品的生命周期越来越短，顾客由于其购买目的、个人特征、经济能力等差异造成购买过程的不确定性，由此带来企业促销方式的变化。三是先进制造模式应运而生。为满足顾客驱动下的市场需求而追求利润最大化，企业经营理念由生产导向转为市场导向，开始以系统观念、工业工程(IE)为指导，借助于计算机技术，通过科学组织和计算机辅助管理，促使企业增加产品品种、规格、功能和提高产品质量、降低生产成本、缩短交货期来提升顾客让渡价值。从20世纪50年代中期苏联最早提出成组技术(GT)后，通过数字计算机控制自动化作业的自动化流水线、精细化生产模式等先进制造模式诞生并应用到生产中。如美国典型企业常用的生产管理方法有"订货点法"和由此改进后的MRP、MRPⅡ、ERP、SCM和AM等；日本企业代表性模式有：丰田根据生产实践所提出的"精益生产"和日产的QCD生产管理改善方法，还有OPT、TOC和WCM等形式的先进生产模式。四是交易方式仍然是货款两清或者货款分离的有纸化交易。

2. 互联网时代的技术创新及对产业发展的影响

互联网技术发展，经过了早期的PC互联网、移动互联网到当前的互联网+，其对生产、消费、供需对接等产生不同程度的影响。

(1) PC互联网及对产业的影响

互联网技术成为此阶段技术创新的动力。PC互联网对产业的影响体现在：一是互联网使交易场所从线下到线上、延伸了交易时间、丰富了交易产品种类、加快了买卖方交易速度、减少了中间环节。因此网上交易比传统交易方式更方便、更便捷、更灵活，能够降低交易费用、节省交易时间、打破流通壁垒、提高流通效率、加快资金流通速度等。体现在获取信息渠道的变化和购买方式的变化上，支付手段由货币、银行卡转为电子支付手段。二是基于互联网的新兴产业发展迅速。网络基础设施发展诞生了基于互联网的门户、搜索、社交、游戏等新的产业，但产业链条较短，参与者较少，消费者对互联网持谨慎态度，故网络营销仅限于线上推广；基于互联网的新兴产业对生活、消费影响较小，对传统产业冲击较弱。此时诞生了众多互联网门户网站，美国依托软硬件优势发展了最早的一批互联网企业，中国紧随其后，如雅虎和亚马逊成立于1995年，网易成立于1997年，腾讯、搜狐和新浪成立于1998年，阿里巴巴成立于1999年，百度成立于2000年。三是新商业模式出现。第一代互联网企业商业模式的核心逻辑是盈利模式的变化：

通过"流量变现"实现价值创造，再通过免费或者低成本提供产品服务来增加客户访问流量，然后通过植入式广告或第三方来获得收入。传统企业开始构建信息系统。四是互联网发展增加了企业与消费者之间的连接，提高了市场响应速度。

（2）移动互联网及对产业影响

互联网技术和移动通信技术的共同发展成为此阶段技术创新的动力。一是智能手机的发展使得手机支付成为主要生活支付方式。原因是移动互联网技术的发展，提供的应用服务不断丰富，与用户的工作、生活、消费、娱乐需求紧密贴合。二是手机作为最重要的终端，其技术和功能的变化带来各产业商业模式的变革和创新。其GPS定位功能，为滴滴、快的、优步、摩拜单车等共享经济和共享服务提供可能。社交从QQ一支独大到QQ、微信、陌陌等社交平台共同发展，美团、大众点评等收到热捧。从诺基亚、黑莓、摩托罗拉以技术取胜发展为苹果、华为、小米以商业模式创新取胜，后者成功的关键是让消费者参与价值创造过程，通过社团和平台让厂商与消费者建立良好的连接。三是从技术创新尤其是产品创新转向了商业模式创新。在移动互联时代出现脱媒以后，供需双方在没有渠道情况下进行互动。分销渠道曾经是工业化时代传统商业模式的重要组成元素之一，无法起到创造价值和协调资源的作用，在移动互联网时代逐步被新的商业模式所取代。典型代表是苏宁易购从家电零售商靠压货资金取得收入来源到实施线上线下O2O模式创新。四是促进了互联网产业尤其是移动互联网产业的迅猛发展，诞生了众多基于移动支付的平台企业。以中国为代表的新兴经济体在移动互联网应用领域发展迅猛，从紧密跟随到通过商业模式的二次创新实现追赶。如2004—2014年，百度的雇员人数由349人增加到46391人，年收入由1340.01万美元增加到79.06亿美元；阿里巴巴员工由最初的18人到2017年的4.7万人、1582.73亿元人民币收入。2018年BrandZ发布世界品牌500强中，排名前十的品牌分别为：谷歌、苹果、亚马逊、微软、腾讯、Facebook、VISA、麦当劳、阿里巴巴、AT&T，大多是基于移动互联网的科技型企业，与传统制造型企业偏重于技术创新中的产品创新不同，他们主要通过商业模式创新产生新的价值提升竞争力，如"BAT"中增长最快速的腾讯，成立于2003年，凭借QQ、微信业务，以创新方式促进用户互动及分享，强化了公司的"连接"策略，到2017年总收入达到2377.6亿元。

（3）互联网+及对产业的影响

李克强总理在2015年政府工作报告中提出"互联网+"。互联网技术朝万物移动互联网技术的发展成为此阶段技术创新的动力。传统的商业关系、竞争优势，在"互联网+"时代已发生变化,传统的"连接"关系也已经被互联网改造成了"联结"关系,同样的元素被重构之后却爆发出了与以往完全不同的力量。其影响体现在:一是促进传统产业的重塑、升级。互联网技术应用已经不局限在互联网产业本身和电商领域,还延伸到制造业、服务业、商贸流通业、金融业等传统产业和光纤通信、生物医药、新能源等新兴产业领域,并对各产业进行全方位的渗透和融合,产业链拉长,从线上朝线下延伸,从产业下游朝上游拓展。新应用和新商业层出不穷。二是参与者和消费结构、产品发生巨大变化。参与者日益增多且多样化,包括各行业的主体和普通网民,对互联网更加认可、理性和积极,充分发挥互联网的潜力并为己所用。消费结构从传统的同质化需求向分散化和个性化需求和定制化发展,产品朝多样化、定制化、分散化和个性化发展。三是企业创链运行发生重要改变。互联网技术不仅能大幅提高传统产业链运行效率、降低成本;还围绕传统产业中的用户需求,开发新应用和解决方案扩大需求和供给。四是生产模式转变。互联网促进生产智能化、大数据供应链协同、生产组织方式协同等变革,导致生产模式由工业时代的大规模同质化生产方式转变为按需制造、快速成型、CAD、敏捷制造等,柔性化程度增加,销售模式由单渠道、双渠道、多渠道变为跨渠道整合模式。五是交易方式实现产销分离。数字化交易方式出现并得到迅速发展,无纸化交易得以实现,电子货币的出现推动了无纸化交易的发展,并节约了交易费用和提高了流通效率。六是去中心化,互联网文化体现"联结、分享、创新、合作"。工业化时代,企业在经济活动中是指挥者和主导者,处于中心地位,也是财富的主要获得者,供需分离,企业通过大规模、高效率的生产和销售标准化产品创造价值,顾客是产品的购买者和接受者。"互联网+"时代,市场去"中心化",产业链上的核心企业不再是主导控制,而是联结分享;产业链上上下游的每个主体不再处于核心企业的从属地位,而是作为价值网络中信息传播者和接受者双向传递信息和价值,成为地位平等的节点;顾客由价值的接受者变为价值共创者和分享者。

(三)工业化时代和信息经济时代的技术创新及产业变革对比分析

由于工业化时代和信息经济时代的技术创新成果都较为显著,且对产业发展的影响有相似的框架和模式,因此这两个时代被很多学者统称为传统经济时代。从这两个时代的技术创新及对产业发展影响的对比分析可以看出,技术创新对产业发展影响朝纵深发展,创新商业模式不断出现,更加凸显政府宏观调控的重要性,这为未来智能化时代的技术创新对产业影响提供借鉴(表2-1)。

表2-1 工业化时代和信息经济时代技术创新及对产业发展影响的对比分析

科技发展阶段	工业化时代		信息化时代	
	蒸汽时代	电气时代	计算机时代	互联网时代
开始时间	18世纪中期	19世纪30年代	20世纪50年代	20世纪80年代
技术创新	瓦特改良蒸汽机	发电机的重大突破	电子计算机的问世	互联网、IT系统等互联网相关技术成熟
创新成果	蒸汽机	发电机	信息技术	通信技术与互联网技术
技术创新表现	蒸汽机广泛应用	电力广泛应用	计算机应用到各行业	互联网信息技术对工业、农业和服务业等行业的渗透和嵌入
技术创新应用行业	纺织、煤炭、钢铁、冶金、交通运输、机器制造等行业发展	钢铁、石油化工、内燃机、拖拉机、汽车和飞机、电视等行业发展	核工业、航天、新能源、新材料、海洋生命技术行业发展；传统制造业、金融业和商业繁荣	电子商务行业大发展，对制造业、金融业、物流业等各行业全方位的渗透和融合
宏观转变	制造业大发展，人类社会由手工业进化到大工业社会，供不应求，卖方市场	制造业发展迅速供大于求，卖方市场朝买方市场转变	信息业飞速发展。买方市场	电子商务大发展。产业边界模糊化，服务业与制造业融合程度加深，产业集群虚拟化
生产模式	采取作坊式单件生产模式	新动力产生，生产效率大幅度提升。大批量生产模式（福特流水线生产模式并在制造业普及）	数字计算机控制自动化作业、自动化流水线、精细化生产	由大规模同质化转变为按需制造、柔性化程度增加、敏捷制造
消费者需求特点	需求单一，对产品数量需求明显	需求从重视数量到重视质量。同质化需求	便利消费，对质量有要求并关注种类、功能	感性消费、体验消费、绿色消费，消费者需求私人化、定制化、个性化产品
产品变革	产品相对单一，批量、规模、产量增大	产品品种规格增多，功能质量要求提升	规模化、标准化、效率化、自动化	多样化、定制化、分散化、个性化
交易方式	货款两清、货款分离，有纸化交易	货款两清、货款分离，有纸化交易	货款两清、货款分离，有纸化交易，银行票据	产销分离，线上展示传播，电子支付

续表

科技发展阶段	工业化时代		信息化时代	
	蒸汽时代	电气时代	计算机时代	互联网时代
对产业的影响	由自然、家庭经济向工业、市场经济转换，产销结合，产业内企业独自发展	社会分工明确，制造业、商业、金融业等各产业自身发展。产销分离，上下游是线性的交换关系	信息技术促进传统企业与信息企业快速发展，产业链拉长，上下游伙伴关系，形成产业间战略联盟，企业竞争变为供应链之间竞争	通信技术和互联网技术使产业内上下游纵向融合朝产业间信息化、网络化和工业化的深度融合发展，产业结构朝高度化、合理化、融合型的现代产业体系，供应链得到发展，线上电商快速发展。打造互联网共性技术平台，利用互联网全球资源发展价值链高端产业
典型商业模式	单件产销模式	成本领先模式	大规模定制和模块化生产模式，阿米巴模式，产权租赁模式	免费模式，垂直电商模式
代表性企业		福特、通用、宝洁	丰田、摩托罗拉、索尼、微软、IBM、韩都衣舍、格力、海尔、武商、雕牌	戴尔、诺基亚、亚马逊、淘宝、京东、腾讯、360、58同城
政府作用		专利保护	国外：反垄断促产业发展（美国为主）	产业孵化、税收优惠（所得税三新扣除、增值税转型和营改增），引导和鼓励产业发展，高新区建设和发展

（四）智能化时代的技术创新及产业变革趋势

利用信息技术促进产业变革和产业深度融合的时代，即智能化时代。有学者将其看做是"互联网+"时代的延伸，需要充分发挥互联网在生产要素配置中的优化和集成作用，将互联网的创新成果与社会经济各领域深度融合，也可称为后互联网时代。不同国家对此的称谓不同，如德国"工业4.0"，于2013年由德国政府和西门子等知名企业联合提出；美国的IBM公司和GE公司先后提出"智慧地球"和"工业互联网"计划；日本于2015年提出"推进成长战略的方针"，开启了智能化时代的到来。可以看出在此时代，通信技术和互联网技术、人工智能技术、区块链技术、计算机技术、自动化生产线、物联网、大数据和云计算技术等多种技术的交叉和渗透应用成为技术创新的动因，对社会经济产生重要影响。

（1）数据成为重要的生产要素

互联网成为像公路、铁路、码头、电力、热力等一样重要的基础设施，数据成为如同土地、资本、自然资源一样的经济生产活动的重要投入要素，近五年来随着大数据概念的提出逐渐成为研究的热点。原因在于阿里巴巴的核心业务是淘宝网、天猫商城、聚划算等电商平台和阿里云、蚂蚁金服和菜鸟网络等关联业务，拥有大量客户数据，掌握有海量的客户资源，成为众多企业合作的对象。

（2）技术范式的变革促进产业业态和生产模式的变化

技术范式的变革体现在重大技术创新成果，代表性成果，如：以互联网为核心的新一代信息技术，以可再生能源为核心的新能源技术，以数字化制造、3D打印、智能机器人为核心的智能制造技术，以新材料为核心的材料技术，以基因工程和细胞工程为核心的生物技术等，将以技术群的形式出现，并且各技术相互融合、渗透，形成新的技术领域，诞生新兴产业，并迅速扩散到经济社会生活各领域。同时，各项技术的研发周期缩短，新技术引领并应用于社会生产和生活的速度加快，产业业态朝跨界融合、制造业服务化和服务业产品化、生产组织形式小型化发展的网络型产业生态演变；制造方式由规模化制造向绿色制造、智能制造、个性化制造转变，区别于在大批量制造时代提高效率和降低成本的主要途径是通过标准化大批量生产和低成本所带来的规模经济；生产模式朝社会化生产和定制化生产发展，用户从单纯的消费者变为产消者，顾客更多地参与设计、生产乃至顾客自行设计生产。

（3）产业融合发展促使竞争格局的变化

在此时代，不同领域的技术创新成果与传统各行业深度融合；信息技术与其他新技术相互融合形成新的技术领域，推动新兴产业诞生和发展；市场主体间呈网络化发展。价值链节点处融合了两个或者多个产业的价值，具有更高的附加值与更大的利润空间，平均成本随产业融合程度而不断减少。跨界融合加速，官产学研用紧密结合，政府更加注重推动创新创业和促进成果转化。交易方式朝数字化交易、无纸化交易、移动支付等领域发展，企业竞争变为平台竞争，共享经济，线上线下一体化共同发展，产销更加紧密，免费模式、平台模式、产业链O2O模式、泛产业链模式、众创空间、个性化网络推荐和定制模式、"互联网+"跨产业生态网络模式、而美的社区商业形态等新商业模式不断涌现，众多企业通过商业模式创新打造竞争优势，如苹果、滴滴、微信、优酷、苏宁易购、小米、摩拜单车、乐视、尚品宅配、特斯拉等打造自身的商业生态系统。

（4）技术创新驱动商业模式创新

随着以新一代信息技术、通信技术、大数据技术和云技术的发展，新技术在消费领域的应用升级，在生产领域的应用也将大大促进生产力的提升和生产关系的变革，各相关主体间的商业关系发生变化，基于价值创造视角，引发商业模式创新的路径发生变化。

一是价值主张侧重顾客的价值体验。价值主张是商业模式成功的起点。随着社会经济环境的变化，顾客需求呈现多样化和个性化的特点，这就要求企业通过整合多种技术、知识、产品和服务给顾客提供完美的价值体验。如小米公司通过商业模式创新，为消费者提供一站式的家庭数字生活解决方案，将硬件和软件、服务和内容进行整合，实施平台型的商业生态系统，创造出巨大的顾客价值。由此可以看出，在智能化时代，顾客价值主张将发生三大转变：从关注主流顾客群转向边缘顾客群；从注重产品的交换价值转向使用价值和感知价值；从产品到服务再到全面解决方案。

二是顾客价值传递系统（企业业务活动系统）强调价值共创。智能化时代，制造企业创造和传送顾客价值主张的载体将由线性、单向流动的价值链转变为动态、双向互动的价值网络或商业生态，强调企业与顾客及其他利益相关者协同合作，共创和分享价值，顾客参与、去中介化、网络化合作、从核心能力到动态能力将成为发展趋势。

三是价值获取以顾客价值作为企业盈利的基础。价值获取主要指企业的盈利模式，包括收入模式和成本机构。商业模式创新强调在创造顾客价值的基础上实现企业利润。顾客价值是企业盈利的基础，是企业长远发展的根本。未来盈利方式的变革趋势体现在：以"免费"方式或"多元化补贴收入"方式日益普遍、降低成本结构、资产结构轻型化。

（五）小结

智能化时代的科学研究有助于产业领域的技术创新，技术创新同时又进一步促进科学研究，这将带来客户购买行为及使用行为的转变和产业内企业间竞争格局的变化，最终促使产业链各利益相关方商业模式的转变。目前智能化应用较多的行业是商贸流通、汽车、房地产、医疗服务、城市建设等领域，在产品上具体体现在智能互联汽车、住宅智能化系统或者楼宇智能化系统、医院智能化系统和智慧城市建设,如特斯拉电动汽车,既有技术创新也有商业模式创新。中国的海尔、小米和华为,正是因为通过在产品研发设计、销售服务和商业模式上的创新,很快成为全球该细分市场的领导者。中国众多的后发企业也需要借鉴经验,进行二次商业模式创新,引领行业内企业创新发展、行业间跨界融合,最终促进产业升级。

二、中国汽车产业的模仿创新

汽车产业在技术追赶的过程中,在20世纪90年代通过合资合作的方式,学习国外汽车产业的先进技术,因此中国汽车产业的模仿创新成为汽车产业发展初期技术创新的主要方式,为近十年汽车产业的突破性创新积累了经验。

模仿创新是一种"模仿—学习—吸收—再创新"的过程,以观察、引进购买、反求破译、产业协作等方式学习率先创新者先进思想、技术及制度体系,并根据市场特点和创新主体自身的需要,对技术和制度进行改进完善,从而提高创新主体技术水平和竞争能力的一种渐进的创新活动。模仿创新是后进国家或者企业发展的必由之路,中国品牌汽车特别是民营汽车品牌基本靠模仿创新模式起家,即使当今强大的日本汽车产业同样是靠模仿起步并实现超越和领先。模仿创新不同于一般模仿的最重要的特性在于其不是简单地复制原有的技术和制度,通过吸收再创造出的新技术是类似于或超出于原有创新技术水平的,而不是同一种或同一水平的技术再现,并且这种改进也可以申请技术专利。

模仿创新可在宏微观两个层面进行。宏观层面上,后发国家通过对技术和制度两个方面的模仿创新实现产业追赶式发展;微观层面上,企业通过模仿创新方式增强自身创新能力和竞争力。引起这两种模仿创新的路径主要有三种:一是通过技术转移和技术引进,这其中一部分来源于本土企业对跨国公司带来的先进技术吸收、模仿和改善;二是通过人力资本流动,即先进跨国企业技术和管理人员流动降低了学习成本;三是通过模仿者的主动模仿学习,这种行为主要来源于模仿创新主体对利润最大化的内在追求。

模仿创新主体在发展中具有跟随性、开拓性和针对性等特点,把握好模仿创新的特性有利于模仿创新主体制订有效的发展战略,提高发展的速度和质量。

(1)跟随性

首先,在技术方面,模仿创新主体不会主动率先开发新的产品或技术,他们在观察率先创新者所研发的新产品或技术后,选择所需产品或技术进行跟随性发展。其次,在市场层面,模仿创新主体一般不主动开辟新市场,而是充分分析已有市场中存在的风险和潜在的获利空间,采用跟随的方式伺机而动,有效降低不确定性带来的市场风险。模仿创新具有跟随性主要有两个原因:第一,模仿创新主体自身资金、技术、信息资源和发展经验等不足以支持其进行高风险、高投入的率先创新和市场开发;第二,模仿创新主体利用跟随性优势来规避市场和政策风险、节约投资成本、加快研发和生产节奏,以实现利润的最大化。

(2)开拓性

模仿创新的开拓性表现在其"吸收—再创新"的过程之中,也是它区别于一般模仿的最本质特点。它是一种创新活动,其目的不是完成模仿,而是通过模仿的方式形成自身创新力,实现创新发展。在技术研发方面,模仿创新主体同样有R&D活动,并且随其程度的不断加深,R&D投入比例逐渐增大,他们对率先创新技术的改进和再开发可以申请不同程度的知识产权保护。在市场推进方面,模仿创新主体一般不会正面抢占率先创新者开辟的市场,而是通过提供差异化的产品和服务,来满足多样化市场需求,激发潜在需求,引导消费者形成额外需求,改变已有市场结构,开拓更深更广的市场空间。

(3)针对性

模仿创新主体通常不会进行盲目的全面模仿,而是在分析自身发展状况之后有针对性地选择模仿对象、内容和方法。针对性会降低模仿创新成本。在技术和产品研发中,模仿创新主体可以将有限的资金和精力有针对性地投入学习或破译未知的关键技术和改进产品等活动中。在企业的整体运作中,模仿创新者利用跟随性优势有效减少前期技术研发阶段和后期开发新市场阶段的风险资本投入,将资金和精力更多投入工艺改进、质量控制、成本控制和生产管理等方面,提高资源配置有效性。在产业整体的创新发展中,模仿创新的针对性能够防止产业全盘模仿而失去自我,有利于形成真正符合自身发展需要的创新能力。

三、当前汽车技术创新的表现形式及驱动力

技术创新是经济发展和社会进步的根本动力,也是企业核心竞争力的重要基石。过去的创新是机械式、孤岛式和碎片化的;而未来的创新必须是灵活型、系统化和协同型的,唯有这种跨越式的创新才能适应产业发展的新需求。当前,新

一轮科技革命正在驱动汽车产业全面重构。受此影响,汽车科技的边界不断扩展、内涵日益丰富、参与主体更加多元,这要求我们必须重新审视和思考汽车技术创新策略。当下,我国汽车产业高速发展,中国共产党的十九大提出了《汽车产业中长期规划》,表明到2025年,我国要迈入汽车强国的队伍。在这种要求下,就意味着汽车产业要提前实现现代化。中国汽车企业纷纷探索新技术的应用,共同促进汽车产业的技术创新。

1. 汽车技术创新的表现形式

汽车产品的技术复杂性,使得汽车产品创新有众多的表现形式。汽车产品所需要的零部件产品及所需材料众多,其中不乏众多的技术创新。

(1)汽车产品形态和功能创新实践

当前,全球新一轮科技革命和产业变革蓬勃发展,汽车产品形态和功能属性发生变化,跨行业、跨领域的融合创新和开放合作成为产业发展新特征,给跨界企业进入行业带来机会。一是新能源汽车已成为汽车产业转型升级的最佳载体,推动汽车产业价值链由以产品为核心向包含产品、数据、服务等在内的全价值链转变,汽车产业边界日益模糊。二是新能源汽车的关键是零部件,从传统汽车的发动机、变速箱等,转变为电池、电机、电控,同时随着新能源汽车整车及电子电气系统的标准化、模块化、平台化、通用化,整车结构大为简化,新进入者造车门槛显著降低。三是随着智能网联技术的发展,加上电子电气架构的变革,汽车不仅是机械类装置,也是高科技电子产品、数据采集终端和重要的计算节点。芯片、操作系统、智能计算平台、V2X通信、智能驾驶系统等将逐渐成为主流增量零部件,互联网企业、IT企业具备一定基因优势。四是新能源汽车正在由单纯的交通工具向移动智能终端、储能单元和数字空间转变,推动新能源汽车与能源、交通、信息通信全面深度融合,新能源汽车逐渐成为支撑构建清洁能源、智能交通、智慧城市的关键要素。未来,汽车不仅是能源消耗品,也可以是存贮和消纳可再生能源的重要载体,是链接绿色能源、智能电网等的节点和纽带,新能源汽车将成为推动科技、能源、制造、交通等融合发展的最佳载体,具有广阔的发展空间、经济效益和社会价值,将成为各行关注的焦点。正如华为汽车业务提出:汽车将成为"车—端—云—管"的集成系统。

由于上述因素,尽管新能源汽车行业竞争激烈,但新进入者热度不减。2020年以来,阿里、百度、小米等科技企业再次加码新能源汽车,消费电子代工巨头富士康也开始布局汽车业务。2020年11月，阿里、上汽、浦东新区合资成立智已汽车，瞄准高端纯电动汽车市场。2021年1月，百度与吉利合资成立集度汽车，以整车制造商的身份进军汽车行业。2021年3月，小米正式宣布造车，首期投资100亿元，预计未来10年投资额将达到100亿美元。2021年1月，富士康注资拜腾汽车，加速推进拜腾汽车首款车型的量产。同月，富士康与吉利签署战略合作协议，将成立合资公司提供汽车代工服务，并计划与法拉第未来开展电动车代工合作。

（2）汽车芯片技术创新实践

长期以来，汽车一直是芯片的重要应用场景，大量芯片产品被广泛应用在发动机、变速器、底盘、动力电池、驱动电机，以及智能网联关键电子零部件等领域。随着汽车产业电动化、智能化发展加速，汽车芯片在汽车产品中的重要性持续提升。据不完全统计，目前单车超过80个核心零部件须使用芯片，搭载芯片数量约600颗，价值量约4000元，L4级自动驾驶汽车单车芯片价值量更是达到11000元。从产品本身来看，汽车芯片需要满足车规级技术标准，对环境、可靠性、一致性要求更加严苛。

汽车芯片是关乎产业核心竞争力的重要器件，是汽车强国建设的关键基础。但从产业链环节看，我国汽车芯片发展不均衡，其中，芯片设计方面，华为海思、地平线、黑芝麻等设计企业已实现批量产品装车，中低端芯片设计已与国际基本同步，但高端芯片设计与国外先进水平差距较大，尤其是芯片设计工具（EDA）市场长期被国外垄断。芯片制造方面，封测环节处于全球先进行列，但晶圆体、芯片制造环节最为薄弱。2020年，台积电全球市场占有率超过50%，制程技术达到7纳米，我国中芯国际的市场占有率不足5%，2020年才实现14纳米芯片的量产。初步统计，2020年我国汽车芯片市场为700多亿元，其中进口率达到95%，芯片市场严重依赖进口。原材料和制造设备方面，汽车芯片主要使用的8英寸晶圆自主化率不足10%，12英寸晶圆更是低于1%，其他光刻胶、掩膜版、靶材、封装基板等辅助材料也面临瓶颈，光刻机市场被荷兰阿斯麦（ASML）和日本佳能、尼康垄断，我国光刻机技术水平差距巨大。

当前，车用芯片问题已经上升到国家战略之争，加快实现车用芯片自主可控已迫在眉睫。因此，需要提高车用芯片战略定位，由国家层面统筹资源，长短结合、系统布局。建议当前紧抓芯片制造这个"牛鼻子"，集中发力支持车用芯片制造环节国产化，如采取芯片联合采购、吸引外资投资建厂、支持自主化改造等措施，快速解决车用芯片供给问题；同时，强化顶层设计、加大政策支持力度，夯实汽车芯片产业长远发展基础，提升产业综合竞争力。

（3）汽车节能技术和排放技术的创新实践

综观人类发展历史，20世纪70年代以来，随着极端气候和环境污染现象的出现，人们不得不重视环境变化问题，围绕国际社会关注的焦点问题，逐步推进国际合作从合作倡议到形成国际法律文件，虽然推进气候议题的国际合作过程困难重重，但是伴随着新一轮科技革命和产业变革，绿色低碳新兴产业逐渐成为新冠疫情影响下带动国家经济增长的新型产业，部分国家和地区依旧在推动绿色低碳发展方面进一步加大力度。从中远期来看，牢固树立和践行人类命运共同体理念，共同应对气候变化并携手构建一个清洁美丽世界是唯一出路。绿色低碳发展转型战略已成为国家经济社会可持续发展和应对全球气候变化的协同共赢战略，顺应并引领全球低碳发展转型趋势，打造自身竞争优势，成为国家总体目标和发展战略的重要组成部分。欧盟和中国分别提出到2050年和2060年实现碳中和的发展目标。由于当前能源和经济体系发展惯性，中国实现2060年全社会碳中和目标将面临更大挑战，需比发达国家2050年实现碳中和付出更大努力，并在长期目标指导下"倒逼"各行业加快碳减排发展节奏。中国汽车产业绿色低碳发展成效显著。汽车节能技术取得进一步发展与突破，整体油耗水平保持平稳下降；车辆电动化转型加快发展，引领全球新能源汽车产业发展。伴随着全社会碳中和技术路线和行动计划逐步落地实施，未来汽车产业碳减排潜力巨大。尽管受新冠疫情影响，各国经济衰退让发展绿色低碳经济的难度加大，同时各国在共同推动全球气候变化的合作及行动计划方面缺少实质性进展，但从中远期来看，唯一的出路就是牢固树立和践行人类命运共同体理念，加强合作。

当前重点领域道路交通碳减排需求持续升温。道路交通领域作为石油消耗大户，是CO_2排放控制的重点领域。中国道路交通碳排放已经从2005年的3.12亿吨增加到2017年的6.73亿吨，柴油与汽油消耗各贡献了其中的50%左右，且汽油的排放贡献比例有明显上升态势。道路交通碳排放占全国碳排放总量的比重逐年提高，2017年达到7.27%的水平。2020年9月22日，中国国家主席习近平在联合国大会一般性辩论上宣布，中国二氧化碳排放力争于2030年前达到峰值，努力争取2060年前实现碳中和。未来道路交通碳减排潜力巨大。因此汽车节能技术和排放技术创新尤为迫切。

节能技术和排放技术主要体现在提升传统燃油车的燃料经济性。当前，在中国新能源汽车与传统燃油相比存在一定成本劣势的前提下，加快传统燃油汽车研发技术攻关，提升传统车燃油经济性具有重要意义，应该加快车用轻量化材料、车辆风阻系数降低、发动机结构、传动系统等技术变革，加快节能技术进步。加快新能源汽车的产业化推广。发展新能源汽车是中国由汽车大国迈向汽车强国的必由之路。2020年《新能源汽车产业发展规划（2021—2035）》指出，要加快提高新能源汽车技术创新能力，深化"三纵三横"研发布局，加快建设共性技术创新平台，提升行业公共服务能力。同时发展替代能源车辆。随着汽车碳减排技术的发展，发展替代能源车辆、实现车用能源多元化具有重要意义，应从氢能、生物质能等多项车用能源技术着手，加快重点技术研发及产业化应用。

由中国汽车工程学会组织开展的节能与新能源汽车技术路线图年度评估工作研究成果——2022年度中国汽车十大技术趋势（以下简称"汽车十大技术趋势"）于2021年10月在上海发布，100TOPS以上车规级计算芯片即将实现量产装车；第三代半导体电机控制器将实现多车企量产应用；安全性技术提升推动300瓦时/公斤高比能动力电池实现装车应用；长寿命燃料电池系统将实现商用车多场景应用；基于专用平台的纯电动乘用车市场占有率将超过65%；国产高性能纯电动乘用车将更多采用800伏电压平台；智能热管理技术大幅提升新能源汽车低温适应性；域控制器将实现由单域控制向跨域融合形态过渡技术突破；整车信息安全防护技术将实现从边界防御向主动纵深防御体系跃升；DHT混合动力系统装车规模将实现倍增。

（4）数字化赋能汽车产业转型实践

数字化转型成为汽车产业最基础、最底层的变革，而其带来的影响也将是最巨大、最根本的，将在未来深刻影响企业发展的各个方面。百年巨变，给汽车行业带来前所未有的变革，主要体现在技术、市场、消费者和国际形势四大方面。汽车的"新四化"发展需要重塑整个产业链。而这其中，数字化转型成为最基础、最底层的变革，而带来的影响也将是最巨大、最根本的，将在未来深刻影响企业发展的各个方面。汽车产业链企业纷纷加大了数字化领域的投资。而云计算、物联网、5G、人工智能、自动驾驶、大数据、区块链和高精地图等数字技术在汽车产业的广泛应用，又进一步促进了汽车产业数字技术的发展。

一是加快构建跨界融合的数字化产业生态。"十四五"时期,加快数字化发展,打造数字经济新优势,已经成为中国经济增长新引擎。对于整个汽车产业链来说,如何迎接数字化带来的新发展趋势、如何实现产业链上下游数字化协同转型,已经成为重要的课题。在2021中国汽车供应链大会——"数字化转型,汽车产业链发展新动能"主题论坛上,政府机构、国内外汽车企业、行业组织及科研院所的多位领导、专家和学者对以上课题进行了深入探讨。

中国汽车工业协会副总工程师许海东认为,以习近平同志为核心的党中央高度重视数字化发展,明确提出数字中国战略:发挥数据的基础资源作用和创新引擎作用,加快形成以创新为主要引领和支撑的数字经济。要构建以数据为关键要素的数字经济;要坚持以供给侧结构性改革为主线,加快发展数字经济,推动互联网、大数据、人工智能同实体经济深度融合,推动制造业加速向数字化、网络化、智能化发展。

党的十九届五中全会通过的《中共中央关于制定国民经济和社会发展第十四个五年规划和二〇三五年远景目标的建议》(以下简称《建议》),明确提出要"加快数字化发展",并对此作出了系统部署。这是党中央站在战略和全局的高度,科学把握发展规律,着眼实现高质量发展和建设社会主义现代化强国作出的重大战略决策。2021年2月,国务院国资委正式印发《关于加快推进国有企业数字化转型工作的通知》(以下简称《通知》),系统明确国有企业数字化转型的基础、方向、重点和举措,开启了国有企业数字化转型的新篇章。通知在着力夯实数字化转型基础方面提出四点要求:一是建设基础数字技术平台;二是建立系统化管理体系;三是构建数据治理体系;四是提升安全防护水平。为加快推进产业数字化创新发展,《通知》也提出了四点要求:一是推进产品创新数字化;二是推进生产运营智能化;三是推进用户服务敏捷化;四是推进产业体系生态化。

二是中国汽车产业要依托产业优势,推动供应链、产业链上下游企业间数据贯通、资源共享和业务协同,提升产业链资源优化配置和动态协调水平。要加强跨界合作创新,与内外部生态合作伙伴共同探索形成融合、共生、互补、互利的合作模式和商业模式,培育供应链金融、网络化协同、个性化定制、服务化延伸等新模式,打造互利共赢的价值网络,加快构建跨界融合的数字化产业生态。

2. 汽车技术创新的驱动力

从全局和根源上来看,汽车产业技术创新使得汽车产业重构有两大核心驱动力：万物互联和碳中和。事实上，这两大驱动力不只作用于汽车产业，也将推动整个人类社会的全面转型。

（1）万物互联

万物互联也被称为物联网或产业互联网，其战略价值在于使海量数据得以自由流通，并由此实现全面的智能化。基于万物互联的产业重构是革命性和战略性的，将会催生出"人—车—生活—社会"的全新形态。显然，这不仅是一场技术变革，更是一场产业分工与资源组合的深刻变革。如果说连接人与人的互联网使信息得以高效汇聚，进而使人能够快速接触到大量知识，那么连接物与物的物联网则将使所有人造物都能产生数据并高效流动，进而通过对这些数据的处理和利用，使人造物的智能化程度得到根本性的提升。互联网实现了由信息爆炸到知识爆炸的进步，而物联网则将实现由数据爆炸到智能爆炸的跃升。从人类文明的高度看，到了万物互联的时代，数据将成为最核心的要素。数据的产生，将催生新的产品硬件和软件；数据的流通，不只需要充分连接，更需要实时在线；而数据的利用，则有赖于人工智能加持下的数据处理技术。在此基础上，大量的信息得以形成有价值的数据并最终转换成知识，赋能每一个产品（人造物），使其具备单体智能；而众多产品即多个智能主体又彼此互联、相互协同，并得到云端智能的支持，从而汇聚成一个超级智能的大生态。这个过程将改变各个产业，并最终改变整个人类社会。具体到汽车产业，万物互联将赋予汽车更加重要的战略地位和不可替代的独特价值。

在人类历史上，能源、交通、信息三个领域每次出现颠覆性的突破，都会带来整个社会的巨大改变。而本轮科技革命正同时驱动能源与信息两大领域的突破，并作用于交通领域，进而共同促使汽车产业发生变革性的全面重构。在此前景下，未来汽车及相关产业将形成4S(智能汽车SV、智能交通ST、智慧能源SE、智慧城市SC)融合发展的全新生态。其中，智能汽车作为智能交通、智慧能源、智慧城市系统中的核心枢纽和关键节点，将彻底打通人流、物流、能源流和信息流，进而带来社会分工、商业模式的全面重构以及资源的跨界重组。由此，人类将进入全新的智能时代。综上所述，基于万物互联的产业重构是革命性和战略性的，将会催生出"人—车—生活—社会"的全新形态。显然，这不仅是一场技术变革，更是一场产业分工与资源组合的深刻变革。正因如此，我们迫切需要新的技术创新模式，以适应、推动和引领这场变革。

(2) 碳中和

以"融合、创新、绿色"作为主题的"2021中国汽车产业发展国际论坛"在天津举办,说明汽车产业开启"十四五"新征程和推进"双碳"战略。当前,中国提出了"力争于2030年前实现碳达峰、2060年前实现碳中和"的战略目标,即所谓双碳目标。达成双碳目标尤其是碳中和目标,是一项空前复杂且立体交织的国家系统工程,将会影响国民经济和社会生活的方方面面。事实上,实现碳中和不仅是生态环境和经济协同发展的问题,更是人类存续方式转变的问题。能源、产业和企业以及人类的生产方式和生活方式都将随之发生重大变化,进而深刻改变整个世界。

就汽车产业而言,由于自身碳排放规模大,受关注度高,而且上下游协同性强、拉动力大,因此必须加快实现双碳目标,以支撑国家整体战略目标的有效达成。在具体践行的过程中,一方面,汽车产业内部要努力实现产品全生命周期以及上下游产业链的联动减碳,涉及原材料供给、零部件及整车生产制造、车辆使用以及报废、再利用等各个环节的各类企业。另一方面,汽车产业外部要努力实现跨行业、跨领域的协同脱碳,尤其是与能源产业协同,以满足汽车产业对低碳、零碳能源的使用需求;与交通产业协同,以提供低碳、零碳汽车产品的应用场景。无论产业内部联动,还是产业外部协同,最终要真正实现碳中和,都有赖于整个工业体系、社会基础设施、政策环境、文化趋向以及技术创新的共同支撑。这其中,技术创新无疑是最根本的保障和驱动力(具体如图2-1所示)。在此前景下,作为国民经济的支柱产业和战略性新兴产业,汽车产业必将被彻底重塑。为此我们必须从全链条和全业态入手,加快实施汽车产业全面脱碳的新生态建设(图2-2、图2-3)。

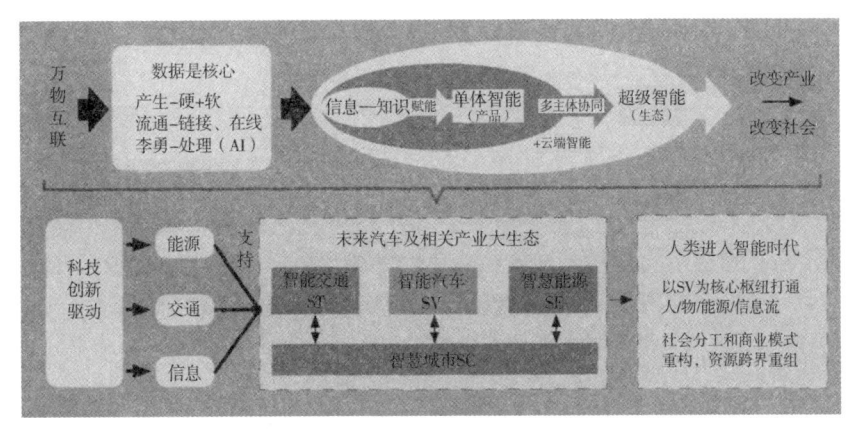

图2-1 万物互联在汽车产业的体现

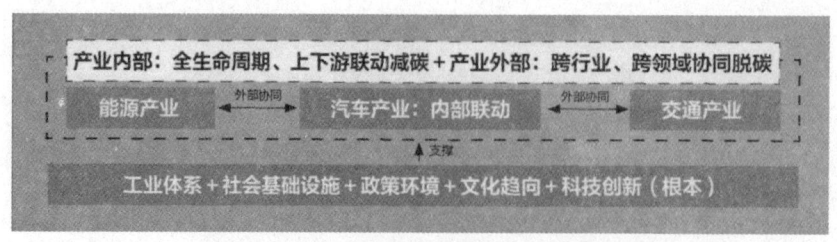

图2-2 汽车产业践行双碳目标的战略地图

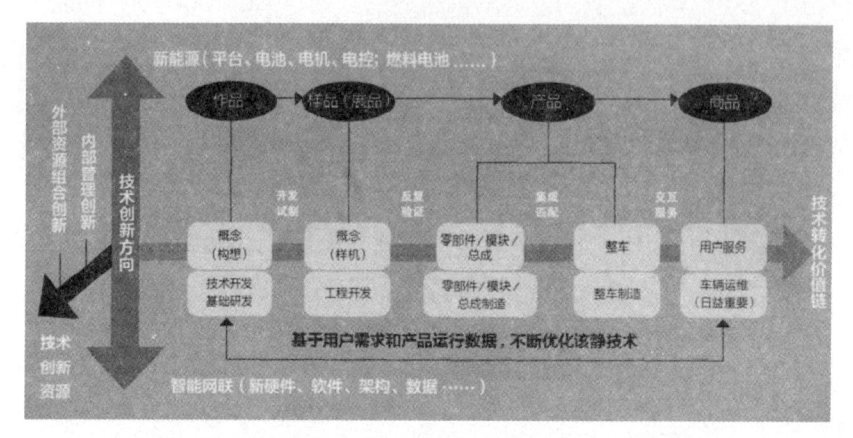

图2-3 新时期汽车技术创新的基本规律与三维图景

四、汽车产业应对技术变革和市场发展的对策

1."抱团合作"

新一轮产业变革和市场格局演变让汽车企业协作成为战略需求，全球车企、科技公司纷纷走向联合，以应对新一轮科技革命与产业变革、复杂的市场竞争格局，相关企业之间的联合显得格外重要，凸显行业抱团趋势。国内外车企巨头与IT、通信巨头纷纷携手，探索未来汽车的发展路径。东风与华为的战略合作，正是在这种大背景下的前瞻性布局与尝试。2014年10月，东风和华为签署战略合作协议，在智能网联和智慧交通领域、智慧城市建设的合作。通过东风华为双方在车联网领域的合作，华为将为东风车主提供在线导航、语音识别等先进的服务，提升东风车主的驾乘体验；凭借双方在各自领域的实力，有望为东风汽车开辟一条崭新的发展路径，而双方的跨界合作也必将成为业界典范。同时作为同处于国家支柱性行业的企业，东风和华为的强强联合，展示了中国品牌聚合的强大力量，

对于提升中国汽车产业的竞争力、加速自主品牌汽车发展、推动汽车工业的转型升级,都有着重要的示范意义。

2019年7月,大众和福特正式结成联盟合作关系,探索联合开发汽车的可能性,以分担设计新汽车和开发新技术的高昂成本。2020年6月,双方进一步宣布将彼此的合作扩大至新能源汽车、自动驾驶汽车、商用车等新领域,目前大众已完成对福特控股的自动驾驶初创企业Argo AI的26亿美元投资。2019年12月,菲亚特克莱斯勒(FCA)与PSA集团关于对等合并正式达成共识,并签署了具有约束力的备忘录。2021年两公司将完成合并,合并后的新公司研发费与设备投资根据双方2018年实际支出来合计,约达150亿欧元,仅次于大众和丰田。新公司将有效利用这一优势,开发新四化等新一代技术。2020年9月,通用汽车与本田汽车达成战略合作,将在北美地区建立汽车业务联盟,围绕新能源汽车和智能网联汽车加强合作,以联盟的形式为各自的品牌开发车型。这进一步凸显行业抱团降低成本、提升效率的发展趋势,通过战略合作降低成本,使加速汽车电动化、智能化转型成为汽车企业的必然选择。

2. 抱团取暖,加快国际化步伐

中国汽车企业、科技公司在加强"抱团合作"的同时,需要不断加快国际化步伐。发生在跨国汽车企业间的研发和生产联盟同样发生在跨国汽车企业和中国国内本土汽车品牌之间,遗憾的是本土品牌之间的战略协作仍然难觅,或者缺少驱动力量。首先,跨国汽车企业与中国国内本土相关整车企业围绕新能源汽车研发和量产开展合作。例如,宝马汽车与长城汽车围绕新能源汽车合作成立了新公司"光束汽车",根据宝马MINI车型联合研发一款小型电动汽车。丰田汽车与比亚迪成立合作公司,围绕新能源汽车领域开展联合研发和量产。其次,围绕新能源汽车关键零部件的合作也被跨国汽车企业和本土汽车企业提上日程。典型事例是丰田汽车联合5家中国企业成立商用车燃料电池系统研发公司,并向相关车企供应燃料电池客车零部件。参与合资的5家企业分别是中国一汽集团、东风汽车集团、广汽集团、北汽集团、北京亿华通科技。丰田出资65%、亿华通出资15%,其他4家公司各出资5%。最后,在相关部门的引导和推动下,本土汽车企业之间的联合协作也被提上日程。标志性事件是中国一汽、东风汽车、长安汽车三家央企之间,围绕前瞻技术、移动出行生态等产业链上游和下游开展合作,并以"T3出行""T3科技"等联合体的形式落地。

3. 调整汽车产业政策

近年来，低碳加严、准入宽松、加快开放成为新时期汽车政策主基调。调整的原因体现在以下三方面。

一是蓝天保卫战背景下，低碳环保要求持续加严。2018—2020年实施的蓝天保卫战三年行动计划提出了"经过3年努力，大幅减少主要大气污染物排放总量，协同减少温室气体排放，进一步明显降低细颗粒物（PM2.5）浓度，明显减少重污染天数，明显改善环境空气质量，明显增强人民的蓝天幸福感"的发展目标。汽车产业作为贯彻落实蓝天保卫战的重点产业之一，在大力推进"国Ⅲ"及以下排放标准营运柴油货车提前淘汰更新、加快淘汰采用稀薄燃烧技术和"油改气"的老旧燃气车辆、部分地区提前实施"国Ⅵ"排放标准、严格超标排放监管等方面开展了大量工作，燃油经济性标准不断加严。在蓝天保卫战之外，中国还在实施温室气体减排政策。中国国家主席习近平在2020年9月召开的联合国大会上表示："中国将提高国家自主贡献力度，采取更加有力的政策和措施，二氧化碳排放力争于2030年前达到峰值，争取在2060年前实现碳中和。"国家层面提出的碳达峰与碳中和目标，将在宏观层面形成对汽车产业碳减排的长期倒逼效应，从这个角度来看，预计汽车产业面临的来自环境保护方面的压力将呈持续加严的基本态势，这促使汽车产业在技术创新背景下实现产业业态上的创新发展。

二是"放管服"改革背景下，产业准入政策有序放宽。在"放管服"改革深入推进的背景下，针对汽车产业技术创新多头管理带来的产业低效问题，国家已开始采取行动。2019年6月，《道路机动车辆生产企业及产品准入管理办法》正式实施，其获得广泛关注的内容有对"代工生产"的放行，即"鼓励道路机动车辆生产企业之间开展研发和产能合作，允许符合规定条件的道路机动车辆生产企业委托加工生产"，以及推行集团化管理，即"鼓励道路机动车辆生产企业实施企业集团化管理"。2019年8月，《国务院办公厅关于印发全国深化"放管服"改革优化营商环境电视电话会议重点任务分工方案的通知》提出：优化机动车产品准入，依法整合汽车产品公告、强制性产品认证、环保型式核准目录、道路运输车辆燃料消耗量达标车型公告等，实现一次送检、全面检测、结果互认。2020年7月，工业和信息化部与财政部、国家税务总局协商一致，将《新能源汽车推广应用推荐车型目录》《享受车税减免优惠的节约能源使用新能源汽车车型目录》《免征车辆购置税的新能源汽车车型目录》《道路机动车辆生产企业及产品公告》

同期发布,实现企业"一次申报、一并审查、一批发布",大幅压缩审批时间,减轻企业负担,有力支持新能源汽车产业发展。除了公告之外,准入政策的有序放宽还体现在汽车产业投资由核准制改为备案制这一政策改革上。2019年1月,中国正式实施新版《汽车产业投资管理规定》,意味着此前由国家发改委实施核准制的严格的投资管理政策,调整为由地方发改部门实施的备案制。

三是促进技术创新的政策是在经济逆全球化回潮背景下,对外开放合作明显加快的重要保障措施。2018年以来,以美国为主挑起的贸易战及经济逆全球化给全球经济开放合作带来了严重的影响。为了应对这一挑战,中国实施了更高水平开放合作的基本对策。汽车产业技术复杂程度较高,同时也是高度全球化的产业,中国汽车产业对外开放合作步伐明显加快,尤其是"一带一路"沿线国家的合作。其中关于允许外商独资企业入场及放开合资股比限制的政策,在2019—2020年得到市场的积极回应。宝马提升了其在华晨宝马合资公司的股份至75%,大众汽车收购了江淮汽车50%的股份,同时进一步将其在江淮大众合资公司的股份提升至75%,而特斯拉则在中国设立了第一家外商独资汽车企业。合作步伐的加快,将极大推动中国汽车企业的技术创新能力。

五、技术创新驱动新能源汽车产业发展和转型升级实践

目前,节能减排、应对大气变化,已成为全球各国关注的焦点。降低化石能源能耗和减少碳排放,严格整车油耗标准已成为世界各国的主要目标。欧美国家和日本纷纷设定2030年目标,并以每年4.4%、4.5%、3.9%的速度严格油耗排放法规;我国已实现了设定的2020年目标,以每年5.5%的速度降低总体排放。截至2020年年底,全国有70个城市的汽车保有量超过百万辆,30个城市汽车保有量超过两百万辆。节能减排已成为未来带动中国经济发展的新的增长点,新能源汽车必然成为汽车产业发展的增长极。习近平总书记指出,"发展新能源汽车是我国汽车工业由大到强的必由之路"。李克强总理批示"加快发展节能与新能源汽车,是促进汽车转型升级、抢占国际竞争制高点的紧迫任务,也是推动创新、推动绿色发展、培育新的经济增长点的重要举措"。通过多年对新能源汽车的培育,新能源汽车发展较快,截至2020年新能源汽车保有量如表2-2所示。

表2-2 2014—2020年新能源汽车保有量变化

指标	单位	2014年	2015年	2016年	2017年	2018年	2019年	2020年
新能源汽车保有量	万辆	22	42	91	153	261	381	492
纯电动汽车保有量	万辆	19.67	33.2	73	125	211	310	400
纯电动占新能源比率	%	89.4	56.9	80.2	81.7	81	81.2	81.3
新能源汽车增量	万辆	—	20	49	62	108	120	111

1. 技术创新是新能源汽车快速发展的动力

目前，我国购买新能源汽车的主要群体是个人，如何将近3亿汽车保有量的私人汽车逐步替换成新能源汽车，使"APEC蓝""阅兵蓝"常驻，就需要我们着力抓好基础核心技术创新和设计引领的系统集成创新，抓住信息网络、能源动力、材料与制造服务创新带来的新机遇，协力推动绿色化、智能化新能源汽车创新发展，在技术创新驱动下实现弯道超越，加快转型发展。新能源汽车不仅是中国企业的战略，也是百年不遇的转型发展机遇。无论是整车制造，还是电池生产、充电桩制造、充电服务运营、汽车租赁、互联网企业等商户，都备受资本市场的关注。竞争、创新、可持续发展成为整个产业发展的焦点，节能和新能源汽车的发展已成为带动中国经济发展的一个新的增长点。今年在创新动力驱动下，新能源汽车加速发展，旺盛的汽车消费市场带动了相关产业的发展，使产业链的上游（主要是指锂离子电池、电机及控制系统、汽车整车控制系统）和下游（主要是指充电设施、电池回收等产业）打通，使得新能源汽车发展前景十分乐观。从创新的环境看，目前新能源汽车产业是中国战略性新兴产业之一，备受世界各国关注。加快新能源汽车产业的发展，可以有效缓解能源压力、降低大气污染，还可以充分发挥自主品牌的技术水平，实现加快产业转型升级、促进创新驱动发展作用、加快融合和赶超世界汽车产业的进程，使"国计"与"民生"有机地融为一体。加快发展新能源汽车也是促进绿色创新发展的重要举措。在2016年新能源汽车产业创新与发展峰会上，中国新能源产业发展联合会、国家可再生能源产业技术创新战略联盟、新能源汽车动力总成系统研究院、北京大学价值经济研究中心主办了"新经济、新技术、新模式、新生态、新变革"为主题的会议，探讨了未来新能源汽车的动力总成（电机+电控+变速箱等，电力电子的集成等）、技术创新、制造产业链创新、商业模式创新、资本运作创新、智能化创新、未来发展之路等前沿课题，使创新的环境比以前有了显著的优化。

随着第二阶段新能源汽车扶持补贴政策和产业技术创新作用的逐渐显现及技

术和科研人员的持续投入，新能源汽车产业将迎来全面加速阶段。在"十三五"战略规划中确定了到2020年的技术创新发展方向，更具有针对性。例如，为在公交系统广泛应用新能源汽车，政府相继颁布了"完善公交车成品油价格补贴政策""新能源公交车推广应用考核办法"等；采用新补贴退坡机制、税费减免、限行限购等各种政策工具，不断优化和调整产业发展，同时配合更加宽泛的扶持，运用于整车、动力电池、充电设施等领域，逐步形成研发、生产、购买、使用、监督管理等较为完善的政策系统。从新能源汽车自身技术创新看，自2009年启动新能源汽车"十城千辆"计划以来，中国新能源汽车产销量大幅增长。我国汽车的核心技术进步显著，混合动力电池及关键材料国产化进程迅速提升，混合动力电池能量密度较2014年提升了将近一倍，而成本价格降低了50%，安全性和工艺技术不断改善，驱动电机系列产业化能力取得了新的发展，从驱动电机的生产逐步过渡到带有控制系统的整个驱动系统的发展，创新技术显著提升。从产业融合方面看，技术创新是汽车产业融合的内在驱动力。而汽车产业的技术创新和技术融合是其产业融合发展的催化剂，在二者基础上产生的产业融合是对传统汽车产业体系的彻底改变，是转型至新能源汽车产业的标志，必将成为汽车产业发展和经济增长新的动力。通过技术创新开发出替代传统燃油汽车的新能源汽车新技术、新工艺和新产品，融合到电池、充电桩、智能汽车、智能汽车硬件、充电设备、充电终端等产业之中，改变原有汽车产业的产品或服务技术路线，降低原有产业的生产成本，促进了产业融合。通过技术创新还可以改变市场的需求方向，局部减少或淘汰原有传统的汽车产品，将市场需求转向新能源汽车产品，为产业融合提供市场空间。从基础设施建设速度看，新能源汽车标准体系正在不断完善，整车制造、汽车关键零部件、接口和设施以及充电设施、充电桩的建设初见成效，现行有效标准已达87项，正在审查待批的标准5项。在整个标准体系中，44项标准正在研发，已形成一整套标准的研发体系。目前，新能源汽车乘用车比53%，未来仍有很大提升空间，充电桩市场急需突破。从新能源汽车推广应用过程中安全运营方面看，关系到此产业能否持续、顺利的发展问题。新能源商用车，特别是城市公共交通汽车，是新能源客车推广的先行者和主力军，目前约占我国公交保有量的14%，这在世界上也是罕见的。随着公交系统实行全程现场实时监测和电动客车性能的不断提高，尤其是实行公交能源费用补贴，从油价补贴变为电价补贴以及将大数据技术应用于检测系统，实时评估每个电池箱的安全性，及时排除新能源汽车出现的故障等，有助于推动公交系统的电动化，促进新能源客车的推广。另外，新能源商用汽车技术不断创新，已经涌现出一批国际领先创新技术，增加了在国际上的竞争能力，使龙头企业的新能源客车整车出口初具规模。

2. 技术创新驱动的新能源汽车产业转型发展

创新驱动已成为整个新能源汽车产业升级的发展焦点。中国从"十五"到"十二五"，汽车产业由混合新能源走向纯电驱动的发展战略。在"十五"期间，新能源汽车的研发始终坚持"三纵三横"的国家新能源汽车研发布局，在科技部组织下实施国家863计划"电动汽车重大专项"，共投资研发经费9.5亿人民币。将发展纯电动汽车、混合动力电动汽车和燃料电池汽车这三项整车技术作为"三纵"，将多能源动力总成控制系统、电机驱动和控制单元系统以及动力电池和电池组管理系统这三项关键零部件技术作为"三横"，采取总体负责制管理专项，由整车企业牵头，关键零部件配合，产学研相结合方式，促使科技研发水平不断提升。与此同时，不断研究制定政策法规和技术标准，使基础设施得到协调发展，初步形成了一整套研发体系（见图2-4）。

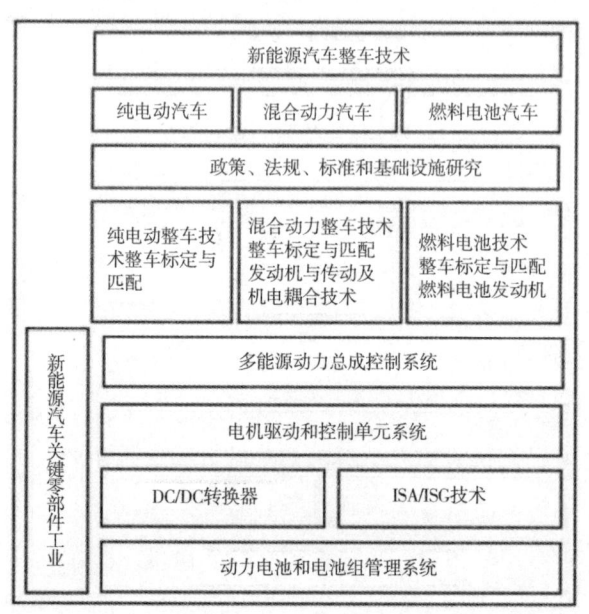

图2-4 中国新能源汽车"三纵三横"研发布局

随着我国科技体制的改革和新能源汽车产业的发展，"十三五"期间重新部署了新能源汽车产业链,并配合六个试点计划,向基础科学(例如在电化学、力学、动力电池、混合动力体系、燃料电池体系方面加强了基础研究,对基础建设核心关键技术进行部署)、基础设施和典型示范应用方向延伸,形成了一体化新的体系产业链,使关键核心技术更加充实、更加具有新的内涵。全新的一体化产业链体现了科技计划围绕着创新产业链的发展优势,在新的科技研发部署中,加大了基础研究的比例,更加重视包括基础设施在内的关键核心技术的研发应用,加强了关于燃料电池技术创新链和从基础到关键技术以及应用研发的部署。

燃料电池和轻量化汽车是全球发展新能源汽车的必然趋势。中国从 2001 年开始就已意识到发展新能源汽车电池技术是关键,部署对燃料电池的研发。近年来,美国、德国、日本、韩国的政府和企业大量投资加速新能源汽车产业的发展。根据我国新能源汽车的发展和燃料电池技术现状,更适合采用燃料电池作为增程器,研发增程式燃料电池汽车,便于加快实现新能源汽车产业化进程。从汽车的设计看,电动底盘采用了创新设计和技术标准。在重视轻质车身和底盘发展的同时,电池的高效回收和再利用不容忽视。实际上,无论从汽车整车,还是动力电池,尤其是锂离子动力电池,在设计的初级阶段就应该考虑它的梯级利用(可将其用到风能、太阳能的储能当中)和拆卸、回收、分类,加强对于退役电池的质量、性能鉴别、分级等测试评价技术和标准方面的研究,建立回收利用法规,制定相关标准,推动梯次利用,充分发挥检测监控系统作用,构建动力电池回收体系产业链。新能源汽车的智能化、网络化、电动化无疑已成为未来的发展趋势,中国汽车企业正向这个方向努力。科研院所、高等院校和专家们坚持基础科学、共性技术、动力系统、集成开发,全方位地围绕着产业链发展,不失"互联网+""中国制造 2025"等创新机遇,依托新能源汽车的新兴和创新主体建设专业化的平台,发挥科研院所、高等院校的科技成果转化优势,为吸纳国内外优质资源,建设聚集人才构建一个专业化的平台,使汽车产业发展与市场需求有机地融合在一起,发挥龙头骨干企业作用,带领汽车零部件、销售和加工制造业共同发展。这个发展战略推动了未来中国汽车市场中新能源汽车的技术含量。

目前,中国与德国已经建立了中德电动汽车联合研究中心,由中德双方的高校、研究院所、整车企业和零部件企业共同研究电动汽车的未来发展、标准体系建设、回收体系利用及基础研究等。中国与美国也建立了清洁能源中心,由中美双方产学研进行合作,有利于我们了解世界新能源汽车的发展前沿,为世界新能源汽车发展做出贡献。从世界范围看，欧美国家民众不仅使用航空、铁路、航海等出行方式，更多使用的是私家车自驾出行方式，尤其是在公共交通和旅游方面。随着居民生活水平的不断提高和我国航空、高速铁路的快速发展，我国民众将会越来越多地选择私家车自驾或租车出行方式。新兴城市公共交通网络、分时租赁的模式逐渐被众人喜爱。在技术创新驱动下，加快产业转型发展，新能源汽车的智能化、网联化、便捷化将重构交通、互联网、制造业融合发展的新形态，而交通与能源的互联，促使电动汽车在能源互联网下，成为瞬间供电主体，构成"汽车—城市—道路—能源网络"融合发展，不断创新商业模式和运营方式，最终实现技术创新驱动下的新能源汽车产业高质量发展战略目标。

六、大型汽车企业的技术创新实践

1. 长安数字化转型规划方案

2021年8月，长安汽车在科技生态大会提出，全面加快向智能低碳出行科技公司转型，重塑"新汽车+新生态"，未来5年，在全产业链累计投入1500亿元，打造科技公司技术生态，加快构建软件和智能化能力。重庆长安汽车股份有限公司物流中心总经理兰祥文在大会上做了题为"数字化转型——长安汽车供应链发展新动能"演讲。兰祥文认为，当前汽车供应链面临着巨大挑战，这就要求汽车产业要打造一条具有预测风险、感知风险、应对风险等系列能力的产业链。消费变革，跨界融合创造产业链、供应链新的生态，举国之力营造产业链、供应链创新氛围，极力维护产业链的畅通，成为我国汽车供应链的未来发展趋势。与此同时，基于目前供应链的复杂度越来越高，数据呈指数增长，以及各种干扰因素越来越多，企业为了长远发展的需要，正在从人工主导信息化的供应链向数字化供应链进行转化。兰祥文从三方面分享介绍了长安的数字化转型规划方案。在长安数字化转型思考方面，长安要构建"长三角"推动数字化转型。要用数字化转型的人才、组织、文化推动数字化转型。长安对未来的领导者也做出了思考：未来汽车行业的领导者必须要具备重新打造个人组织的能力、数字化的能力、制定数字化战略的能力，并具备数字化的视野和思维。

在长安数字化战略构架方面，围绕天上一朵云、空中一张网、中间一平台、地上全场景，重构以长安为主导的新商业模式。从单一的依靠硬件销售变为软件和创新服务，作为收入和利润的双贡献。基于长安的构架，对产业供应链也提出了三个层面要求：集成级、优化级、引领级。

搭建转型智能控制塔，来支持供应链的转型，形成关键信息端到端可视、拉通运营分析、管理决策与执行一套高效机制，提升供应链的快速分析、决策及执行能力可以模拟、响应、协作共享、可视化、诊断、预测、自学习，构建智能的控制塔。智能控制塔主要包含三部分：一是构建同步计划业务平台。以客户订单贯通销售、物流、制造、供应、售后服务各环节，依托 CA-DDM 数据中台实现大数据的分析。二是打造一体式的物流服务平台。以客户为导向，贯穿经销商、供应商、服务商一体化的包装、运输、仓储、配送信息服务平台，可以服务 1300 余家一级经销商，1500 多家供应商，打造全价值的生态供应链；三是建立全价值的数据平台。在标准化和信息化的基础上，打造具有全价值链的平台，实现服务的主神经，实现与供应商、制造工厂、经销商、客户互联互通提升效率。

为推进数字化转型，长安准备用五年时间，分五个阶段，通过供应链控制塔建设，推进智慧物流的建设，通过三大平台的打造，推进供应链数字化转型。第一阶段，以联动的绩效驱动的端到端的一体化计划。第二阶段，构建供应链控制塔的业务主线，完善运营数据可视化。第三阶段，构建模拟仿真环境，以支持端到端的数据分析及风险模拟。第四阶段，完善供应链指挥塔作为供应链的决策核心；第五阶段，构建全产业链的控制塔生态体系。长安作为中国汽车产业三大央企之一，肩扛着中国自主品牌向上发展的重要使命，未来长安将围绕"天上一朵云、空中一张网、中间一平台、地上全场景"构建长安新商业模式。建立智慧控制塔，打通信息流、物流、资金流直连直通平台，赋能供应链，引领数字化供应链转型。

2. 东风公司的"五化"技术创新实践

新一轮科技革命和产业变革的浪潮正在席卷全球，汽车行业新材料、新技术广泛应用，新模式、新业态不断涌现，这是新形式下的新机遇。为了应对这种新浪潮，东风公司提出了"五化"的概念，即轻量化、电动化、智能化、网联化、共享化。东风集团副总经理安铁成在中国汽车 2020 年会上，对这"五化"又做了详细的解。东风集团副总经理安铁成认为"五化"正在改变和重构汽车产业。这"五化"已是消费者能感受的趋势，它们不仅使汽车产业和技术迅速迭代，还能使整个产业的格局和生态体系进行重构。"五化"所带来的转变正在颠覆传统的汽车企业，只有通过变革，才能够继续发展。既然要变革，就不能墨守成规。东风汽车公司的做法是，抢抓机遇是第一步，全面提升创新能力是第二步，更要主动寻求转变，努力探索，合作共赢。我们不能被动地等着时代推着我们向前，而是应该走在它的前面，成为时代的引领者。五化的内容体现在：

一是轻量化是改善汽车燃料经济性的有效途径，如果乘用车一辆车减重100公斤，燃油消耗量每100公里就降低0.3~0.6升，燃油效率会提高6%~8%，制动距离减少2米以上。随着新材料和新工艺的不断发展进步，有色合金、非金属基复合材料、碳纤维等材料广泛应用，汽车轻量化进程显著加快。

二是电动化是如今汽车行业不可逆转的趋势，电动汽车产业成熟度不断提升，成本、续航里程、充电、安全等四大瓶颈问题正在逐步缓解，用户接受度普遍提高，越来越多的电动化车型在不需要政策补贴的条件下被市场接受。

三是智能化也是现在经常提到的问题，汽车正在逐渐从单一的交通工具转向大型移动智能终端，IT技术、互联网+、大数据、云计算与汽车产业深度融合，汽车智能化程度越来越高，辅助驾驶系统、主动安全等技术应用越来越普遍。

四是网联化则是我们常常探讨的，人机交互在未来或许就会像与另一个人面对面沟通一样轻松。先进的通信设备使我们能够实现这样的场景，人、车、交通设施、社区、城市等之间的关系正在发生重大改变。

五是共享化，我们已经可以预见，共享出行将会是未来出行的重要部分。人们出行模式深刻改变，汽车消费观念正在从"拥有"转向"使用"，部分私家车从家庭走向社会，进行共享，网约车服务也迅速兴起。目前许多无人驾驶技术也在与共享出行相结合，也许未来共享化就是我们体验最新科技的载体。

东风集团已经根据"五化"做出了自己的转变，也取得了不菲的成绩。以东风自主品牌车型东风风神 AX4 为例，轻量化材料应用比例高达 66%，已经远高于行业平均水平，在第五届中国轻量化车身会议上摘得"轻量化优秀车型"行业一等奖。公司自主乘用车轻量化的目标是，到 2025 年实现整车减重 260 公斤，传统车型降油耗 0.78 升/百公里；车身轻量化系数达到 2.94，达到国内先进水平。

电动化方面，东风已在新能源汽车领域累计申请专利 949 项，授权专利 438 项。新能源汽车今年的销量将超 4 万辆，同比增长 60%，同时整体保持盈利。在东风不太提及的智能化方面，也已经默默地进行了 AX7 的多次实际路况测试，并且计划到 2025 年实现情感化驾驶。

东风公司的车联网品牌 WindLink，目前已经在东风 A9、东风风神 AX7 及 AX5 等多款主销车型配备，实现了 9 大子系统共 29 项服务。另外，东风出行和东风易微享平台已经成功上线运行，甚至完成了自动驾驶车辆编队与调度等功能的测试验证。这都是在"五化"概念下，东风公司所做出的努力。

3. 大众汽车集团的"五化"技术创新实践

大众汽车集团执行也开展了"五化"的研究。作为传统车企的代表，大众汽车集团尽管这几年处于舆论的风口浪尖，但也是成功开启了自己向出行服务提供商转型的道路。自从 1984 年进入中国以来，大众就是中国消费者们极度信任的品牌。三十年来大众经历了多次重要的改革。一是向电动车业务持续投资，到 2025 年，大众汽车集团将推出超过 80 款电动车型，其中近 40 款新能源汽车将本土化生产。2020—2025 年，本土化生产的新能源车将超过 20 款。在市场调研的数据中，大众集团发现，85% 以上的消费者会放弃原本想购买的车型而转去购买车联网服务更好的车型。这也让大众明白，汽车行业面对的已不再是传统意义上的汽车消费者，而是在思维方式、行为模式和出行方面发生巨大改变的出行服务消费者。为了提供更好的智能出行服务，大众通过赞助其他公司，来对现有模式进行升级，形成战略合作伙伴，共同拥有相对融合的深度合作模型。其中一个事例就是大众集团与"出门问问"的合作，为消费者打造更加具有竞争力的优质出行服务。

大众通过操作系统和人工智能技术，将智能出行服务生态相互融合，连接构成独特的双生态系统。未来大众将通过统一的用户 ID，融合消费者的各项生活需求，提供一站式全新服务和体验，包括智能充电、智能停车、智能保险、议价等。这样的体系交叉在一起，就是大众为中国城市智慧交通的发展做出的尝试。打造汽车强国需要国企、外企、合资企业等多家企业联手推进，当每一家企业都实现成功转型、携手并进，就能实现汽车强国的目标。

4. 中国一汽的"三化"创新发展实践

中国第一汽车集团有限公司（简称"中国一汽"）提出"掌握关键核心技术，打造世界一流车企"的目标，通过研发创新实现"三化"。中国一汽构建以长春为总部、覆盖"三国八地"的全球研发机构，充分利用全球技术资源和人才资源。公司确立了代号为 R.Flag853631 的技术发展战略，R 是红色，Flag 是旗帜。该战略明确了中国一汽未来从用户领域到技术支撑领域发展的总体要求，具体实施路径为：一是电动化。新能源智能网联汽车已成为汽车产业新一轮发展的核心，加快电动化发展步伐是重中之重。二是智能网联化，即基于智能网联关键技术推出旗下车型。三是安全健康化。中国一汽特别是红旗的产品设计、技术开发将安全和健康放在第一位，建立了国家级安全实验室和全球汽车领域第一个健康卫生实验室。通过上述创新实践，中国一汽开辟了中国式汽车产业创新发展新道路：一是确立了代号为 Ecolin5 的综合解决方案，涉及产业链及相关的能源出行和基建、生产消费、城市规划等链条。二是强固基础，提出了"11245"目标：第一个"1"是指要走出一条新型绿色低（零）碳发展的新道路；第二个"1"是红旗品牌销售超 100 万辆；"2"是指自主品牌销售超 200 万辆；"4"是指红旗新能源智能汽车占比超 40%；"5"是指强化五个方面——创新能力世界先进、员工发展行业一流、党建保障央企领先、社会责任央企先进、消费者喜爱度行业领先。三是强化区域聚集，打造以整车厂为中心 500 公里为半径的一系列汽车及零部件产业集群等。

5. 比亚迪的"技术创新"称霸新能源汽车和掌舵智能汽车未来

作为中国汽车自主品牌代表之一，比亚迪（BYD）创立于 1995 年，从二次充电电池制造起步，2003 年进入汽车行业，2005 年开始进入电动车领域，现在已经连续多年独占全球新能源汽车销量鳌头。亚迪经过 26 年的高速发展，规模从成立之初的 20 人发展到如今的 24 万人，其中技术人员 2 万多人，截至 2018 年，比亚迪在全球累计申请专利超过 2.4 万项，其中已被授权专利超过 1.5 万项，公司集聚了大量优秀技术人才和丰富的技术资源。比亚迪的技术创新体现在以下几个方面：

（1）秉承"技术为王，创新为本"的信仰

从成立起，来源于王传福材料科学工程师的出身，以及他对技术的长期狂热追求，比亚迪一直致力于汽车核心技术的研发和创新，很好地诠释了 BYD 的英文释义——Bulid Your Dreams（成就你的梦想）。比亚迪最核心的信念是将实业报国、产业报国作为梦想的注脚，一直以来，比亚迪信仰"技术为王，创新为本"，不断用技术创新来满足人们对美好生活的向往，也是对国家、社会、股东的最好回馈。

（2）"先定技术，再定战略"

比亚迪制定的很多战略都是基于对技术的深入理解，技术创新可以让战略看得更远更深，因此比亚迪一直拥有一片技术"鱼池"，可以支持比亚迪研发更多黑科技，例如比亚迪的车灯技术，被外界赋予"中国灯厂"的称号。从消费类镍电池、锂电池，再到动力电池的研发，比亚迪都有充分的技术储备，目前比亚迪是唯一拥有包含IGBT芯片设计和制造、模组设计和制造、大功率器件测试应用平台完整产业链的汽车企业，尤其是核心芯片IGBT，被称为电力电子设备的"CPU"，比亚迪自2005年进入电动车领域后，意识到IGBT和电池是电动车发展的两大核心技术，即开始组建研发团队，一直潜心研究至今。对于新能源汽车而言，直接影响电动汽车功率的释放速度、汽车加速能力和最高时速等，这一技术也突破了国际上对我国的技术封锁和垄断。

（3）实施"城市公交电动化解决方案"，积极推动全球电动化进程

汽车工业被称为"制造业之王"，比亚迪自2003年1月收购西安秦川汽车有限公司77%的股份以来，创始人王传福坚定地认为汽车是典型的资本密集型和技术密集型产业，未来汽车工业的未来必然是电动车，因此15年来，比亚迪成为掌握新能源汽车电池、电机、电控及充电配套、整车制造等核心技术和拥有成熟市场推广经验的大型企业。从2008年开始，比亚迪成功推出F3DM、e6、K9、秦、唐、宋、元以及豪华电动车腾势(与戴姆勒合资)等新能源汽车，并且率先提出"公交电动化"战略。作为新能源整体方案开创者，比亚迪积极推动全球电动化进程，已经由产品输出上升到"城市公交电动化"解决方案输出，甚至是新能源汽车标准和战略输出，并积极参与"一带一路"国家和地区的新能源标准制定。比亚迪于2010年在全球率先推出"城市公交电动化解决方案"，提出在公共交通领域推广纯电动巴士和纯电动出租车，现在这一解决方案已经上升为国家战略，在多个城市推广，并逐渐成为全球共识。深圳在2011年年初即拥有800辆K9纯电动巴士并开始陆续投放。至2017年年底，深圳推广各类纯电动巴士超过1.6万辆，成为全球首个实现公交巴士电动化的城市。2015—2017年，比亚迪连续三年斩获全球新能源车年度销量冠军。2018年上半年，比亚迪新能源乘用车销量超过7.1万辆，再次蝉联全球新能源汽车销量冠军。目前，比亚迪已累计向全球合作伙伴交付超过4.5万辆纯电巴士，2014—2017年连续四年位居纯电动大客车全球销量第一，并占据美国80%以上的纯电动巴士市场份额和英国50%以上的纯电动巴士市场份额。

比亚迪还提出了四大绿色梦想，通过太阳能电站、储能电站、电动车和轨道

交通，改变传统的能源消耗方式，改善环境，实现人类的可持续发展。并且，比亚迪用"542"科技重新定义了汽车标准，即0~100公里/小时的加速时间5秒以内是性能标准，极速电四驱是操控的安全标准，百公里油耗小于2升是油耗标准。如果按照传统燃油车的性能水平，上述许多标准只有豪华跑车才能达到。

（4）凭借综合技术优势进入城市轨道交通领域

比亚迪认识汽车高增量与道路建设的有限扩充，存在天然无法调和的矛盾。凭借在汽车、IT、新能源三大领域积累的综合技术优势，比亚迪进入城市轨道交通领域。比亚迪认为，跨座式单轨及胶轮有轨电车高度契合中国国情，能有效地解决城市化进程中所遇到的交通拥堵等问题，满足民众日益增长的交通出行需求，解决人民日益增长的美好生活需要与交通资源发展不平衡、不充分的矛盾。

（5）推动汽车智能化发展，重塑人类出行方式

汽车产业的竞争，电动化只是上半场，而智能化才是下半场。比亚迪是汽车产业第一个全面开放汽车所有传感器和控制权的车企，迈出了全面开放的第一步。专家预测2035年汽车行业将全面进入智能化时代，因此比亚迪认为布局下半场竞争的策略就是开放和共享。原先，比亚迪自己研发零部件供应，现在比亚迪开始对外销售电池，而且向全球开放硬件核心技术e平台和智能网联系统Di-Link。比亚迪推出的Di-Link智能网联系统，定位为"智能、开放的软硬件平台及生态服务"，将手机生态的海量应用尽揽其中，全面丰富汽车生态，希望"技术驱动创新，连接创造价值"，推动汽车智能化的发展，重塑人类出行方式。

从封闭走向开放，不仅是诺基亚、苹果这些手机行业新旧霸主的命运反转，也将会是汽车智能化的必经之路。从超级手机厂商的失败，不是品质或管理问题，而是战略方向出了问题，比亚迪认识到汽车产业目前也到了这样类似的一个节点，需要迈出全面开放的第一步，秉承共享的理念，致力于推动整个汽车产业的智能化发展。比亚迪认真学习手机产业的经验教训，认为十几年前用户使用手机时无法预测当前丰富的手机产业生态，当前手机的通话功能只占据1%，另外的99%都是其他功能；未来的智能汽车，代步只是1%的功能，其余99%的功能还正在被想象和挖掘中。同时比亚迪认识到手机仅有13个传感器，就吸引了上千万开发者参与其中，产生了300多万个应用，而未来智能汽车会变成一个长了腿的超级手机，比亚迪将为广大的开发者提供更为广阔的创意生长平台，结合汽车丰富的使用场景，势必衍生出不可估量的应用生态。2018年以来搭载比亚

迪 Di-Link 系统的全新车型，均实现了较好的销量。因此，在全球首届汽车行业开发者大会上，面向全球 2000 多万名开发者，比亚迪开放汽车 341 个传感器和 66 项控制权，联合互联网、AI、自动驾驶、汽车零部件、汽车智能应用、出行、物流、保险公司及设计公司和高校，一起参与，这是汽车诞生 130 多年来，第一次这么大规模的开放和共享行为。

第三章　产业链协同创新驱动汽车产业发展的实践

一、汽车产业价值链相关研究

产业链是产业经济学中的一个概念，是各个产业部门之间基于一定的技术经济关联，并依据特定的逻辑关系和时空布局关系客观形成的链条式关联关系形态。产业链是一个包含价值链、企业链、供需链和空间链四个维度的概念。这四个维度在相互对接的均衡过程中形成了产业链，这种"对接机制"是产业链形成的内在模式，作为一种客观规律，它像一只"无形之手"调控着产业链的形成。产业链中大量存在着上下游关系和相互价值的交换，上游环节向下游环节输送产品或服务，下游环节向上游环节反馈信息。产业链的本质是用于描述一个具有某种内在联系的企业群结构，它是一个相对宏观的概念，存在两维属性：结构属性和价值属性。本书中重点从价值属性即汽车产业价值链来分析汽车产业链的创新发展。

未来汽车企业的竞争并不仅仅局限于汽车整车、汽车零部件或者某一产业环节，而是围绕全球范围内的汽车产业价值链展开竞争，鉴于中国汽车产业在国际汽车产业链分工中大多处于低端环节，未来中国汽车企业的升级的关键也同样是围绕技术创新、商业模式的创新或者两者的融合创新以推动中国汽车企业迈向全球汽车产业价值链的中高端环节。产业价值链的概念源于美国哈佛大学商学院教授迈克·波特（Michael Porter）提出的价值链的概念，任何企业的价值链都是由一系列相互联系的价值创造活动所组成，通过对这些活动进行分解、考察其本身及相互间的关系，从而可以确定企业的竞争优势。波特指出，企业的价值链并非孤立存在，它还处于由供应商价值链、企业价值链、渠道价值链以及买方价值链共同构成的价值链系统中。企业的价值链是动态变化的，反映了企业的历史、战略以及实施战略的方式。在波特相关研究的基础上，国内外学者相继提出了"虚拟价值链""价值网""产业链""服务链""需求链""供应链""营销链""技术链"等概念。

产业链主要从一个产业投入产出的角度出发，分析从原材料到中间产品再到最终产品整个生产过程中的不同环节。从表面看，产业链与价值链不同，但事实上两者并无本质不同，因为产业链上的每一个产业环节都是价值创造的过程。现实中，许多专业化产业区的成长过程，就是一个传统企业内部价值链的分解过程。原来企业内部的不同价值环节不断外包，自己只从事核心价值环节，由其他专业化的生产或服务公司从事非核心价值环节，这种分工的专业化和迂回化过程尽管环节加长，但效率成倍增加。久而久之，从原材料采购到最终销售服务，所有的价值创造环节都由不同的企业独立运作，从而形成一条完整的价值链。如果这条价值链在原有企业周围形成一个相对独立的区域，就称为产业集群。如果这条价值链在本土相对完整，就称为本土（国内）价值链；如果延展到全球，就构成了全球价值链。因此，汽车产业价值链是指将汽车产品从提出概念，到产品设计、研究和开发，经过不同阶段的加工（原材料、零部件、整车制造等），制成成品交付消费者，并不断提供增值服务的动态过程，同样由设计与开发、生产、营销与销售以及消费与售后服务等基本环节组成。在国外，产业链多被"生产链""价值链""供应链"等概念替代，有关产业链少有直接的论述，很多学者从价值链、供应链等概念进行研究。本书提到的东风创普、三环重卡、东风标致等品牌汽车企业分别采用了不同的产业链协同实现创新发展。

产业链协同一般是指由某一节点企业为核心，通过股权投资、兼并、商业联合、利润分割等方式控制或管理其他节点企业，使处在同一产品不同生产阶段的企业之间的上下游共建共生并通过协同作用来提升运营效率。产业链协同创新方式通常按协同的对象采取产业链水平一体化（也称为横向整合）、产业链垂直一体化（也称为纵向整合）、产业链混合一体化。产业链垂直整合包括纵向约束和垂直合并，是对产业链的上下游进行整合，从而达到协同目的。产业链水平整合主要是指横向兼并，这能够增加企业的市场份额，提高管理效率。混合整合多是指对业务经营不相关的企业进行整合。产业链协同是中国汽车企业在当前经济转型期技术升级和提升竞争力的主要模式，可以为汽车企业带来协同效应，即实施一体化能够为汽车企业提高效率，进而获取收益。具体而言，是要实现"1+1>2"

的协同效应。

张丽莉（2006）以通用、福特、大众、丰田为例，剖析了全球价值链形成的过程以及对各大集团的影响，并总结了我国汽车产业链整合升级可借鉴的经验。龚建立等（2008）认为汽车制造业产业链整合的模式包括股权并购、企业拆分、设立合资企业、合作开发、建立汽车城等，整合应注意围绕产业价值链，突出企业的核心竞争力，并发挥政府的作用。寇小玲等（2008）从全球汽车产业链的组织和利润分布入手，分析探讨了中国汽车产业嵌入全球产业链的形式和对策。金友平（2009）在分析我国电动汽车产业链发展现状基础上，提出了我国电动汽车产业链优化的建议。庞莹等（2009）从产业链角度研究了中国汽车产业技术创新系统。王怡文等（2009）在分析重庆汽车产业价值链的基础上，从全球价值链角度分析了重庆汽车产业升级问题。目前有关产业链垂直整合的研究主要从产业链垂直整合的概念、动因、模式、条件以及风险几个方面进行研究。关于产业链垂直整合的动因，学者主要从交易降低交易费用、获得规模经济效应、塑造产业链核心竞争力、获得相关多元化、驱动创新的视角进行研究；有关产业链垂直整合的模式主要包括垂直整合模式的分类和从战略视角构建整合模式的研究；有关产业链垂直整合的条件主要从企业技术、资产专用性、企业所处的生产环节方面分析；有关产业链垂直整合的风险主要从资金及企业资源的角度进行研究。

Buzzell和Gale（1987）将共享资源、营销和研发投入的外部扩散效应、企业的相似性和共享的企业形象归纳为协同效应四个方面的经济价值，由核心企业横向一体化产生的协同效应主要包括以下几个方面：①降低管理费用，相同的中高层管理费用被分摊在总量更大的产品中，即单位产品的管理费用下降了；②共享渠道带来了收益，如企业可以将不同的产品和服务统一到一个销售渠道销售，进而摊薄营销费用和广告费用，研发费用也与此类似，能将研发成果运用到更多相类似的产品上去，研发效果最大化，节约研发成本；③财务方面，横向一体化能为企业带来节税利益、自由现金流量的充分利用、举债能力的提高、资本需求量的减少、融资成本的降低、每股收益的"自展"效应等好处。

产业链核心企业还可以通过横向整合的行为获取或提高市场力量，增强对市场的影响力和控制力。Cai和Obara（2009）的研究有力支持了该观点，表明市场份额与产品销量的增加是横向一体化能够为企业带来的直接经济后果。而市场份额的增加则等同于在同一行业中，企业相对于其他公司的规模得到了增加。根据市场势力理论的观点，企业规模的扩大意味着企业的势力将会得到增强。具体而言，一体化活动可以通过运用被兼并企业原有的包括销售渠道、专有资产、核心人才等在内的资源，克服进入新行业可能会遭遇的障碍和风险，从而以低成本和低风险的方式实现企业扩展，并且通过减少竞争者数量进一步稳固于增强自身在竞争环境中的优势地位，以获取持续的竞争优势。陈传刚（2007）和杨元庆（2010）的研究均指出，企业通过横向一体化这一行为既可以提高行业集中度又可以提高其对行业以及市场的控制力。此外，有学者发现，横向一体化还可以为我国企业带来与西方发达国家的企业不同的经济效益：一是获取市场准入和当地市场的合法性。中国汽车企业在购买原材料或者销售产品商会受到当地政府的干预，当遭遇上述情况，汽车企业常常需要采用新建或者并购的进入方式获得销售上的合法性，从而不受地方保护与区域竞争所限。二是有利于企业获取特殊资源。在20世纪90年代，多地政府积极吸引外资放到当地发展，已取得当地经济发展和促进就业，而吸引外资的最常用的方式是给予特定资源，诸如地方政府的优惠政策、特许准入价格、优惠的土地等。因此，可以将特殊资源看作是中国汽车企业实施横向一体化的一大战略目的。三是获取、增强与竞争对手多领域竞争的能力。

二、汽车企业渠道管理的创新案例

案例1　东风创普的渠道优化方案

近年来，国家政策和经济限制了卡车市场发展，导致了卡车市场整体销量下降。各商用车公司为了保住市场份额，在产品和价格策略上纷纷做了调整以应对激烈的竞争和巨大的挑战。营销渠道是联结生产厂商与消费者之间的重要纽带，随着卡车市场消费者对商品的信誉程度、购买便捷度以及购买过程中能否提供及时完善的服务等关注度的提高，营销渠道选择和优化的重要性逐渐凸显出来。

东风商用车公司老河口东风创普专用汽车公司（简称"东风创普"）是一家从事中重型卡车底盘生产、销售和整车改装等业务的公司，隶属东风商用车公司管理。公司主要产品有牵引车、自卸车、公路载货车及中重型专用底盘。主要业务范围为专用汽车底盘装配、半挂车设计生产、汽车改装三大板块，已发展多家销售旗舰店，销售网络已覆盖全国25个省、自治区、直辖市，579家服务站（点）遍及并覆盖所有区域。东风创普经过近几年的发展，借助东风公司品牌影响力，并通过自身不断地技术突破和产品创新，在市场上占据了一定的市场份额，并通过适当的营销渠道逐步扩大市场。因此总结其成功经验，改进渠道策略中的不足，对于东风创普未来的发展有着重要的现实意义。东风创普专用汽车公司是东风商用车公司旗下品牌公司之一，其渠道策略已成为提升公司市场竞争力的关键。本研究通过对东风创普及其经销商的实地访谈调查，以东风创普营销渠道为研究对象，对影响其渠道策略的各因素进行分析，结合东风创普渠道设计和管理的现有方案，针对渠道冲突和渠道系统中存在的问题，提出了渠道策略的优化方案，并提出如下具体策略：经销商考核返利标准多元化、经销商信用等级全面化、激励机制多样化、增强经销商管理力度等改进措施。

1. 影响东风创普渠道的因素分析

东风创普经营实力有限，规模较小，影响其渠道发展的主要因素主要是宏观环境的变化。

（1）直接因素

一是商用车行业的发展现状。我国商用车市场的主要市场份额被一汽、东风、北汽福田、中国重汽、陕汽、上汽红岩依维柯这六大家所瓜分。东风创普处于卡车行业的第三梯队，产品技术不成熟，核心竞争力低，综合实力较差。因此，东风创普主要选择了二三线较为落后的地区以产品性价比的优势获取市场，发展自己的营销渠道。

二是国家经济。经济的不景气同时也带来了投资机遇的减少和投资成本的增加，国际金融危机的冲击波及我国经济，使市场低迷导致了投资机遇的减少和投资成本的增加。经济的因素直接导致创普近两年来的销量明显降低。2009年起，创普为了应对低迷市场，对经销商采取了淘汰经营能力较差的经销商的措施，在一部分地区缩减了经销商网点数量，降低了企业渠道管理的成本。

三是自然环境及技术环境。目前农化产品、农副产品的主要运输方式是公路运输，二三线城市的农村对卡车的需求量较大。由于一线城市的排放标准达到了国Ⅳ，出口欧洲的标准则更高，一方面限制了东风创普在一线城市的市场拓展以及产品的出口，因此创普将二三线边缘地区作为了发展渠道的主要区域，另一方面也限制了渠道建设。主要原因是随着国Ⅳ开始实施，产品技术升级导致成本上涨，每辆卡车价格上涨6000~8000元，经销商的利润空间会更低，这会导致一部分经销商转售其他品牌或者转行经营。

（2）间接因素

一是政策因素。体现在国家近两年出台了推动物流业发展的八项配套措施，被称为物流业"国八条"，鼓励物流企业的新生和发展。物流企业是创普未来需要重点发展的大客户，未来的发展趋势将是规模化和效益化。创普未来的渠道规划中，包含了大客户渠道策略的规划，即与经销商合作共同签署大客户，以大客户为中心建立服务网点。

二是社会文化环境的改变。体现在网络购物逐渐成为人们主流消费方式。未来营销渠道会由实体渠道转向网络渠道。网络购物的商品交付过程是通过物流公司派送来实现的。当物流公司的派送能力逐渐不足以满足需求，物流公司会通过增加物流网点、物流运输渠道的方式来满足物流能力需求，从而带动了物流用车的需求量。人们在购车前会通过网络上的一些汽车网站，了解产品信息，进行产品对比，看他人的评价。

2. 东风创普渠道策略现状

（1）渠道设计

①东风创普的渠道设计原则。根据渠道设计考虑因素的影响，创普渠道建设的原则是：通过反复的市场调研和分析，在发现机遇较大的潜在市场后，向此地区发展经销商。其销售部区域经理会通过三种方式发展经销商：一是吸纳在目标市场有实力的经销商；二是发展在目标市场所在区域内的现有经销商体系，让经销商将自己的经销网络布及目标市场；三是导入目标市场区域外的某个区域实力较强的经销商到目标市场。

②东风创普采用的渠道模式是经销模式。东风创普采用的营销渠道主要有四个特点：一是采用了间接性营销渠道；二是渠道长度较短，渠道层次为二至三层；三是分销渠道主要以选择型为主；四是采用的营销渠道是单渠道。目前东风创普的营销网点遍布全国25个省市，专营店51家、旗舰店3家、属地经销商95家。其中四川、湖南、河南为重点战略地区，山西、陕西、山东、河北、甘肃为发展战略地区。

③东风创普的渠道管理策略。如图3-1所示，在东风创普的销售渠道中，创普作为生产商，对渠道成员的管理主要是对一级经销商的管理。二级经销商作为一级经销商发展的二级网络成员，主要由一级经销商统一管理。二级经销商业务能力、综合经营实力都是企业渠道设计考虑渠道成员时必须考虑的内容。

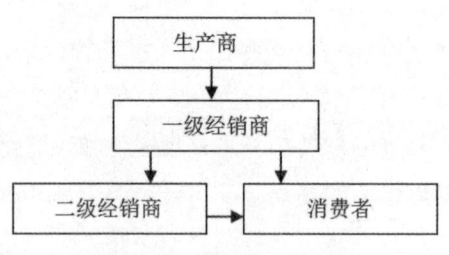

```
    ┌─────────┐
    │ 生产商  │
    └────┬────┘
         ↓
    ┌─────────┐
    │一级经销商│
    └──┬───┬──┘
       ↓   ↓
┌─────────┐ ┌────────┐
│二级经销商│→│ 消费者 │
└─────────┘ └────────┘
```

图3-1　东风创普渠道模式

（2）东风创普现有渠道管理策略（表3-1）

表3-1　东风创普现有渠道策略及具体方案

渠道策略的内容	渠道模式	①选择经销商	②培训经销商	③激励经销商	评价经销商	解决渠道冲突
具体方法	实体店营销	经销商的信用等级	培养	直接激励：返利	承销量的完成情况	窜货
		经销商的实力	针对性帮扶	间接激励：投放监控车和增加加急订单及资源车优先分配	竞争力	产品库存冲突
		经销商的发展前景	提供汽车金融产品帮助和门店规范化改造		市场违规行为	服务品质冲突
已实施方案	经销模式	经销商的实力：经销商需提供保证金50万~100万元	针对性帮扶	返利：基础性返利、年终返利、旗舰店支持	承销量的完成情况	经销商跨区域违规营销考核办法

通过实地访谈调查，在以上方案中，经销商较为满意的是针对性帮扶。东风创普渠道培训和帮扶措施的价值在于：通过帮扶对经销商灌输企业经营理念，统一双方价值观，实现双方成为利益共同体的目标；发现经销商经营问题，纠偏，实现业务无缝对接；通过经销商营销问题发现渠道潜在风险，以便创普采取措施规避。帮扶措施是保证渠道运营安全健康的重要措施。

在渠道策略中，对各汽车公司来讲，最重要和最难的在于对窜货的处理方案。东风创普也不例外，对于窜货的行为，东风创普制定了经销商跨区域违规营销考核办法。对于违规经销商，处以一定金额的惩罚，取消了返利，同时考核返利的50%奖励给受跨区域影响的经销商。严重违规者会暂停办理监控车业务、降低经销商在创普办理三方融资业务的信用等级以及取消优先资源分配。库存方面东风创普帮助经销商分析库存积压原因，帮助经销商消化库存。东风创普为了避免由于服务品质的降低所带来的渠道冲突，采取了对经销商一系列的培训和帮助措施。在一定程度上协调了两者之间的冲突。

3. 对东风创普渠道策略的评价

（1）东风创普渠道策略的成功之处

其渠道的设计较为合理，体现在：一是直销模式利用了社会资源，降低了东风创普的投资风险和销售成本。二是层次少，长度短，保证信息的快速流通，增强了企业对市场的快速反应能力，也减少了渠道的流通成本。在渠道管理策略上，东风创普设定的尽量每个区域一家经销商，或者多家经销商单一销售某一品系产品的经营范围，在一定程度上避免了经销商之间的恶意竞争。东风创普为经销商提供的金融融资服务，促进了经销商的引进和发展，减小了经销商的经营风险。同时东风创普对经销商的发展和选择，入网门槛提高，优先发展网内经销商，控制经销商数量，便于企业更好地管理和控制经销商的市场活动，更好地掌握市场。东风创普对自身渠道所产生的冲突也采取了较为有效的解决措施。在经过一段时间的对经销商违规行为的整顿后，主要的窜货冲突得到了很大的改善。

（2）东风创普渠道策略的不足

由前述所知，东风创普的渠道管理策略的重点在于经销商的培训和对窜货的治理，对其他策略则考虑较少。具体体现在：

一是东风创普现有营销渠道设计主要存在三个问题：首先是网络缺陷；其次是产品链宽幅单一；最后是缺乏网络营销渠道。

二是经销商商务政策中返利的考核标准仅仅是承销量的完成情况。小经销商由于长期完成不了销售任务，拿不到返利，被大经销商收编，从而捆绑销售。这种行为导致大经销商过于壮大，使创普在管理经销商时增大了难度。

三是经销商过程激励机制缺乏。一些营销能力较弱的经销商通过压低价格的方式达到承销量。在市场低迷的时候，即便压低价格降低利润也难以完成承销量而拿不到返利。在压低利润和没有返利的情况下，这样的经销商生存空间会越来越小，对企业也失去了信心，也会出现被大经销商收编的情况。创普应该在经销商销售的过程中，以其他间接形式的激励模式，时刻鼓励经销商积极地去销售企业的产品，应对市场不景气的现状，帮助和促进经销商完成销量。

四是经销商信用等级考评不全面。由于创普在选择经销商的时候，考核不全面，信任度评估过高，有经销商通过政策漏洞，出现偷逃资金，例如填补其他资金漏洞、挪用贷款投资其他行业等行为，影响了经销商的创普产品的业务。不仅要考核经销商的还贷信用，在经销商销售的流程中也应加强信用的考核。主要考核经销商特殊订单的准确性和监控车回款速度。选择经销商时只看重财务指标即经销商的投资金额，对经销商的软实力即经销商的信誉和发展前景则考虑较少，而这两个因素恰恰是经销商之间水平渠道冲突的重要原因。

五是经销商返利标准单一。东风创普评价经销商是否能拿到返利的唯一标准就是承销量的完成与否。以这样一个简单的绝对值作为标准会出现一些问题。单一的评价指标不仅不能随着市场动态的变化做出相应的调整，只会让经销商目光只执着于承销量这样一个绝对值。在市场旺季，完成承销量也许并不是一件难事，但是在市场萧条期，由于承销量这个硬性指标的约束，才会让经销商出现违规行为和吞并现象。这对企业渠道发展并不能起到很好的良性循环作用。

可以看出，以上问题的原因是东风创普的渠道策略更加强调渠道的管理职能，缺乏企业和经销商双赢的战略措施，也强调东风创普作为制造企业在渠道系统中的话语权和控制权，因此虽然也对经销商有一定的帮扶和激励措施，但更看重的是自己作为制造商的利益，因此，要想更好地让经销商发挥市场把门人的功能，为东风创普开拓更大的市场，东风创普应本着共赢的理念来改进渠道策略。

4. 东风创普营销渠道策略的优化方案

由前述所知，因经销商和制造商是独立的投资主体，经销商的基本目标是赢利，因此东风创普在设计渠道策略时，应基于共赢的设计理念，其优化方案如表3-2所示。

表3-2　东风创普渠道策略的优化方案

渠道策略的内容	渠道模式	①选择经销商	②培训经销商	③激励经销商	评价经销商	解决渠道冲突
方法	实体店营销	经销商的信用等级	培养	直接激励：返利	承销量的完成情况	窜货
		经销商的实力	针对性帮扶	间接激励：投放监控车和增加加急订单及资源车优先分配	竞争力	产品库存冲突
		经销商的发展前景	提供汽车金融产品帮助和门店规范化改造		市场违规行为	服务品质冲突

续表

渠道策略的内容	渠道模式	①选择经销商	②培训经销商	③激励经销商	评价经销商	解决渠道冲突
现有方案	经销模式	经销商的实力：经销商需提供保证金50万~100万元	针对性帮扶	返利：基础性返利、年终返利、旗舰店支持	承销量的完成情况	经销商跨区域违规营销考核办法
优化方案	增加网络营销渠道	重视对信用等级和发展前景的考核	增加培养和提供汽车金融产品帮助及门店规范化改造	以直接激励为主，兼顾间接激励	加大对市场违规行为的制裁	找到违规原因，提出合理化建议，协调减少渠道冲突

（1）经销商考核返利标准多元化

对于经销商返利的考核标准应该根据市场的变化而相应改变，承销量这个绝对值并不能满足这一要求。因此，不能仅仅以承销量作为唯一的考核标准。创普应该增加两个指标：市场占有率和资金周转率。（图3-2）

市场占有率指标是为了考核经销商在市场上的份额变化情况。这跟市场环境变化有着一致性。例如，某区域一经销商今年的承销量是80台车，其去年在市场上的占有份额（可以通过车管所卡车上户数量进行精确统计出来）是1%，那么如果今年市场低迷，他仅仅销售了50台车，但是这一区域车管所统计的所有中重型卡车上牌数量是5000台，说明这个经销商在市场的占有份额仍为1%，进而说明创普在这一区域的市场占有份额并没有减少。虽然经销商没有完成承销量，但是他也应该得到返利。同样，如果他今年的销售量是100台，说明他份额增长到了2%，也就说明创普增加了市场占有率，获得了更多的市场份额。这样的情况应该对经销商多卖的20台车进行更多的返利。这种考核标准的好处是跟市场环境变化关系很密切，经销商不再只关注承销量这一绝对量，而是更加关注如何扩大经济实力，抢占市场份额，以获得更多的返利。这将是对经销商经营能力提升的一个良好的循环。这种指标也可以杜绝经销商之间的捆绑销量的现象。

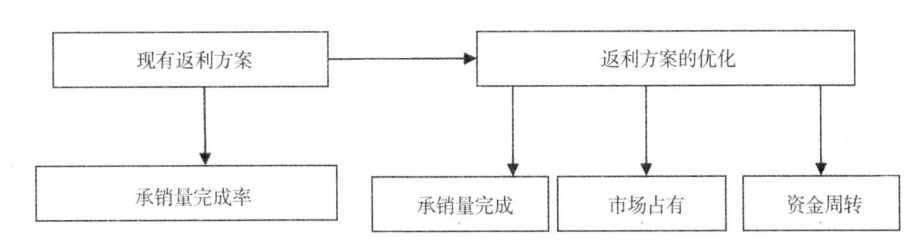

图3-2 经销商返利优化方案

资金周转率指标是指一年之中经销商从下订单到提车再到销售出去这样一个将资金变成产品再转换成资金的循环过程的次数。例如，经销商 A 经历这样一个过程需要 3 个月，他一年只能循环这个过程 4 次，即他拥有的本金假设是 200000 元，每循环一次积累 10000 元的利润，他一年资金周转的次数是 4，利润是 40000 元。经销商 B 销售能力较强，一年能够资金周转 5 次，积累 50000 元的利润。经销商 B 可以通过每台车降价 2000 元即售价 198000 元进行销售，实际一年获得的利润与售价 200000 元的经销商 A 是一样的。但是可以肯定的说经销商 B 通过降价，消费者必然会更愿意在他那里消费购车，因此他的销量会提升，更容易获得更多的市场份额。对于资金周转率高的经销商，创普也可以通过让利返点提高的方式鼓励他们提升销售能力，增加资金周转率，完成多个销售过程的循环。这对于经销商提升营销能力也是一个很好的良性循环。

这两个指标的考核对于创普渠道的健康发展有着长远的促进作用，是从根本上促进渠道成员的销售实力和应对市场的能力。但是，对这两个指标的考核有一定的难度——要搜集准确的市场数据，才可以确定每个经销商的市场占有份额的增减情况。大量数据的处理和收集，将会增加企业的管理复杂度和工作量。从企业发展和管理难度方面权衡，企业应该更多地考虑未来的渠道发展硬实力，从整个销售过程中进行考核，而不是仅仅着眼于结果。

（2）经销商信用等级全面化

建立新的信用等级考核标准，不仅在选择经销商的时候考核其信用等级，也在从提车到销售整个营销活动中时时考核他的信用。主要的几个考核因素是：按期开票量、订单损失量、监控车回款率、贷款还款率、违规行为比例。这些因素划分经销商一年的销售行为中的信用等级，分为 A、B、C 级。信用等级高的经销商可以获得更多的返利，创普可以让利 1%～2%，以鼓励经销商达到 A 级信用，达到诚信经营合法经营的目的。而信用等级低的经销商，就增强管理力度，适当减少优惠政策。

（3）激励机制多样化

东风创普应增加过程返利机制，即经销商在商品陈列、安全库存、规范价格、指定区域销售、专销和守约付款等方面，应对经销商予以一定的让利奖励。同时东风创普可以通过开展每年一次的销售竞赛，即对在某规定区域和时间段内销量第一的经销商给予一定的奖励。在不破坏渠道网络秩序的前提下，对于积极发展二级网络，并且积极增加订单量的经销商，东风创普也可以采取一定的奖励措施。

间接激励方面，东风创普应积极开展促销活动，加强对经销商广告和促销的支持，减少流通阻力，提高商品销售力，促进销售，提高资金利用率，使之成为经销商的重要利润源。除了协助经销商掌握产品技术知识和开展技术服务以外，可以通过车展和操作表演等活动，不仅能帮助经销商赚取利润，也能帮助企业提高品牌知名度。

（4）增强经销商管理力度

企业销售部门包括范围较为广泛，往往可能由于销售旺季业务繁忙而忽略了对渠道的管理，应从销售部剥离负责渠道管理的人员成立新的职能部门，主要负责渠道网络发展和规划工作以及相应的渠道成员的管理。对于经销商的一些不诚信行为，如贷款不按期偿还、偷逃资金、监控车不按时回款、不确定订单数量过多，创普应严格监控。如果经销商拖欠资金，那么创普可以选择收回车辆，并在后期减少融资额度和监控车投放的数量。经销商经常取消订单，创普应对其加急订单的优先分配。在选择和发展经销商的过程中，东风创普要留精弃遏，健全网内经销商自有销售体系。加大培育战略性、重点和一般经销商，持续稳步发展，实现网络全面覆盖。

（5）优化渠道设计

东风创普主要是对一级经销商进行管理，由一级经销商发展自身二级经销网络。对二级网络的管理也是通过管理一级经销商。东风创普应每月要求经销商上报二级网络的产品销售额，掌控经销商二级网络发展情况。对于一级经销商要求发展二级网点的申请在区域上做实地调查，严格控制二级网点的区域位置，防止网点相隔距离过近，保证网络成员集中度不会太密集，尽量避免出现重叠市场，产生恶性竞争。在产品上，应结合新的信用等级，信用等级为A级的经销商可以获得更多的热销产品和优先资源，首先获得产品的交付，减少经销商流失订单。而对于信用等级最低的C级经销商，热销产品的数量会相对减少，对订单的审核加强。

（6）调整渠道建设重心

随着物流产业在国家政策的帮扶下将会进入整合，零散物流商会被大型物流企业吞并，朝着规模化、效益化的方向发展，物流大客户成为渠道建设的方向。不仅仅是物流行业，近两年粮产丰收，对于经营农作物、农化产品、农副产品的企业发展也很迅速。目前创普仅仅只有湖北宜化一家以化肥为主营产品的企业大客户。因此，创普应将未来渠道建设的重心放在开发市场大客户上。大客户对企业带来的效益影响是非常大的。创普针对某一市场内潜在大客户，通过联合这一区域网内经销商，以一定的优惠政策争取大客户。在大客户地理位置周围，可以建立新的服务站，专门为大客户提供便利的产品服务。大客户可以通过从创普经销商处向厂家下达订单，也可以通过大客户自己的贸易子企业与创普合作，达成订单。同时，对大客户可以优先分配产品，减小交付周期。

（7）协调减少渠道冲突

东风创普应通过制定统一的经营行为准则管理经销商的经营行为，避免违规行为的出现。一是对于渠道冲突的出现，制定一系列冲突处理办法和惩处条例。东风创普应与经销商之间关于产品价格、窜货、促销内容和手段方面制定透明、统一、公平的准则，减少渠道中出现现存的渠道冲突。二是一线市场销售人员营销水平（用户引导性）、市场预判性及部分经销商的成长性有待提升。东风创普应加大与经销商之间的交流，加强对经销商的培训力度和频率，增加经销商人员培训机会，分部门地派遣技术人员对经销商进行一对一的帮扶。严格把关经销商的产品服务质量，树立好在消费者心目中的品牌形象。

（8）发展网络营销渠道

网络发展成为影响渠道发展方向的一个重要因素。东风创普在未来的渠道规划中，应该考虑发展网络营销渠道，借助网络资源，推广企业产品。创普可以专门在营销部成立一个网络组，专门规划和发展网络渠道。网络渠道建设成本较低，管理维护费用较少，宣传推广效果好。可以由一名技术人员专门做销售网站维护和与其他汽车网站合作。再由另一名文案人员对产品信息进行编辑发布，实时同步企业产品最新动态。要有两位专门的服务人员，一位专门解答网络消费者咨询的一些技术问题和价格区间，主要是做销售向导的工作。另一位是做售后解答服务。不仅是针对网络销售售后服务解答，也接受消费者在实体经销商处消费后对服务的咨询。对于网络订单，会产生订单在生产期间被取消的风险。针对此问题，网络销售的时候应设计消费者支付一部分定金，如果中途取消订单，将会扣除一部分定金。对于产品的交付，创普可以根据消费者提供的地址，联系最近的经销商，由经销商联系消费者提车付全款，然后创普后期再补给经销商车辆。这样可以从一定程度上减少网络销售的风险，也缩短用户交付周期。

案例2 湖北三环重卡渠道模式的优化方案

湖北三环专用汽车有限公司是从事专用汽车、底盘生产和销售的国有企业，主导产品"十通"牌重卡为"湖北名牌产品"。从近五年重卡前十车企的销量来看，中国重卡前十车企已形成三大梯队：东风、一汽、中国重汽为第一梯队；陕汽、北汽福田为第二梯队；北奔重汽、上依红、华菱、江淮、三环专用汽车为第三梯队。2008年至今，这三大梯队之间的界限很明显，变化只在同一梯队内部，而没有出现某一梯队的车企升至或跌至其他梯队的情况。第三梯队的5家车企的销量排名2008年以来始终没变。由此可以看出，三环重卡虽然在国内重卡企业排名中位列第十，但目前三环重卡的市场份额还很小。目前第一梯队的东风重卡和一汽解放的市场份额分别在20%左右，而三环重卡的市场份额不到6%。论品牌，不及东风、一汽解放和中国重汽斯太尔。目前三环"十通"牌重卡只在四川、重庆、江西、河南等少数地区知名度较高，属于省内知名名牌，而其他企业品牌已打响全中国，是名副其实的中国知名品牌。论发展速度，三环生长不及北汽福田。北汽福田成立于1996年8月28日，经历16年的历程，现仅福田汽车品牌价值就达221.57亿元。近年来其市场份额不断上升，犹如重卡中的一匹黑马。重卡作为生产资料的特征，对渠道的管理已成为各重卡企业关注的重点。因此，对三环重卡的渠道模式进行分析，优化其渠道模式具有重要的现实意义。

1. 三环重卡现有的渠道模式

（1）三环重卡产品现有市场分布状况

除了港澳台以外，三环重卡销售目前几乎遍布中国大陆市场。在国际市场中，已成功批量进入越南、非洲和蒙古等国家和地区。

三环专汽公司构建了相对完善、有力的营销及服务体系。目前，公司在全国建有近二十个销售大区、分公司、200多个经销网点以及255家服务站，产品覆盖全国绝大多数地区，并出口东北亚、东南亚、南亚、中东及非洲等海外市场。

（2）三环重卡渠道管理组织分析

三环重卡具有其与众不同的渠道组织结构。它由四个相互独立的部门组成，分别是销售一部、销售二部、销售三部、销售四部，分别隶属于销售总公司、专用车厂、汽车厂、特种车厂。其中销售总公司规模最大，级别也是最高的。由于四个销售部门之间相互独立，形成了强大的公司内部竞争局面。不过也正是由于这强大的内部竞争，才使得三环重卡能够保持优良的销售业绩。这种多部门同时销车模式的多渠道营销模式，被认为是该企业迈向胜利摆脱困境的重要原因。除了内部竞争机制外，该模式还有以下几方面的特点：一是内部快捷灵活的运作模式。灵活、快捷对于三环重卡这类大规模定制的企业来说是至关重要的。相对于一个很大的销售部门来说，这四个销售部门规模恰当，人员精简，管理幅度适合，便于高效的管理，也使得这四个部门行动快捷，反应灵活。二是有利于营销策略的创新。相互独立的四个部门在公司规定的大政策下可以充分利用相互独立的优势，创造性地采取各类销售策略，展现出多元化的销售局面，只要能完成公司的销售任务即可，不局限于营销策略及方式。三是能有效分散风险。把销售业务分散到不同的销售部门可以很好地分散风险。如果销售集中在一个部门，一旦企业出现经营管理不善就会使得整个公司陷入巨大困境。但是如果同时存在四个销售部门情况就不同了，一个部门管理出了问题还有其他三个部门，其他部门在特定情况下还可以接管这个部门经营不善的区域。当然，这种多头销售模式也存在着缺点，如机构的重复设置、资源的浪费和分散、各自为政，出现在有些地区相互竞争严重甚至相互残杀等现象。

（3）三环重卡销售模式现状分析

三环重卡根据自身独特的市场特点建立了比较完善的营销网络，并有其独特的销售渠道，其中主要的销售模式有：本部直销、分公司直销、分库销售、联销等。

①本部直销模式。

本部直销的优点：根据三环专汽的商务政策，每销售一辆汽车最高可获得5000元的提成。若采用本部直销策略，可直接获得支付给中间商的利润，从而大幅减少了销售费用，也直接提高了公司的盈利能力。其次，本部直销可以与顾客直接接触，在第一时间了解到客户的需求和想法，也能更快速、更准确地获得市场信息。再次，现金销售模式是本部直销采取的主要销售方式，相比其他销售模式，其资金回款周期短、风险小，大幅降低了企业的运营风险。相对于分公司直销而言，本部直销还具有降低销售成本等优点，另外三环重卡拥有自己的本部场地，不需要租借他人场地，节省了很大一笔场地租赁费。此外，本部直销模式更方便于总公司的监控和管理。

本部直销的缺点：本部直销最大的缺点就是远离顾客群，很难激发客户前来湖北十堰购车的欲望。目前很少有外地客户来十堰本部购车，这对于三环重卡市场的扩大极为不利。

②分公司直销。

分公司直销的优点：与本部直销相比，分公司直销同样可以获取销售的全部收入。其次，相比本部直销可以更加靠近广大的消费者及潜在顾客，可以与消费者面对面交流，并与客户所在地的市场直接接触，获得准确的市场信息。再次，分公司直销模式也可以解决分库销售问题，当经销商的存货不足时可直接从分公司取货，这样可以节省很大一笔费用。此外，在分公司所在地的经销商和服务站的管理和运营规范化方面，分公司也可以从中协调。如遇销售过程中及售后纠纷问题，分公司也可及时快速处理。

分公司直销的缺点：首先分公司直销与当地的中间商产生了直接竞争，这将大大影响中间商的销售积极性。其次，与本部直销相比，分公司直销的营销费用较高。最后，分公司直销也存在回款慢的问题。

③分库销售。

分库销售的优点：分库销售的最大优点就是能够充分利用各分库的当地经销商的资源优势。当地经销商由于长期在当地开展营销活动，自然能够获取政府相关部门的支持，在处理地方事务和销售难题上，地方经销商有着无可替代的作用，利用当地经销商的优势资源，分库销售很容易就能达到迅速开拓当地市场的目的。

作为销售市场成本中的重头——宣传成本，一直是制约市场开拓的重要因素，而分库销售就有效地利用了当地经销商的宣传价值，通过和经销商优势合作、风险共担、利润共享等方式，使经销商成为分库销售开拓当地市场的先头部队，不仅节省了高额宣传费用，而且起到了多渠道宣传的目的。同时，分库销售结合当地市场需求能够为顾客提供更多更快捷更有保障的产品服务，极大地增加了消费者的购买信心和安全感。

分库销售的缺点：分库销售最突出的问题就是回款问题，分库销售由于资金分流、分区销售，打的是地方牌，往往需要提供赊款等，导致很多巨额资金无法及时回流，流动资金减少，资金回收率大打折扣，资金流失风险严重。一些高额欠款的无法及时回流严重影响了三环重卡的采购、市场投资融资等发展战略的实施。

分库销售由于其分散管理，而且很大程度上要依靠地方经销商，所以在利润分成方面往往受到当地经销商的大量蚕食,虽然三环重卡在一定程度上取得了市场胜利,但也加大了运营和管理成本,当地经销商的强势使得分库销售模式很不稳定。

④联销。

联销的优点:联销模式下销售产品的方式使得经销商的库存需求减小,一是降低了经销商的库存成本,增加了经销商的销售积极性;二是降低了企业的经营风险,在企业尝试着开发新的市场时,在没有可以信赖或合适的经销商的情况下,可以采用联销模式进行销售,这也是三环重卡在开发新市场时有效的营销模式。

联销的缺点:企业虽与当地经销商建立了联合销售关系,但是这种双赢的合作关系很难得到维持,并且这些经销商也不太注重三环重卡品牌的宣扬。如果三环重卡的业绩不景气或是销售市场不好时,这些经销商很可能会立马舍弃三环重卡这一品牌。

⑤分销网络。

三环重卡的产品销售市场按销售数量对销售地区由多到少分类可以分为四大类:

A类销售市场。这类市场是达到全国的市场占有率的20%,并且达到总销售额的50%的销售市场。这类市场是已经发展成熟的市场。目前的统计表明河南省、重庆市、四川省、江西省4个领域是销售市场的焦点。

B类销售市场。这类销售市场是增长型的市场,销售数量达到全厂销售的25%左右,其增长速度非常快。

C类销售市场。这类销售市场是开发类市场或处于开发阶段的市场,销售数量占全厂销售的15%左右,有一定发展潜力。

D类销售市场。这类销售市场是企业暂不进入的或销售数量低于一定年销售量的市场。对于此类市场,企业短期内不主动进入,已经进入的可以考虑暂时退出。

对这几类销售市场采取不同的分销网络策略:

A类销售市场。随着市场的发展,A类销售市场以前的分公司直销和大经销商销售模式已经无法满足市场需求,未来A类销售市场将逐渐转变销售模式,过渡到四位一体的品牌营销模式。四位一体的销售模式以市场和顾客为导向,更加专注于售后服务,并优化整合销售和售后服务网络,为顾客提供更为优质、高效、便捷、安全、舒适的服务,并建立高效准确的信息反馈系统,及时追踪市场信息变动,提高市场信息准确度和灵敏度。三环重卡A类销售市场不仅为顾客提供了优质服务,而且在为三环开拓更加广阔市场的同时,也为经销商带来巨额利润,加深了经销商和三环的密切合作,这将更有利于三环重卡在未来不断整合资源优势,形成战略同盟和规模效应。三环重卡A类销售市场可以通过建立形象品牌专营店,将供、销、配有机结合,在为顾客服务的同时,不断加强专营业务规范,并形成大的企业文化,为A类销售市场的未来市场开拓奠定良好基础。而随着A类销售市场上与当地经销商的合作,三环重卡将会赢得更多的地方政策支持。三环重卡在资金融资方面应采取多元化融资手段。一方面可以通过建立形象品牌专营店,实现员工集资入股方式的资金融资,鼓励员工集资入股,服务于三环重卡整体资金融资战略;另一方面,三环可以借鉴日本丰田的"与经销商合资经营分红"的融资手段,与有较强实力的经销商组成战略同盟,获取部分直销权,增加企业直销方面的盈利。同时采用与大经销商合作还可以优化经销商队伍,并通过利润分红等方式对经销商进行一定程度的控制,减少企业的运营风险。

B类销售市场。B类销售市场主要采用分公司直销模式,并辅以大经销商模式,这种销售市场由于经销商实力较弱,无法实现规模销售市场,导致B类销售市场的业绩等都比A类销售市场少。对于这类问题,B类销售市场应整合经销商资源,优化对外,并逐步培养实力强劲的经销商,尽可能地减少分库销售模式,规避资金回收困难、断流的风险。

C类销售市场。C类销售市场是三环的低端市场,其销售模式多以直销、联销和分库销售为主。

2. 三环重卡渠道管理策略分析

在选择经销商时,三环重卡销售部会按照一定的标准来评估经销商:一是经销商的信用等级;二是经销商的经营实力;三是经销商的发展前景。如2012年三环重卡开展了一省建立1~2家经销商买断式销售工作,优化营销网络的布局,提升了入网门槛,经销商需提供保证金50万~100万元。

三环重卡对经销商的培训和帮助主要有以下四个方面:一是培养经销商;二是分部门针对性帮扶;三是金融产品帮助;四是门店规范化改造。该措施的价值在于:通过帮扶对经销商灌输企业经营理念,统一双方价值观,实现双方成为利益共同体的目标;发现经销商经营问题,纠偏,实现业务无缝对接;通过经销营销问题发现渠道潜在风险，以便三环重卡采取措施规避。帮扶措施是保证渠道运营安全健康的重要措施。

激励机制主要分为直接激励和间接激励两种，三环重卡对于两种类型的激励机制都有所采用。主要采取了最为普遍的直接激励机制——返利，主要模式有三种：一是基础返利政策；二是年终返利政策；三是旗舰店支持政策。三环重卡采用的间接激励机制有两种：一是投放监控车；二是增加加急订单量和资源优先分配。

三环重卡对经销商的评价主要通过承销量的完成情况、竞争力以及违规行为等方面的表现。

在渠道冲突上，存在以下几种典型的渠道冲突：一是经销商之间经营范围权限的冲突，即窜货。经销商为了增加销售利润，占有市场，消化历史库存，将产品在未经三环重卡允许的情况下放到其他承销区域进行销售，扰乱了市场销售秩序。二是三环重卡在对市场的整体规划、营销策略与经销商为各自利益之间的矛盾产生的冲突，即产品库存冲突、服务品质冲突。

对于窜货的行为，三环重卡制定了经销商跨区域违规营销考核办法。对于违规经销商，处以一定金额的惩罚，取消了返利，同时考核返利的50%奖励给受跨区域影响的经销商。严重违规者会暂停办理监控车业务、降低经销商在三环重卡办理三方融资业的信用等级以及取消优先资源分配。库存方面三环重卡帮助经销商分析库存积压原因，帮助经销商消化库存。三环重卡为了避免由于服务品质的降低所带来的渠道冲突，采取了对经销商一系列的培训和帮助措施，在一定程度上协调了两者之间的冲突。

3. 三环重卡渠道策略的优化方案

综上所述，三环重卡在渠道组织、渠道模式和渠道管理中，多种方案并存，虽然灵活，但成本和内耗较大，因此有必要对其进行优化，以促使营销渠道的销量最优。

我们通过对销售区域进行分析，可以将市场分为大而强、大而弱、小而强、小而弱四种类型，分别制订渠道策略，避免渠道开发的盲目性。区域市场根据渠道策略，对可能的渠道进行统计和特征分析，制订拓展方法。

对于大而强的市场，如四川、重庆、内蒙古和河南等十通知名度高的地区。对于这类市场可建立分公司，采取分公司直销策略。这样一来可以加强对这些销售量大的地区的经销商管理,也可以大幅降低销售费用。

对大而弱的市场,像新疆、西藏等地区,市场空间很大而销售却比较薄弱。在这些地区可采用密集分销,即尽可能通过许多负责任的、适当的经销商推销产品。这样可以迅速扩大市场空间,占据市场份额,使之变成大而强的市场。

而对于那些小而强的市场,则应采用独家分销模式,选择一个实力强、信誉好的中间商。

对于那些小而弱的市场则可以采取包销或联销模式,既可降低企业销售成本,又可降低经营风险。

三、汽车渠道冲突的解决使得汽车制造商与渠道商协同创新发展

东风标致是神龙汽车有限公司旗下的一个汽车品牌。神龙汽车有限公司实行"一个公司、两个品牌"的经营模式。自2002年10月,东风汽车有限公司与法国PSA集团(标致雪铁龙集团)签订合资合同,从此两大集团强强联手,全面展开将标致品牌引入中国的新蓝图,由此东风标致汽车在中国诞生,由神龙公司东风标致商务总部负责东风标致品牌各车型在中国市场的营销和销售业务。

近年来中国汽车市场已经进入买方市场,而要拥有一个高效稳定的分销渠道,使得产品和服务可以顺利地转移到消费者手中,是汽车企业获取竞争优势的重要保证。随着汽车市场的不断成熟和其他汽车品牌竞争对手的不断涌入,东风标致面临的市场竞争越来越激烈。至今东风标致已建立有400多家签约经销商,已在中国区域建立起庞大的分销渠道。在取得良好业绩的同时,东风标致渠道内部存在着不少的问题,尤其是渠道冲突较为突出,这些都制约着东风标致品牌的健康发展和市场的拓展,因此东风标致应实施关系型的新型渠道关系,使得东风标致及经销商共同发展。

(一)东风标致现有渠道模式

东风标致汽车采用实体渠道结构为主,兼有O2O模式。如图3-3所示。

在实体渠道中,区域的大体概念划分为两层,即大区域和小区域。大区域指的是东风标致总部将中国市场分为五大销售区域,分别由五个区域总经理负责区域内标致汽车销售的组织和管理工作;另在东风标致总部设销售总经理,负责统

筹和管理全国范围内的标致汽车销售、市场推广、商务活动等工作。大区域内分别设立对应的办事处，由各区域总经理带领在各大区域中展开销售、监管工作。小区域指的是各地经销商被授权负责区域，五大销售区域内还各设立一个存货商，存货商负责给各自区域内的经销商或代理商提供一定的整车产品和售后配件产品。各大区域销售价格体系，包括区域内销售的经销商和代理商的价格，均由东风标致统一制定，由各区域总经理负责监督，在全国范围内实施。

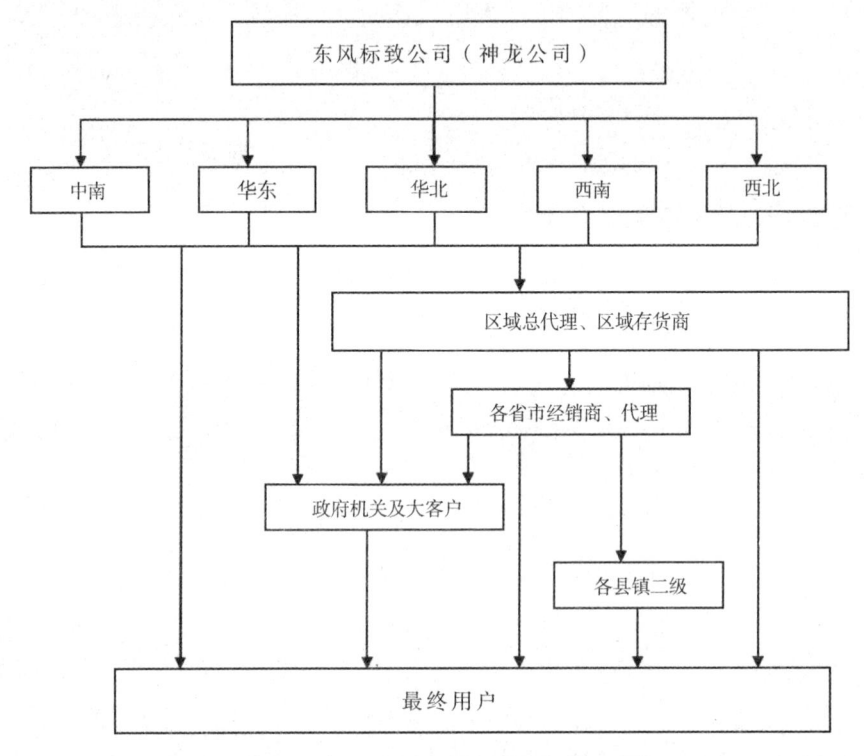

图3-3 东风标致汽车实体渠道结构图

由此可见，东风标致的渠道管理方式整体属于独家分销，其一般与各经销商之间定有书面协议，经销商不得再推销其他竞争产品。随着时间的推移其缺点慢慢地浮出水面。一是东风标致渠道窄小，企业容易受到各分销商制约；二是不能较快地适应多变的市场，而自己理想的经销商不易物色；三是各经销商为自身的利益可能会冒险经销或推销其他产品；四是东风标致企业市场的风险大。

除了实体渠道外，东风标致还采取了线上线下相结合的O2O模式。每年的节假日，或者"双十一""双十二"等电商购物节，东风标致都采取了大量的促销和客户关怀等服务活动。

（二）东风标致渠道冲突现状

1. 东风标致的水平渠道冲突

水平渠道冲突是指同一渠道层次里的渠道成员间的冲突。当同一渠道层次中有多个渠道成员时，由于种种原因，渠道冲突往往不可避免。

东风标致的水平渠道冲突体现在两个方面。首先是区域项目的水平渠道冲突。典型表现为一是同一区域内项目的水平渠道冲突。二是跨区域项目的水平渠道冲突。如东风汽车各公司的生产厂家往往不在同一个区域内，其大部分分布在十堰、襄阳和武汉等地，而他们都归上级公司管理。在此类似的项目上，十堰东风标致、襄阳东风标致和武汉东风标致经销商之间就存在着竞争。其次是渠道内窜货行为引起的水平渠道冲突。如十堰市区域内已经有两家东风标致经销商，他们对于本区域以外的周边区域或交界处进行竞争，为了完成厂家制定的任务，达到自身利益最大化，最主要方式就是提高优惠力度，降低销售价格。

2. 东风标致的垂直渠道冲突

随着经济的不断发展，汽车在乡镇里的需求量越来越大，因此东风标致公司希望各地销售商能主动积极开发自己区域内的市场，最大限度地扩大市场覆盖率，提高市场占有率，提高东风标致品牌影响力。这些就要求经销商在本区域县镇上建立二级网点，有的经销商却往往不愿意建立这些二级网点，原因是增加了自身的开发和管理成本。因此，产生厂家与经销商之间的冲突。

3. 东风标致的多渠道冲突

在如今互联网尤其是移动互联网高速发展时期，多渠道冲突有了一种新的形式，就是O2O渠道与传统销售渠道间的冲突。O2O是通过有线或无线互联网提供商家的销售信息，聚集有效的购买群体，并在线支付相应的费用，再凭各种形式的凭据到线下即现实世界的商品或服务供应商处完成消费，让互联网成为线下交易的前台。这样线下服务就可以通过线上揽客，消费者也可以通过线上来筛选服务，成交也可以在线结算。两者是相辅相成的，线上线下充当着完全不同的角色。当然O2O模式本身对整个企业的体制要求比较高，线上线下以及整个生态链若有一个环节跟不上就会直接影响最终效果。而到目前为止，汽车整车产品的特殊性并没有成功的经验可以参考，唯有不停地摸索前进。东风标致公司近几年的网络销售渠道在不断地完善和普及，如今发展规模也已经趋于成熟阶段，网络渠道占有不少的市场，提高了一定的销量。这就使得东风标致的网络渠道与经销商实体店渠道的冲突越来越明显。

（三）东风标致渠道冲突产生的原因

1. 水平渠道冲突产生的原因

①区域项目水平渠道冲突产生的原因。一般的项目投标确认后，东风标致公司会组织同一区域或不同区域的经销商一起合作，由区域总经理负责设计、经销商负责最终用户工作，公司再根据每个经销商的贡献进行利益分配。然而，由于各经销商对于各自贡献的评价不同，总有经销商认为自己没有得到应有的利益，最终导致冲突的发生。

②窜货行为产生的原因。因为东风标致厂家规定：只有完成季度任务的经销商才能享受公司本季度的返点政策。经销商为完成任务，实现返点利益，向另一个经销商所授权的区域销售产品时，就很可能引起该授权范围内经销商的不满，渠道冲突由此出现。

2. 垂直渠道冲突产生的原因

东风标致经销商销售积极性不高，而造成制造商和经销商之间矛盾愈演愈烈，有以下几点原因：一是缺少真正有效的激励；二是对经销商的管理不严格；三是没有严格执行经销商退出机制；四是经销商会分担时间和精力在其他产品上。

3. 多渠道冲突产生的原因

随着互联网不断地发展，汽车信息网络化也在不断地普及，东风标致公司为了适应时代发展需要，也在网络上开发了自己的销售渠道。此战略一是为了进一步扩大东风标致在汽车市场中的占有率；二是更加方便消费者了解东风标致汽车及其品牌。由于东风标致汽车信息的网络化，使得汽车的信息更加透明，从一定程度上减少了一些客户去东风标致实体店选购汽车，这样减少了实体渠道成员的利益。由于出发点的不同，厂家是从长期发展的大局出发，而各经销商只是从自身的根本利益出发，从而引起多渠道冲突的产生。

该渠道冲突产生的根本原因在于厂家试图将线上交易打造成交易平台，而将实体渠道打造成体验和配送及售后服务平台，东风标致厂家如此做法的初衷很好，但厂家在开展O2O模式时，没有合理地分配线上和线下的利益，导致传统的经销实体利益受到损害。与此类似，这样的线上线下渠道冲突现象在医药、家电、家居、白酒等行业也相继发生。由此可以看出，东风标致实施O2O营销模式，就不得不重新考虑线上线下渠道成员的利益，必须解决多渠道带来的渠道冲突的难题。

（四）东风标致渠道冲突的解决方案及实施

1. 预防渠道冲突的管理策略

预防冲突的发生比冲突发生后再动员人力物力协调解决更为效率，并减少成本。根据可能引起渠道冲突发生的一般原因，有针对性地预先做好各种防范措施，避免相关冲突的发生，是渠道管理者对于解决渠道冲突所关注的重要方法之一。

（1）制定严格的管理体系

制定严格的管理体系要根据以上渠道冲突现状及产生的原因提前预测，根据实际情况不断加以调整和改进：一是加强经销商的选择管理；二是严格履行惩罚和退出制度；三是建立合理的渠道结构。

（2）加强渠道成员间的有效沟通

每年举办一次东风标致经销商大会，会议的仪式和内容可以邀请经销商代表与东风标致商务部共同讨论决定，这种全国范围的经销商大会可以提供给东风标致和存货商、经销商以及经销商与经销商之间一次交流的机会。公司通过经销商大会，对经销商一个年度的辛苦工作表达感激之情，在培训产品知识的同时，也是向经销商传递东风标致的企业文化、公司管理、项目管理等方面的一次机会。在日常销售工作中，也要加强渠道成员间的有效沟通，只有多沟通交流才能有效预防可能带来的渠道冲突。沟通可以加强相互之间的信任，是为了带动整个渠道的发展，使得信息的上下级有效传递，每个渠道成员都应建立起主人翁的意识。东风标致和经销商之间建立起有效的沟通交流平台，才能使得信息快速正确地转移。

（3）改善对经销商的日常管理

区域经理要定期与经销商沟通，了解一线销售人员反映的市场情况和产品使用情况，同经销商共同制定渠道策略。有效的合作可以使经销商和公司的目标利益一致，增加销售人员的积极性，从而为完成销售业绩共同努力。对每个经销商按优秀、良好、合格、有待提高、不满足要求五个等级给予评估，并反馈给东风标致的销售团队和经销商本身，每季度的等级评估也将作为对经销商的年度考核的依据。

2. 处理渠道冲突的管理策略

（1）建立有效的激励体制

渠道激励实质上是一种渠道管理者将渠道利益再分配的过程，渠道管理者利用权利对掌握的资源进行再分配，用于调节渠道成员之间的关系。要减少渠道冲突，渠道管理者在进行常规的分销渠道管理的同时，要采取合理的、有效的激励措施，以物质利益刺激他们求大同、存小异。

一是经济的需求。给予经销商经济上的激励无疑是最直接、最有效的激励方式。严格按照东风标致经销商体系规则规定，每年在年底按销售比例返点，明确佣金支付规则和比例，在日常的项目销售中，严格按照佣金支付条款支付给经销商对应的佣金。同时在每年的经销商大会上，对各区域内最佳业绩经销商和最佳业绩增长经销商，东风标致给予特殊的奖励。

二是安全的需求。这是所有经销商都有权利享有的激励，即授权区域的保证。东风标致有义务捍卫经销商在授权范围内销售的权利，坚决制止跨区域销售的行为，对于有损于渠道正常运行的行为要公正公平地对待，对违反者进行严厉的处罚，以保证每个经销商的分销权利。

三是权利的需求。每一个渠道成员都是渠道结构中重要的组成部分，有权利在渠道建设中提出建议或改进方法。区域经理要善于听取经销商的反馈，特别是对于每年获得最佳业绩和最佳业绩增长的经销商，可以参与价格调整和新产品营销策略的讨论。

（2）公司内部创建项目管理团队

东风标致销售团队创建项目管理团队，负责运作和协调事业、行政单位及企业大客户项目，特别针对一些厂家直接参与投标的项目，以保证这些项目有效的跟进和开展，同时兼顾每个参与项目工作的经销商的利益，避免由于利益分配不公而导致的渠道冲突。如图3-4所示，为东风标致关于大的项目的销售渠道结构图。经销商A可能负责设计工作，经销商B可能负责最终用户的工作，经销商C可能负责项目后期的售后服务，项目管理团队为项目总负责团队，项目管理团队的职责就是带领各个参与项目的经销商，最终赢得项目拿下订单。同时项目管理团队还要设立项目报备制度，建立项目从建立到结束的完整档案。

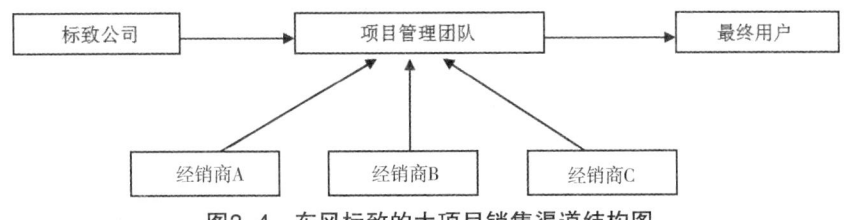

```
标致公司 → 项目管理团队 → 最终用户
           ↑    ↑    ↑
       经销商A 经销商B 经销商C
```

图3-4 东风标致的大项目销售渠道结构图

（3）成立公司销售委员会和经销商委员会

东风标致销售委员会由五大区域的区域经理、售后服务部经理组成，六位经理轮流担任委员会的轮值主席，为期一年。销售委员会拥有东风标致上级管理层赋予的权利，负责制定营销策略、完善经销商管理体系、协调跨区域项目的合作、监督考核经销商业绩、收集经销商和客户的反馈意见、与经销商委员会一起维护整个公司的销售渠道的正常运行，共同裁定经销商的违规行为和制定惩罚措施，其作用就是公正公平地解决渠道中的冲突问题。同样，经销商委员会由全国400多家经销商自行选举5家经销商代表组建，负责监督经销商团队中的销售活动，对于发现个别经销商的违规行为，有责任和义务向东风标致销售委员会和区域经理汇报，最大程度地减少冲突发生的影响，阻止恶意的跨区域销售行为。

（4）线上线下分销渠道的融合发展

随着互联网技术的发展，众多汽车企业已试水O2O模式。神龙汽车公司意欲打造电商平台实施O2O的模式，因此东风标致商务部在对线上线下分销渠道进行培训时，一定要贯彻统一的理念：不要把O2O简单理解为电商是在抢夺传统分销渠道的份额。传统的B2C电子商务模式是"电子市场+物流配送"模式，消费者待在办公室或家里等货上门，涉及的是物流。而O2O是"电子市场+到店消费"模式，涉及的是客流。在节约消费成本的同时，能更好地发挥出线下服务的优势，具有体验营销的特色，进而提高品牌信誉度和实体终端的成交率。

（五）总结

东风标致进入中国市场已经有十二年了，拥有非常好的营销渠道网络和渠道管理人才，因此造就了同类型车市场中领先的销售业绩和不可动摇的行业领导者地位。但是无论渠道创建初期对渠道做怎样好的设计和规划，或者在渠道发展阶段，渠道管理者对渠道做怎样好的管理和指导，渠道冲突都是不可避免的。这其中最根本的原因就是各个独立的业务实体的利益总不可能一致。因此，东风标致应加强对渠道的管理，采取有效的渠道冲突解决方案，实施关系型的战略伙伴关系，使得东风标致和经销商"一荣俱荣、一损俱损",从而实现共赢的目标。

四、技术创新驱动中国汽车价值链重构

2018年10月，美国汽车新秀特斯拉（Tesla）在上海成功获得一块工业用地，标志着其在中国投资建厂的计划得以落实。大众、通用、丰田、日产等传统汽车巨头在中国市场陆续投放混合动力汽车的同时，也正在加紧研发和投产纯电动汽车。其中，日产2018年8月已在中国工厂成功下线纯电动汽车，并计划尽快实现电池、电机等零部件本地化生产。外资汽车巨头扩大在中国生产布局的战略调整不仅反映了中国市场的巨大吸引力，还体现了传统汽车巨头与电动汽车新秀以及中国本土汽车品牌展开竞争的新态势。一方面，由于政策扶持，中国电动汽车等新能源汽车消费增势迅猛；另一方面，新能源汽车兴起和智能驾驶技术研发正在引领行业创新热潮，而中国正处于热潮中心。行业技术创新、跨国汽车巨头战略调整以及新一轮行业竞争势必给中国汽车产业发展带来冲击。

中国汽车产业是在跨国汽车巨头陆续进入中国的过程中发展起来的。20世纪90年代中后期，中国开放汽车市场，以"市场换技术"吸引大型跨国制造商以合资方式在中国投资设厂。跨国汽车巨头根据其全球战略布局，在中国设立生产中心，构建价值链。中国企业通过参与跨国公司价值链提升了产能和技能，汽车产业得到发展和壮大。

发展中国家参与全球价值链，能促进产业升级和发展已是共识。但产业发展效果参差不齐，这取决于发展中国家所参与全球价值链的方式和结构。从价值链的领导者跨国公司来讲，产品从研发设计、采购加工、装配运输到营销、售后，各环节投入的要素密集度不同，将不同环节放在所投入要素成本最低的国家生产最有利，所以跨国公司为了降低成本、提高竞争力，有动力将产品各价值环节分散在不同国家或地区进行加工生产，这就形成了全球价值链。从产品的角度来看，不同产品的技术复杂度、产品规模经济特征及技术标准化程度不同，将其进行跨境生产的程度和结构也就不同。技术复杂度高、规模经济特征显著、技术不成熟的产品不适合跨境分工，标准化程度高的产品易构建全球价值链。从参与国的角度看，国家的要素成本、市场规模、本土供应商的能力、本地化生产的政策要求，以及与供应链参与国之间的贸易成本等国家因素都会影响到价值链的空间结构。要素成本和贸易成本低的国家可能成为零部件生产中心或装配中心，市场

规模大、本地化生产要求高的国家可能成为最终产品的集中生产地。参与国供应商的能力是影响参与国产业升级的重要因素。在产品技术复杂度高、标准化程度也高的价值链中，如果参与国供应商能力强，就有机会同领导企业充分沟通信息和进行合作开发获得较多知识溢出。如果供应商能力低，在技术上依附于领导企业，只能参与价值链的低附加值环节，则获得的知识溢出有限。

汽车的技术特征和中国的国家特征决定了中国参与汽车全球价值链的产业发展效果。传统燃油汽车技术复杂度高、规模经济特征明显，但标准化程度也高，是适合在全球或区域构建供应链、在消费地集中生产的产品。中国巨大的市场潜力、廉价的要素成本以及越来越低的贸易成本是吸引跨国公司在中国设立生产中心的优势所在。中国供应商能力由弱变强则是中国汽车产业得到迅速发展的重要推动力。新能源汽车兴起和智能驾驶技术进步正在改变汽车的技术特征，中国汽车市场的强劲增势和本土新能源汽车企业的蓬勃发展也在不断提高中国供应商的能力。行业和国家特征的变化势必影响中国的汽车价值链结构和中国汽车行业升级的潜力。

（一）中国的汽车价值链结构

20 世纪 90 年代以来，通过参与跨国公司在中国的汽车价值链，中国企业提高了产能和技能，一批大型供应商应运而生，中国汽车产业得到了较快发展。

1. 设计和生产的模块化促进了汽车生产的全球布局

长期以来，汽车行业是由美日欧一些国家的大型跨国制造商主导的寡头垄断性行业。20 世纪 80 年代之后，随着生产、跨国运输和通信技术的进步，大型跨国制造商为了提高效率、增强国际竞争力，纷纷将零部件生产部门剥离出去，成立独立的零部件供应商，并将相应的研发、设计环节移交给这些供应商。这种战略调整给行业竞争带来两个变化。第一个变化是涌现了独立的大型全球供应商。独立出来的零部件供应商为了跟上整车企业越来越快的更新换代速度，通过并购或合资不断扩大企业规模，提升自主创新和设计能力，并在全球建立独立供应网络。德国的博世和采埃孚、日本电装和爱信精机、加拿大的麦格纳等大型全球供应商正是这个过程中发展起来的。第二个变化是汽车设计和生产越来越模块化。大型汽车供应商拥有自主创新和设计能力，为了提高核心竞争力，将分散的零部件和子系统整合为更大的子系统，形成动力、底盘、车身、内饰和电子等不同的汽车"模块"。汽车设计也随之模块化。

汽车设计和生产的模块化减少了零部件单元，提高了汽车各价值环节的标准化程度，为价值环节的跨国生产提供了可能。20世纪90年代之后，为了更大程度地利用规模经济和廉价要素，跨国制造商以及大型供应商越来越多地进行对外投资和离岸外包，汽车生产趋于分散化和国际化，形成了由大型跨国制造商、大型全球供应商、中小供应商构成的全球价值链。跨国制造商拥有发动机和变速箱等核心技术，依然居行业领导地位；大型供应商一方面向跨国制造商提供子系统模块，另一方面从众多二、三级供应商采购零部件。

2. 中国是汽车全球价值链中最重要的生产中心

汽车全球价值链在空间结构上有全球、区域、国家和地区四个维度。在全球层面，跨国制造商把基础研发和核心技术开发放在母国，支持全球产品设计；在全球范围内从大型跨国供应商采购模块或零部件。考虑到运输成本和贸易壁垒因素以及本地化生产的政治压力，整车生产越来越向最终消费地集中，如北美、欧洲和亚洲这三大区域的主要消费地。核心部件企业和规模较大的零部件企业，或专用零部件供应商，通常在整车厂周边布局，为其提供配套生产。这形成了一个个以大型整车装配厂为中心、众多大重型零部件企业围绕的区域性生产中心。轮胎、电池、线束等轻型、通用零部件生产通常放到区域内劳动力成本和经营成本低的国家。如福特、通用和克莱斯勒在墨西哥、大众和标致在东欧、丰田在泰国和菲律宾等地都设立零部件生产中心。北美洲的墨西哥、欧洲的西班牙和东欧国家、东南亚国家及中国作为这样的低成本生产中心向所在区域的汽车生产中心提供通用零部件。无论是整车生产中心还是零部件生产基地，在一国内都是以地区产业集聚的形式存在的。通过这个多维结构，地方、国家和区域价值链都被"嵌套"在超大企业的全球组织结构和业务关系中。

21世纪以来，发达国家作为汽车的主要消费市场基本上处于饱和状态，中国、印度、巴西等发展中大国成为汽车消费增长的主力。2008年经济危机后这一趋势更为突出。中国作为东亚最大的消费地，吸引了各大跨国制造商建立生产中心。大众汽车最早进入中国，1985年与中国合资生产汽车。20世纪90年代末，通用、丰田、本田等汽车跨国巨头纷纷进入中国，通过合资设立整车厂。之后，为了降低成本和适应本地化生产要求，各大车企陆续在中国建立自己的零部件供应体系，形成东北、华东、华南、西南、华中、西北等数个汽车生产中心。目前，大众汽车在中国合资建立了9家整车厂和11家零部件企业，形成上海、长春、成都、佛山等汽车生产中心。丰田汽车合资成立了4家整车厂和8家合资零部件企业，形成了广州、天津、长春、成都4个汽车生产中心和成熟的零部件生产基地。本田汽车合资成立3家整车厂和3家零部件生产基地，形成广州和武汉两个汽车生产中心。各大跨国制造商还在北京、上海、广州等大城市设立研发设计、物流、营销投资等关联企业，在长三角地区设立零部件生产中心。目前，中国已成为全球最大的汽车消费市场和生产中心，拥有跨国制造商主导的全产业链，包括整车生产中心、低成本的零部件生产基地以及产品开发中心。

3. 中国汽车价值链结构与汽车产业发展

图3-5的汽车微笑曲线显示了跨国公司和本土制造商在中国的汽车价值链结构。跨国公司在母国进行汽车基础研发和系统设计，以及发动机、变速箱等核心技术设计和开发。发动机、底盘和模具等核心部件一般由在中国的独资公司进行生产。在中国的合资公司实施供应链管理、从全球供应商或外资一级供应商采购部件或模块，设立生产中心进行组装生产，同时还进行品牌管理、分销和售后。产品开发一开始由母公司或区域子公司进行，随着中国市场规模扩大，跨国公司陆续在中国成立研发中心，负责开发适合中国市场的产品。跨国公司的汽车价值链中附加值高的环节都是由跨国公司母公司及其子公司，以及外资供应商提供，中国企业作为二、三级供应商提供部分零部件，并参与部分物流和销售，参与了低附加值环节。这是因为汽车的技术复杂度高，核心部件的技术壁垒高，而且刚开始中国企业无论是技术水平还是生产能力都非常低，只能依附于跨国公司，做一些简单加工。即便如此，参与跨国公司汽车价值链并促进了中国汽车产业的发展。

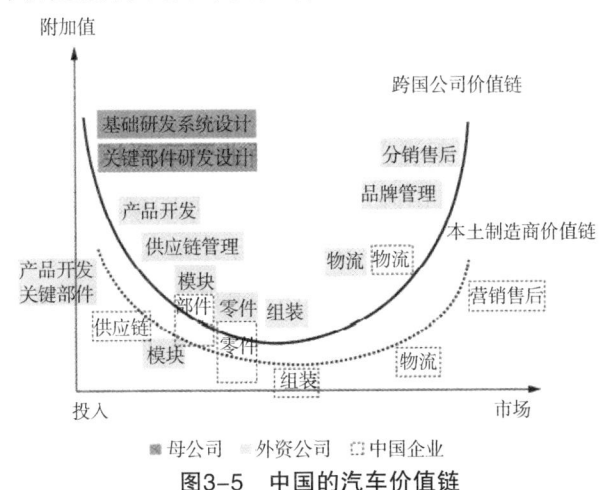

图3-5 中国的汽车价值链

首先，跨国公司在中国建立一批生产基地，全球供应商以及跨国公司的零部件供应商也在中国设立生产中心，促进了汽车行业的投资和就业。其次，随着跨国公司在中国价值链的扩张，本土企业在加工生产过程中不断积累知识和经验，产能、技能快速提高。越来越多的本土企业进入跨国公司的价值链，并参与到子组件和组件的制造。2006年，跨国制造商在中国整车厂的核心供应商中，本土供应商的比例很低，日、韩车企的中国供应商平均只占7%，欧洲车企的中国供应商占比近20%，美国车企的中国供应商占比最高，为31.8%。到2016年，本土供应商的比例普遍上升，上汽通用的中国供应商比例占到了一半，一汽丰田的中国供应商比例也达到了41.9%。供应商产能提升与价值链功能延伸促进了中国汽车零部件行业的发展，汽车零部件工业产值在2005—2016年间平均增幅超过25%。近年来，零部件产业实现了许多核心技术突破，上中下游供应链的生产研发能力提高，覆盖动力总成、底盘、车身、电子和模具等模块，产业链趋于完善，并涌现了一汽富奥、上汽华域（延锋）、中信戴卡和德昌电机等一批具备进入全球供应体系能力的大型供应商。

4. 参与汽车价值链促进了本土汽车制造业的崛起

由于机动车辆的集成性以及产品高复杂性、高资本和知识要求，新企业很难进入汽车行业。随着全球设计和工程咨询公司崛起、全球一级供应商的模块和系统工程能力提升，以及本土供应商兴起，本土企业可以依靠全球供应商和工程咨询公司开发产品，构建自己的价值链，生产、销售自主品牌汽车产品，如吉利汽车、奇瑞汽车、江淮汽车、比亚迪汽车等。图3-5下方较为平坦、附加值总体水平较低的微笑曲线反映了本土汽车制造商的价值链。本土汽车制造商没有基础研发和核心部件开发的实力，它们通过与外国公司合资进行核心技术开发，并依托独立设计公司进行产品开发。因为缺乏核心竞争力，产品多面向中低端市场。

总之，传统燃油汽车技术壁垒高、中国供应商能力不强，局限了中国企业参与价值链的深度与收益，也决定了中国汽车制造商难于跻身世界一流。

（二）技术创新带来中国汽车价值链变局

21世纪以来，新能源汽车兴起和智能驾驶技术、车联网及大数据应用正在引领汽车行业变革，汽车行业进入新一轮创新期。技术创新正在改变汽车的技术特征以及中国的汽车市场和汽车企业特征，并带来汽车价值链变局。

1. 技术创新正在改变汽车行业的技术特征

首先，电动汽车成为新能源车发展的重要方向，降低了汽车技术复杂度。传统燃油车的核心技术是燃油发动机和变速器，技术复杂度高，欧美日汽车领导企业正是凭借在燃油车核心技术上的垄断优势，稳居行业龙头。新进入者很难突破燃油发动机的技术壁垒，只能通过模仿或技术合作开发低端产品。而电动汽车结构简单，核心技术是电驱、电池和电控，电驱技术已经成熟，电池动力系统的技术复杂度低于燃油发动机。因此，电动汽车上市打破了大型跨国汽车制造商的技术壁垒，降低了行业门槛。如特斯拉在攻克了电池组技术之后，成功跻身于汽车行业。

其次，汽车行业的技术平台正在形成，将改变汽车生产的组织结构和行业竞争模式。随着特斯拉量产，传统汽车供应商开始加紧研发电动汽车配套零部件，众多材料、电子企业也涌入汽车行业，开发电动汽车零部件及子系统。激烈竞争激励新概念、新设计、新材料、新部件不断更迭。随着动力电池技术突破，动力电池迅速进入量产阶段。目前日本松下、韩国 LG 化学和三星 SDI 和中国的宁德时代、比亚迪和沃特玛等动力电池企业已经实现了稳定的出货量。动力电池供应商出现后，动力总成不再是行业技术壁垒，跨国公司和本土汽车制造商都可以通过采购动力电池进入电动汽车行业。在某种程度上，动力电池成为电动汽车的技术平台。汽车制造商可依托这个技术平台进行产品开发和品牌经营。

此外，自动驾驶技术是此轮汽车技术创新的另一个热点。谷歌、百度等互联网企业凭借其在人工智能和大数据应用等方面的技术优势，致力于开发驾驶决策与控制方案，以实现汽车的智能驾驶。智能驾驶方案和系统若能建立，将为各种动力汽车提供中控系统，有望成为汽车行业的另一个技术平台。行业技术平台的出现将推动行业竞争向品牌竞争方向发展。例如在智能手机产业，高通、联发科等开发的基带芯片组和谷歌的安卓系统都是行业技术平台，完全不掌握行业核心技术的品牌商能够依托技术平台开发智能手机产品，通过品牌经营跻身一流跨国企业，比如中国的小米、OPPO 和 VIVO 手机品牌。在电动汽车行业，如果动力电池和智能驾驶形成成熟的技术平台，汽车的品牌竞争时代也就不远了。

2. 中国新能源政策和产业创新热潮正在改变中国汽车产业和汽车市场特征

受惠于国家新能源政策和市场的双重因素，中国电动汽车产业掀起了创新和投资热潮。经过数年发展，已经涌现了一大批产能和技能突出的零部件供应商，产业初具规模。从上游的原材料供应，到中游的动力电池、整车控制器和整车设计制造，再到下游的充电设施，一套完整的产业链已经形成。电动汽车的市场规模在急剧扩张。国际新能源署（IEA）发布的《2018全球电动汽车展望》报告称，2017年中国电动汽车保有量为123万辆，占全球电动汽车保有量40%左右，是全球电动汽车保有量最高的国家。产业链更完整、供应商能力更强、国内市场规模更大等中国产业和市场特征的改变必然带来汽车制造商的战略调整。

3. 中国汽车价值链的新格局

随着中国电动汽车市场的扩张，跨国公司纷纷在中国投资建立研发中心，开发电动汽车技术与产品。日产汽车率先在中国投产纯电动汽车，日本电动汽车零部件供应商正在进入中国市场。日本松下在大连投资了第一座车用动力电池中国工厂，2018年3月开始量产动力电池，供应特斯拉、大众、通用、日产等企业在中国市场的需求，同时还向全球供货。其他跨国制造商也纷纷制订在中国投产电动车及其零部件的计划。在整车生产上，国内大型制造商已经捷足先登，上汽、广汽和江淮汽车等本土企业都在快速推出电动汽车产品。另外，核心技术供应商的出现以及完整的供应链系统，鼓励了品牌商的出现。电池供应商起家的比亚迪率先推出纯电动汽车，此后投产的蔚来、威马等电动汽车企业完全是品牌商，不拥有任何核心技术，甚至没有自己的装配厂。

跨国公司和本土制造商正在重塑电动汽车价值链（图3-6）。跨国公司不再需要基础研发和核心部件研发，在中国依托动力电池的技术平台进行系统设计和产品开发，实施供应链管理，更多地利用本土供应商的零部件组织生产、装配和物流，同时进行品牌经营和售后。本土制造商也依托外资或本土动力电池技术平台进行产品开发，实施供应链管理，主要利用本土模块和零部件供应商组织生产、装配和物流，进行品牌管理和售后。本土供应商价值链还有一种模式，即由蔚来汽车和威马汽车等主导的品牌经营模式下的价值链。品牌商只负责品牌经营和销售，依托设计公司进行产品开发，供应链完全外包，组装由传统汽车厂代工，如蔚来汽车没有装配厂，由江淮汽车厂代工。在电动汽车价值链中，因为产品复杂度低，产品结构简单，上中下游附加值差距小于传统汽车价值链。跨国公司不再掌握核心技术，本土制造商对跨国公司的依赖程度减轻。依托技术平台，本土制造商在电动汽车行业的起跑线距离跨国公司要比传统汽车近很多。这对中国汽车产业发展而言无疑是个重要机遇。如果中国能在新动力系统和智能驾驶技术方面实现突破，有望实现弯道超车，以新能源汽车为突破口跻身汽车行业第一梯队。

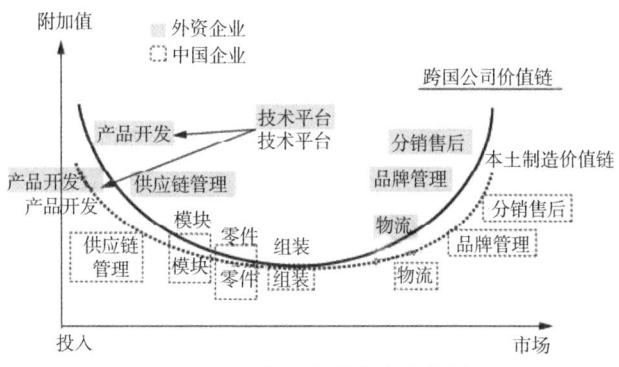

图3-6 中国电动汽车价值链

4. 中国电动汽车价值链仍面临巨大挑战

不得不说的是，电动汽车还处于技术创新阶段，动力电池技术还不成熟，行业标准尚未形成，行业发展方向还不明朗。创新热潮还在持续，随着更新的材料、技术、系统出现，会有一批企业和产品被淘汰，又将有一批新的企业和产品产生。而且，纯电动汽车也未必代表汽车行业发展方向，氢燃料电池汽车、太阳能汽车等新能源汽车都有可能成为行业未来，导致汽车行业重组，全球价值链重构。因此，中国汽车产业升级所面临的挑战也是不言而喻的。

首先，中国电动汽车快速增长势头是政策扶持和低价竞争的结果，电池组等电动汽车核心技术是否成熟、是否有竞争优势还有待市场考验。其次，汽车附加值高，与智能手机产业不同，生产的规模经济特征显著。像蔚来、威马这种依靠资本市场的品牌经营模式很难成功，小米、OPPO的成功模式未必能复制到电动汽车行业。一汽、广汽、东风等有一定产业基础、实力较为雄厚的大型汽车企业在打造新能源车方面可能更容易形成竞争优势。再次，虽说中国已经拥有完整的汽车产业链，拥有一批初具实力的供应商，但是众所周知，中国供应商在一些重要零部件技术方面还没有达到世界先进水平，国产汽车品牌在很大程度上还依赖外资供应商。电动汽车的发展虽然可以绕过发动机等核心技术壁垒，但是若其他零部件技术和质量不过关，汽车制造商也很难设计并生产出品质优良的产品。汽车产业升级是个系统工程，除了新动力系统、智能驾驶系统等前沿技术，材料、机械等上游产业也需要技术突破和产业升级。

(三) 总结

自20世纪90年代起，中国汽车产业通过参与跨国公司在中国的汽车价值链得到快速发展。但是由于燃油汽车技术复杂度高，中国汽车企业始终难以突破动力系统技术，只能依托外国设计公司解决核心技术和产品开发，在低端汽车市场以低成本的方式与跨国公司进行竞争。当前围绕电动汽车的技术创新热潮降低了汽车核心技术的复杂度，降低了行业门槛。大量新入者参与行业竞争，以新能源汽车为中心的汽车行业竞争格局正在发生巨变。传统跨国垄断车企凭借其传统竞争优势竞相开发混合动力汽车，特斯拉凭借电池集成技术优势成为电动汽车行业的领军者。而中国汽车企业正在借助一批实力强大的供应商、较成熟的电池组技术以及电动汽车完整的产业链，快速打造自己的价值链、推出自主品牌。与此同时，围绕智能驾驶的技术创新反映了数字化时代制造业从自动化向智能化升级的发展趋势。未来，智能制造技术或智能制造技术平台将是行业竞争的制高点。汽车行业将进入新一轮重组，随着动力系统平台商的出现，传统汽车企业的竞争优势进一步减弱，汽车企业将围绕系统集成、产品开发、品牌经营以及核心部件技术等展开竞争。总之，汽车行业的创新浪潮正在改变中国汽车价值链结构，为中国汽车产业升级带来机遇和挑战。在产业政策导向上，有必要由全面扶持向重点支持转变。在改善技术创新、产业创新大环境的同时，重点支持核心技术研发、关键项目开发，以及充电桩、充电站等基础设施建设。另外，持续拓展对外开放的广度和深度至关重要，参与国际分工和全球价值链是中国获取先进技术溢出、实现产业升级的重要条件。

第四章　商业模式创新驱动汽车产业发展的探索

国内对商业模式创新的研究很多，不同学者从不同研究视角提出了不同的观点和相关研究成果。现有文献对商业模式创新的研究侧重于三个方面：一是对商业模式创新的内涵及理论解释。二是对商业模式创新不同视角的研究，如战略视角、价值创造视角、财务视角。三是对企业个案进行的案例研究，如项国鹏、罗兴武（2015）对浙商龙头企业浙江物产的案例研究。从以上研究中可以看出，对企业个案的研究侧重于互联网平台企业和在线旅游企业，对制造企业的研究较少，少量对制造业商业模式的研究又具有很强的地域特点，很难形成一个系统的、普遍适用的理论分析框架；而现有的关于商业模式创新的理论研究，又很难直观和清晰地解释制造企业商业模式创新的研究。大量企业商业模式创新成功的实践显示，商业模式创新与企业竞争战略是紧密相关的，例如福特汽车采用流水线生产模式而带来的大量营销模式，使福特汽车在市场竞争中通过成本优势取得全球销量汽车销量第一的宝座；通用汽车为了与在福特汽车抗衡中取得竞争优势，采取差异化战略与福特的低成本相抗衡，取代福特汽车成为全球汽车第一的宝座。因此，我们发现价值理论仍然是有效解释制造企业商业模式创新的途径和演化机制。

中国制造企业基于先发的产业改革优势、市场优势和规模优势，取得了辉煌的成就，是推动中国经济发展的"主力军"，"中国制造"享誉世界。但是近年来，随着新技术、新经济体对中国制造的影响，中国制造业的优势正在减弱，中国制造业迫切需要谋求商业模式创新以提升国际国内竞争力。创新驱动已成为国家战略，商业模式创新和科技创新共同成为制造业发展的推动力量，商业模式创新越来越受到理论界和企业界的重视，正成为中国制造业转型升级的重要突破口。

中国的工业发展起源于国有制造企业，经过多年发展，中国制造业尤其是国有制造企业已经形成了良好的基础，大型国有制造企业在中国制造业商业模式创新实践中扮演着示范领导作用。通过国家多次经济体制改革和市场优势劣汰发展，现存的制造企业大多经历过辉煌、困境、再辉煌，从单一产业内的产品制造商向跨产业的服务商转型，期间必然伴随着企业多次战略转型和商业模式重构。同时大型国有制造企业的成长过程本身就是商业模式不断演化的过程，从价值链视角对中国大型制造企业进行纵向案例研究，可以使商业模式演化的动态过程变得清晰，有助于提升中国制造企业的商业模式创新效益。文献中已有学者（吴晓波等）从价值链视角和价值创造视角，运用迈克尔·波特的价值链模型，研究中国汽车产业中有代表性的制造企业商业模式的类型、创新、演变及动因，探索中国汽车制造企业商业模式创新演化的一般规律，为中国制造企业的商业模式创新提供理论基础和实践借鉴，促进"中国制造"转向"中国智造"。

因新能源汽车的产品特征和市场特点，其商业模式创新实践成为当前汽车企业的主要领域，以特斯拉为代表的新能源汽车企业有较好的经验，因此本章首先借鉴国内外典型汽车企业的商业模式创新经验，提出了中国新能源汽车商业模式创新的模式和路径。之后鉴于调研和访谈展开的便利性，选择了中国汽车产业发展历史较悠久的湖北省，重点对湖北省汽车产业的商业模式及对汽车产业发展的影响进行了重要分析，以期对中国其他地区汽车产业的发展提供借鉴和参考。

一、新能源汽车的商业模式

1. 美国新能源汽车商业模式及特点

美国自20世纪90年代以来开始实施新一代汽车合作伙伴计划，促使美国新能源汽车呈现出产业技术联盟的模式，这种模式直接影响着联盟各成员在集聚资源、分散风险、提升效率、实现共赢等方面的合作创新绩效。而且，从市场的角度来看，美国汽车消费者并没有放弃对传统汽车的偏爱，但美国新能源汽车市场仍然存在广阔的市场，例如美国高端电动汽车品牌特斯拉在2013年第1季度在美国和加拿大销售了至少4630辆特斯拉Model S，特斯拉在美国取得的成功也给了我国的新能源汽车市场很好的启示：充满设计感与创新理念的纯电动汽车依然可以占有细分市场。

2. 日本新能源汽车商业模式及特点

众所周知，日本生产的新能源汽车在混合动力汽车领域独树一帜，新能源汽车代表着汽车业未来发展方向，而日本这个危机感很强的国家，向来重视节能环保。汽油车时代，日本销售产品中有50%是0.66升以下排量的轻型车。目前，新能源车则成为日本非微型车以外产品的主流。

日本本田透露，尽管目前它在本国只有6款混合动力车销售，日本通过政府资金、项目计划等多种手段组建了形式多样、类型各异的产业技术联盟，例如氢能与燃料电池实证规划和革新型蓄电池尖端科学基础研究专项等。除了乘车体验，日本政府还针对年轻人以及在校学生进行新能源汽车的宣传活动，而这部分人都是其商品的潜在购买用户，日本政府通过提高这些潜在购买力对新能源汽车的认知，使该类车型销量比例已达到公司非微型车以外总销量的50%。

日本汽车工业凭借其雄厚的资金和先进的技术以及良好的硬件基础成为引领新能源汽车行业的领头羊，在20世纪90年代生产出世界上最早的混合动力车型丰田普锐斯和本田的Insight，这两个车型装备的发动机、锂电池、镍氢电池、电子装置、电子控制系统在技术先进性上都领先，而中国国内车企的混合动力车销量每年仅几百辆，全国一年电动车累计销量更是不足千辆，对比之下，日本在新能源车发展上已大幅领先于国内。这些年，业界一直在争论新能源车发展路线、充电好还是换电好等技术问题，但日本企业早已将技术投入市场，而市场化的成功反过来又将促进下一步研发的推进，几乎可以肯定，在新能源车上我们落后日本早不止一两步了。

相比之下，混合动力车更加现实，丰田已经在江苏常熟设立了专门面向中国消费者生产的混合动力汽车研发机构，决定要在中国实现混合动力汽车的当地化生产。尽管目前普瑞斯、思域混动等车型价格同样非常高，但主要是因为它们没有实现本地化生产。丰田技术专家透露，如果再实现电池本地采购，混合动力车成本将只比同样的汽油车贵2万元左右，这是很多人可以接受的。

3. 欧洲新能源汽车商业模式及特点

欧洲侧重于温室气体减排的发展战略，将发展新能源汽车作为满足一氧化碳排放限制要求的重要方式。欧盟的环境保护和能源废弃排放管制相当严格，在2014年9月执行的欧6标准中，规定几乎达到汽车尾气零排放，为达到此标准，汽车企业必须发展新能源汽车。而欧盟对锂电池产业的重视也反映出其新能源汽车产业的运行模式，即裸车租赁、电池租赁。欧盟多采用规模化租赁的运行管理模式，这种模式对消费者来讲相对简单，没有承担电池与车的成本支出和使用风险，能推进新能源汽车产业真正向市场化靠拢。

4. 我国新能源汽车商业模式

在原科技部等部门的支持下，我国从"八五"期间开始重视电动汽车的研发，在多项政策引导与促进下，我国新能源汽车产业发展取得了一些成绩。但是由于我国创新工业基础比较弱，基础研发能力尚显不足，仍存规模化车型少、生产成本高、充电不便等突出问题，新能源汽车仍然难以得到普通消费者青睐，步入平常百姓家，依然任重而道远。最早在20世纪50年代已有学者提出了"商业模式"的概念，但直到90年代才流行开来，概括来说，商业模式是一种包含了一系列要素及其关系的概念性工具，用以阐明某个特定实体的商业逻辑。它描述了公司所能为客户提供的价值以及公司的内部结构、合作伙伴网络和关系资本（Relationship Capital）等用以实现（创造、推销和交付）这一价值并产生可持续盈利收入的要素。目前新能源汽车产业商业模式的构成要素主要包含五大类：价值主张、业务模式、市场实现、价值战略、经营环境。

目前国内新能源汽车产业商业模式形式多样，但商业模式的研究主要集中在业务模式方面，大都是专注于从业务模式部分的金融运营以及能源补给等角度实行商业模式研究和分析。目前新能源汽车产业主要模式类型可以归结为以下三种。

①车电销售加自充电网络模式：这种车电销售的模式是指汽车企业将整车销售同时连同电池销售，然后由专门的能源供给商和服务商基于电网建立一个以城市充电站和充电桩为主的能源补给网络的自充电模式。

②整车租赁模式：这种模式其实是对传统汽车租赁模式的模仿和利用，消费者不用买车而是通过租车的形式使用新能源汽车，这种模式在新能源汽车市场尚不成熟，但是在消费者对新产品不信赖的时期仍不失为一个良策。

③裸车销售、电池租赁、充换兼容模式：在这种模式下新能源汽车销售时不包括电池，电池采取租赁的方式获得，这样可以降低消费者的购车成本，这样一来，汽车企业只负责裸车的销售部分，而能源的补给部分则由能源供给商提供，供给商负责电池的租赁和维护，并通过充换电站网络提供电池的充电或者快换服务。

新能源汽车常见的三种商业模式的优缺点如表4-1所示。

表4-1 新能源汽车主要三种商业模式优缺点一览表

商业模式	优点	缺点
整车销售加自充电网络模式	能够方便地、较经济地完成新能源汽车的能源补给,实现新能源汽车的快速市场化	①电池成本较高,车电销售价格较高。②充电时间太长,使用不便,电池维护等问题突出
整车租赁	能够通过金融租赁等方式,使消费者以低购车成本使用新能源汽车	传统中国人的消费思想是买车而不是租车,传统企业的战略目标是把车卖出去而不是租出去,这些理念导致了这种商业模式的前景不甚明朗
裸车销售、电池租赁、充换兼容	购车成本低,充电快捷,无电池维护等后顾之忧	电池规格、充电设施等技术标准难统一

综上所述,当前我国为实现新能源汽车私人化,可以实行裸车出售、电池租赁、充换兼容这种商业模式。车企与金融机构合伙运营,之前政府补贴作为新能源汽车首付,消费者每月仅需支付一定数量的车贷即可,待车贷还清之后,若消费者愿意转让新能源汽车,车企可根据汽车折旧率返还现金。但随着政府补贴的取消,新能源汽车更加需要商业模式创新以促进其市场化进程。电池消费者在换电站不需要进行长时间的充电等待,而只须安装站内已经充满电的电池即可。这种模式既可以实现即充即付的灵活性,也可以绕过传统汽车看表计费加油的环节,通过电池智能管理系统直接计量电池电量使用程度从而进行定量收费。这种模式不仅能够吸引更多的新能源汽车消费者,同时还可以拓展业务的种类,实现分级和分对象营销的目的,提高服务效率并且降低运营成本,在全国实行统一的电池以及充电设施标准,对城市充电站等基础设施加强的建设。同时由政府和车企大力宣传新能源汽车的发展成果和优势,利用政府的影响力和传统车企的品牌效应,让更多的人了解、认识新能源汽车。

5. 国内外典型汽车企业的商业模式创新经验

(1) 特斯拉的商业模式

近几年特斯拉公司的纯电动车风头正劲,在发展战略上特斯拉提出三步走战略,先生产面向小众的产品,再以中端中等价位使更多客户可以接受,最后生产大众化产品。三步走战略是特斯拉在电动汽车性价比不具备与传统汽车竞争能力的时候采取的策略,在美国的创新土壤当中,有很多具有环保意识、追求高技术的潮流人士,对车辆的价格不太敏感,因此豪华、智能和高性能的特点,使得特斯拉作为第三辆或者第四辆车,进入很多美国富人家庭。

特斯拉Model S的中控操作系统是通过17英寸超大屏幕来完成的,汽车的卫星导航、无线等通讯设备齐全，同时由九个电池组串联成一个电池块，最后再串联成整块电池板，每个电池单元、电池组和电池方块都有保险丝，每个层级都会有电流、电压和温度的监控。先进的电池管理系统，是保证复杂电池板正常运行的关键，也是特斯拉最重要的商业机密。Model S 的设计团队将电池、电机、控制系统几乎都集成到了车架上，车架成为电池外翘的一部分，车体强度也得到了增加。在增加安全性的同时，降低了电池包本身的重量，国内也有这种车型。同时，我们还可以借鉴美国模式，由政府采购使用，当政府大力采购新能源汽车作为公车之后，必然会让普通民众对于新能源汽车的安全性和稳定性更放心，也更乐于接受新能源汽车。这也被视为是特斯拉在拓展消费人群方面的一个突破性举措。

（2）比亚迪特有的新能源汽车商业模式

比亚迪在武汉与东风扬子江汽车有限公司合资生产新能源汽车，借助东风扬子江生产基地，比亚迪汽车公司在近几年的发展中，通过研究新能源汽车的传统商业模式，逐渐探索出了一种极具自身特色的商业模式。

一是合作投资换市场，示范运营提份额。比亚迪公司在新能源汽车市场的推广上，模仿跨国公司对我国采用以投资换市场的方式，取得了极为显著的成绩。2012年，比亚迪汽车公司先后与长沙市达成1000辆电动公交车采购协议，投资了不低于30亿元用以建设新能源汽车生产基地。与天津公交集团合资组建了天津市比亚迪汽车有限公司，这也是继深圳、西安、长沙之后，比亚迪在国内的第四个生产基地，也是新能源汽车的第二个生产基地。与云南省投资控股集团有限公司签订战略合作协议，纯电动车生产基地建立在云南，政府需要进一步加大购买新能源汽车所获得的补贴力度，落实政府部门相关的政策，直接补贴消费者，让使用者能够以最优惠的价格购买到新能源汽车，从而提高私人购买新能源汽车的积极性。同时，企业、单位也应通过一定的奖励措施鼓励员工购买新能源汽车。只有全民参与，公车和私车同时发展，才能逐步打开新能源汽车市场，提高消费者购买欲望。并且，我们可以借鉴特斯拉取得成功的例子，汽车企业与金融机构合伙运营，消费者购买新能源汽车获得的政府补贴作为购车首付，消费者每月仅需支付一定数量的车贷即可。同时比亚迪公司通过积极推行公车示范引领、公共交通先行的策略，极力争取新能源汽车市场份额。

二是"三零"（零元购车、零排放、零成本）模式下的金融运营模式创新。

比亚迪新能源汽车以纯电动公交客车和纯电动出租车为主，比亚迪针对出租车公司和公交公司的不同需求，基于"三零"模式，进行了金融运营模式创新，比亚迪共推出三种操作模式：融资性租赁、经营性租赁和买方信贷，同时满足不同客户的差别需求，降低购买新能源汽车一次性付款的难度。

模式一：融资性租赁模式。融资性租赁是比亚迪公司以出租车公司为融资主体的金融模式，金融机构通过与比亚迪公司签定购买合同和支付货款等方式来取得电动车的所有权，出租车公司通过与金融机构签定融资租赁合同分期支付租赁金，等租赁期满后，出租车公司拥有电动车的所有权。

模式二：经营性租赁模式。比亚迪公司以第三方汽车租赁公司为融资主体，这就是经营性租赁的金融模式。租赁公司通过与汽车生产商签订合同，首先通过购买合同支付货款，而在这个过程中，租赁公司向金融机构融资并还款，租赁公司最后再与出租车公司签定经营性租赁合同进行租赁。

模式三：买方信贷模式。买方信贷模式是以出租车公司为融资主体的金融模式，电动车所有权归出租车公司，出租车公司向金融机构分期付车款。该模式主要是对那些希望可以一次性购买电动车的出租车公司提供相应的解决方案。

6. 目前我国新能源汽车商业模式中存在的问题

尽管近几年，我国新能源汽车产业发展迅猛，但我国现有的新能源汽车商业模式中依然存在着很多的问题，而这些问题的存在也导致我国新能源汽车的发展受到很大的限制，通过研究发现，当前我国主要的几种商业模式存在以下问题。

（1）新能源汽车的成本比较高

相对于传统汽车，目前，我国新能源汽车电池技术尚不是很完善，新能源汽车的电池成本在总成本中占有很高的比重，而电池成本较高，这也就导致新能源汽车成本要高出传统汽车许多，对于普通消费者来说，最大的问题显然就是购买能力的不足，尽管政府已经出台一系列政策，例如提出私人购买新能源汽车获得补贴，但由于种种原因，即使是作为试点的上海、杭州、长春、合肥、深圳这几座城市也没有很好地贯彻政策，如此一来购买新能源汽车的费用必然高出传统汽车。电池成本较高，这是钳制新能源汽车市场的主要原因，这也导致整车销售这种模式在市场竞争中缺乏竞争力。

（2）消费理念传统

整车租赁虽然可以使消费者以较低的成本使用新能源汽车，并且这种模式在欧洲也最为流行，但是对于中国人来说，这种消费方式似乎并不怎么受欢迎，传统中国人更倾向于买车而不是去租车，中国传统企业也更倾向于卖车而不是租车，中国消费者的这种传统消费理念早已根深蒂固，短时间内很难改变，这种消费理念也使得租车这种消费方式很难被中国消费者接受，所以整车租赁的方式在中国市场的前景不太明朗。

（3）标准缺乏统一

整车销售、电池租赁在一定程度上既符合中国人的消费理念，同时也可以降低购车成本，是最适合我们国家的新能源汽车商业模式。但目前，这种模式依然存在着一个很大的问题，在我国，电动汽车无论是电池还是充电设备都还没有完全建立起统一的标准，不仅如此，在国际上，也没有一套与之相应的标准，因此，在电动汽车标准方面，在一定的程度上存在着不仅电池尺寸大小不一，有的连充电接口也不尽相同的情况。这种情况一方面造成建造各种电动汽车都能通用的充电站的难度，同时也造成厂商研发的重复，并造成公共充电设施建设的巨大复杂性及不确定性，更影响了消费者使用的便利性，充电方面硬件设施的不足是制约这种模式的最大问题。

（4）认知不足

尽管近几年我国新能源汽车在技术方面取得了一定的成果，但对于普通民众来说，新能源汽车依旧很陌生，消费者对于新能源汽车的安全性和稳定性依然存在质疑，没有一个清晰地认识，而目前我国25个试点城市中，新能源汽车的用途几乎全集中在公交用车上，这也造成了普通民众对于新能源汽车认知上的不足，大部分的汽车消费者对于这种商品认知上的不足，导致他们在购车的时候，更倾向于传统汽车而拒绝新能源汽车。

尽管比亚迪在新能源汽车推广上取得了一定的成果，但是，比亚迪的新能源汽车却集中在"电动公交化"上，比亚迪公司摸索出的独特的金融运营模式是针对公车而言，而新能源汽车发展的最主要目标是电动汽车私人化，比亚迪在电动公交化的推广上做得很好，却依然缺乏一套行之有效的电动私人化的商业模式。

7. 我国新能源汽车商业模式发展建议

针对我国现有商业模式的缺陷，可从以下方面进行完善。

一是面对车辆购置成本高的困境，政府需要进一步加大购买新能源汽车所获得的补贴的力度，落实政府部门相关的政策，直接补贴消费者，让使用者能够以最优惠的价格购买到新能源汽车,从而提高私人购买新能源汽车的积极性。同时,企业、单位也应通过一定的奖励措施鼓励员工购买新能源汽车。只有全民参与,公车和私车同时发展,才能逐步打开新能源汽车市场,提高消费者购买欲望。并且,我们可以借鉴特斯拉取得成功的例子,汽车企业与金融机构合伙运营,消费者购买新能源汽车获得的政府补贴作为购车首付,消费者每月仅需支付一定数量的车贷即可,车贷还清之后,若消费者愿意将车转让给车企,可按折旧率得现金返还。

二是中国人消费理念传统,在租车方面,可以继续实行比亚迪的金融运营模式,即汽车企业根据出租车公司和公交公司不同情况,通过金融机构,经融资性租赁、经营性租赁和买方信贷三种不同模式,满足各种不同用户需求,降低购买新能源汽车一次性付款的难度。

三是我国充电设备标准缺乏统一的问题,事关电动汽车的安全及消费者的信心,因此出台一套统一且行之有效的标准是大规模发展电动汽车并使其保持高增长的基础。目前我国电动汽车无论是电池还是充电设备都还没有建立统一的标准,因此国家应尽快完善充换电站、能源补充站、储能电站、维修服务站等配套基础设施建设,统一充电基础设施、充电方法、充电接口、电池组、充电网络等技术标准。而在新能源汽车产业推广的初期,城市电动公交对动力电池的能源补给可优先采用统一换电、集中维护的模式,私人电动汽车在快慢充成熟的基础上逐步实现换电模式,当前车企应对现有社会停车场的改造实行推进,对网络布局实行慢速充电桩和快速充电场,同时利用城市公交场站建立城市公交车专用的换电系统。

四是对于消费者认知不足,汽车企业首先应当利用传统汽车品牌优势,迅速打造新能源汽车品牌优势,在自身成熟的品牌基础上,大力推广新能源汽车,当消费者通过传统品牌接触到新能源汽车时,对新能源汽车的接受程度必将大力提升,迅速达成品牌认知效应。因此,新能源汽车企业在商品推广前期,应当充分利用传统汽车的品牌效应,迅速实现新能源汽车的品牌效应。同时,车企加大宣传力度,提升消费者对新能源汽车的认知度和接受度,让更多的消费者了解新能源汽车,各地政府也可以根据当地情况,加大宣传力度,加强市场舆论,通过各种渠道宣传新能源汽车的绿色行驶,实行新能源汽车进小区、进企业、进单位、进校园等宣传活动,让人们能全方位的、更全面的了解新能源汽车,也让人们更易于接受，乐于使用新能源汽车。

二、湖北省汽车产业商业模式创新的实践探索

湖北省是中国汽车工业大省，其中武汉市是东风公司总部所在地和主要乘用车企业所在地，十堰市是东风商用车公司和东风零部件集团所在地，武汉、随州、襄阳、十堰已成为湖北省重要发展的汽车长廊。

近十年来，互联网对各个领域发生全方位的渗透和影响。互联网的广泛应用为汽车企业的商业模式创新提供了途径。因此本书通过"互联网+"思维和汽车思维的融合，分析"互联网+"背景下商业模式创新驱动汽车制造企业发展的机理，总结提炼出两个企业在"互联网+"背景下商业模式创新的路径和实施对策，为其他企业的商业模式创新提供借鉴意义。最后结合汽车分类，对汽车产业的商用车制造企业和乘用车制造企业的代表性企业——东风商用车公司和东风电动车辆公司的调研，对其商业模式创新实践进行案例研究。

（一）相关术语概念的文献综述

1.对"互联网+"的相关研究

2015年两会中，李克强总理在《政府工作报告》中首次对"互联网+"进行了明确的阐述。2015年7月，《国务院关于积极推进对"互联网+"行动的指导意见》指出，到2018年基于互联网的新业态成为新的经济增长动力，到2025年网络化、智能化、服务化、协同化的"互联网+"产业生态体系基本完善；"互联网+"新经济形态初步形成；"互联网+"成为经济社会创新发展的重要驱动力量。"互联网+"已经成为推动我国经济提质增效升级，打造大众创业、万众创新发展引擎，培育经济发展新的增长极的战略举措。"互联网+"已成为国家战略，学术界和企业界开始关注"互联网+"的研究及应用。俞永福（2015）提出"互联网+"的本质是重构供需。滕斌圣（2015）提出"互联网+"是一种新的生产力工具，类似于第一次工业革命的蒸汽机和第二次工业革命的电力，能够惠及各行各业，提高生产、消费和供需对接的销量，增强全社会资源利用水平。李晓华（2016）在比较分析第一代互联网和第二代互联网区别的基础上，提出"互联网+"具有连接一切、数据成为重要生产要素的技术特征，对生产模式、产业业态和商业模式产生重大影响，对促进创新驱动转型、提升传统产业竞争力、发现新的增

长动力、实现传统产业的环境友好发展具有重要意义，并指出"互联网+"改造传统产业应遵循政府引导、企业主体、以人为本、虚实结合、完善"生态"五个原则。邢纪红（2017）将第一代互联网与第二代互联网进行对比分析，从功能、结构和文化三个层面归纳总结"互联网+"发展的新特征。

2. 商业模式创新的研究

国内外学者从四个角度对商业模式创新展开了研究：

一是关于商业模式的研究，涉及概念、分类、演化、创新、设计和操作等。商业模式最早出现在20世纪50年代Bellman的文章中，随着互联网技术和全球经济的发展，到20世纪90年代引起学术界的充分重视。Porter（1991）提出企业之间的竞争已由产品、渠道、价格等竞争转变成商业模式之间的竞争。Stewart和Zhao（2000）提出商业模式是企业创造价值、传递价值和获取价值的过程。Amit和Zott（2001）认为商业模式研究的兴起正是源于电子商务的发展。Petrovic等（2001）认为商业模式描述了隐含在实际业务流程背后的商业系统创造价值的逻辑。Shafer等人（2005）提出商业模式是一个深思熟虑而设计的开放价值网络，它将企业与利益相关者紧紧相连。Zott和Amit（2007）提出商业模式目的在于创造并捕获价值，商业模式的设计通常需要本企业与其外在利益相关者建立一个跨边界的商业网络，从而有效地利用机会和捕获价值。高闯等（2006）认为商业模式是企业将技术商业化的一种有益方法。原磊（2008）提出了商业模式的分类方法。龚丽敏等（2013）将其界定为企业实现战略的一种反应。Guo、Zhao和Tang（2013）提出商业模式不仅使企业通过设计盈利方式和成本结果来获得利润，而且也描述了企业如何通过识别关键资源、能力和过程来产生价值。Casadesus和Ricart（2010）提出了从战略到策略层面商业模式的实施方案。Zott（2011）将商业模式描述为企业如何在市场中做生意的全面视角。

二是商业模式创新理论的研究，侧重于商业模式创新的内容、前因、特征、路径和机制。田志龙等（2006）提出了商业模式创新途径主要有重新定义顾客、提供特别的产品及服务、改变提供产品及服务的路径、改变收入模式、改变对顾客的支持体系和发展独特的价值网络。Zott和Amit（2007）提出不同于产品创新或过程创新，商业模式创新反映了"企业进行经济交换新方式的概念化"。王宗军（2009）通过对国外商业模式创新的分析综述，提出国外对商业模式的研究从早期的商业模式概念、要素、分类研究逐渐转向商业模式创新研究。吴晓波

（2015）通过对国内外商业模式创新有关文献的梳理，分析制约和驱动企业商业模式创新的因素，提出商业模式创新是内外兼修的过程，由企业外部和内部环境因素共同导致的，其前因包括管理认知、资源能力、组织活动和盈利模式等内部因素，以及技术创新、情境因素、市场机会和企业的价值网络等外部因素，并对企业和新创企业的商业模式创新的前因加以区分，延伸了商业模式创新的研究范围，便于企业准确地进行自我定位。

三是从不同的视角、不同研究方法和特定环境等对商业模式创新进行了研究。从不同视角的研究典型的有：Sosna（2010）等从商业模式创新的阶段性出发进行研究；Amit（2012）等以创新形式为出发点进行分析；Osteralder（2013）等认为可以以商业模式的构成要素为起点对其进行创新。王琴（2011）对基于价值网络重构的商业模式创新进行了研究。郭毅夫（2009）基于资源基础论视角分析商业模式创新与竞争优势的关系。姚伟峰（2011）分析了利益相关者博弈对企业商业模式创新的影响。陈道志（2011）等基于价值视角对互联网企业商业模式创新路径进行研究。罗倩（2013）和纪慧生（2013）分别研究了基于价值视角对商业模式创新。唐光海（2013）基于双边市场视角，研究了城市一卡通的顾客价值创新战略。张越（2014）基于要素视角探讨了商业模式创新机理及路径。基于不同研究方法的研究：李东和王翔（2006）研究了基于 Meta 方法的商业模式结构与创新路径。谷斌（2010）探讨了基于 TRIZ 理论的企业商业模式创新研究。刘艳彬等（2012）基于可拓变换对电动汽车商业模式创新进行研究。刘建刚等（2016）以滴滴出行为例，采用扎根理论提出了"互联网+"商业模式创新路径。刘丹（2014）等以国家电网为例，分析基于大数据环境下，对商业模式创新不同阶段进行分析；罗珉等（2015）解释了互联网时代商业模式是社群逻辑的平台模式；冯雪飞等（2015）提出互联网思维是中国传统企业实现商业模式创新的捷径，并提出互联网思维下中国传统企业商业模式创新的路径。邢纪红等（2017）对传统制造企业在"互联网+"背景下商业模式创新的结构特征进行了分析，全面剖析"互联网+"对传统制造企业的商业模式影响，提出企业产出智能化、活动网络化、打造智能 O2O 平台和大数据系统来实现"互联网+"商业模式创新的三种途径。可以看出，商业模式创新并不是简单的技术改进或价值链的重构，它涉及企业多个模块的重新组合，是一种复杂的系统集成创新，实现商业模式创新的方法有很多，不同领域的研究学者给出了不同的创新途径。

四是针对不同类型企业的商业模式创新及路径的实证研究,如平台型企业、零售企业、互联网企业、农产品、家电企业、能源企业(如国家电网)、新创企业或者在位企业的商业模式创新,以及商业模式创新对企业绩效的影响,但大多是针对互联网思维或者背景下的研究。如刘青(2010)对苹果公司的商业模式创新进行了总结;郭锴(2010)对电视传媒行业的企业价值链和商业模式创新路径的关系进行了论证。于忠珍和金花(2013)解析了海尔商业模式的设计和创新。李飞(2013)通过对海底捞餐饮公司的案例研究探讨了中国零售企业商业模式成功创新的路径。李芸(2014)对各类在线旅游企业的商业模式创新路径进行比较研究。赵绘存(2014)研究了中小企业商业模式创新路径。金珺(2015)以中易和为例研究了现有制造型企业基于大数据的商业模式创新。李冰(2015)分析了互联网思维下我国零售企业商业模式创新研究。江淑芳(2015)以海尔集团为例对互联网思维视角下商业模式创新演化过程研究。仇婷(2016)以北京现代为例分析汽车厂商现有商业模式和汽车厂商经营现状,提出互联网思维下汽车厂商商业模式创新的四种路径,包括开放式、个性化、智能化和信息共享的汽车设计制造,智能汽车商业模式、车联网商业模式以及汽车厂商由汽车制造和销售商向互联网出行服务商转变。王娜(2016)对基于互联网的平台型企业商业模式创新进行评述,对基于互联网平台企业商业模式创新路径、特征和关键成功要素进行了详细分析,构建了平台企业商业模式创新理论框架模型。姚明明和吴晓波(2017)通过对互联网科技领军企业阿里巴巴的纵向单案例研究,探索了后发企业技术追赶过程中商业模式设计和技术创新战略的共演机制,建立了一个将环境、商业模式设计—技术创新战略、技术追赶以一种复合视角联系起来的框架。

从已有文献可以看到,"商业模式创新"一词源于互联网技术的广泛应用以及电子商务的高度普及。在企业实践中,商业模式创新企业首先来自于新兴行业,它们改变传统经营方式,利用网络技术,实现了快速增长和高额利润,如国外的亚马逊、易呗、苹果以及我国的小米、滴滴、淘宝、摩拜单车、聚美等,这些成功实现商业模式创新的企业提供了极强的示范效应,使得在红海中苦苦经营的传统企业希望通过商业模式创新摆脱困境,重新获得竞争优势。于是,有了万达的"订单式地产"创意、陕鼓的"系统服务解决方案"主张以及中恒钢铁的"一站式综合钢材供应"理念等,这些涵盖地产、鼓风机、钢铁等传统行业的我国传统企业也开始陆续寻找商业模式创新的契机,希望通过改变理念,重新塑造新的价值主张而最终实现企业的战略转型。

3.汽车产业领域的创新研究

一是对汽车制造企业的创新研究,大量文献侧重于汽车的技术创新,商业模式创新研究较少。二是在汽车产品的商业模式创新中,侧重于新能源汽车、电动汽车、汽车租赁、汽车服务等汽车产品和业务的商业模式创新的研究较多,对传统汽车企业研究较少。张洁晶(2011)分析了中国纯电动车商业模式。张亚萍(2013)等对我国电动汽车商业模式创新的研究提出了未来的发展方向。高学兵(2013)对我国新能源汽车产业商业模式进行了研究。才艺欣等(2013)对深圳和杭州电动出租车充电或换电池服务的商业模式进行了比较研究。薛奕曦等(2014)基于价值网络,对电动汽车商业模式创新进行了探讨。褚叶棋(2014)以杭州市为例,探讨了电动汽车微公交的商业模式研究。苗坤坤(2016)对北京市电动汽车基础设施的商业模式创新进行了总结。姚丽萍(2016)对特斯拉商业模式分析的基础上,提出对新能源汽车商业模式的借鉴意义。丁晓华等(2016)在对电动汽车共享商业模式分析的基础上探讨了其发展趋势。中国投资资讯网(2017)对汽车共享商业模式进行探讨,提出未来的发展方向。三是"互联网+汽车"的研究,该领域的研究目前更多是新闻报道,还没有相应的理论研究,侧重于跨界营销的研究。近几年,"互联网+汽车"成为国内外汽车行业中最热的概念,传统汽车厂商和互联网公司也纷纷开始涉足。随着越来越多互联网企业和非传统汽车企业进入汽车产业,汽车产业发展的格局将会有所变化。在不断创新的商业模式和价值链重构下,汽车在社会发展中扮演的角色或许也将发生重大变化。汽车制造企业不再局限于进行汽车制造和销售,还会逐步向提供个性化出行服务的汽车服务运营商发展。中国汽车产业链正在向全新的汽车生态圈转变,这些变化将显著改变汽车产业格局和汽车社会形态。

纵观国内外研究现状,商业模式创新的研究正在逐步深入,并有学者结合"互联网+"背景进行相应的分析,已经初步形成了良好的理论基础。但以下两个方面需要更进一步的研究:一是现有研究多集中于商业模式创新的理论剖析,且现有对案例企业跟踪研究大多是针对新兴行业,如滴滴、淘宝等互联网平台企业和新能源汽车企业,或者与消费相关的零售业、旅游业,对传统制造企业的个案研究较少;二是现有研究对于互联网环境下研究较多,由于"互联网+"概念的提出时间较短,虽然企业界做了不同的尝试,但理论上对"互联网+"环境下商业模式创新关注得还比较少，亟需对快速发展中的互联网同传统制造行业的产业融合的商业模式创新进行剖析，结合具体行业特点探索在"互联网+"环境下商业模式创新的本质规律。

（二）湖北省汽车产业商业模式创新现状评析

1. 湖北省汽车产业发展现状与趋势

汽车产业是我国的支柱产业，在国民经济发展中具有举足轻重的地位。湖北是汽车工业大省，汽车产业是湖北的重要支柱和优势产业，新能源汽车及专用汽车是湖北汽车产业的重要组成部分，在全省汽车产业中占有举足轻重的地位。经过半个世纪的发展，已经形成重、中、轻、微等商用车品种和全系列乘用车产品共同发展的汽车产业格局。在地域上，形成了武汉—孝感—随州—襄阳—十堰的汽车产业长廊。2018年，全省累计生产汽车243.7万辆，同比增长24.5%，高于全国平均增幅10个百分点，占全国汽车生产总量的8.7%，稳居全国第6位。商用车、专用车、新能源汽车等各类汽车都有不同程度的涨幅。其中，重点企业稳步快速发展，东风汽车公司整体市场份额保持全国行业第二，产销突破400万辆，全年累计销售汽车427.67万辆；三环集团公司全年实现主营业务收入192亿元；扬子江汽车集团有限公司全年生产汽车2347台，实现主营业务收入8.24亿元；湖北齐星集团全年生产驾驶室2.79万辆，实现主营业务收入47.8亿元；上汽通用武汉工厂、东风雷诺工厂等新增长点发力，乘用车累计产量202.3万辆。

湖北省具有较强的汽车科教资源和科技实力。代表性的研发机构有：国家认定的东风汽车设计研究院和东风汽车公司旗下的10多家技术中心、襄阳和武汉的3家汽车零部件检测重点实验室、汽车碰撞实验室；依托湖北汽车工业学院汽车工程学院的国家汽车工程重点实验室和汽车动力传动与电子控制湖北省重点实验室、依托武汉理工大学汽车工程学院的现代汽车零部件技术湖北省重点实验室、依托华中科技大学电子信息工程学院的智能互联网技术湖北省重点实验室，依托湖北文理学院的纯电动汽车动力系统设计与测试湖北省重点实验室等。湖北省具有汽车研发及汽车运用专业的大专院校80多所，近年来在湖北省发明专利申请和发明专利授权的排名中，汽车行业位于前十，其中东风汽车设计研究院位居企业排名第二，在智能互联汽车的研发中，2014年东风汽车公司与华为技术有限公司将在湖北武汉正式签署战略合作协议，以推动华系汽车智能化发展。2019年4月，东风电动车辆公司在武汉推出汽车共享服务，与一汽在杭州推出

K3 移动出行服务项目。

　　近年来汽车带来的交通、环境、安全、能源方面的压力越来越大，节能减排也成为汽车业发展的主题，在此趋势下，新能源汽车和智能互联汽车也成为湖北省未来汽车产业的发展方向。一方面在东风汽车公司新能源汽车事业的带动下，湖北省新能源汽车零部件产业快速发展，另一方面东风汽车公司等标杆企业致力于汽车轻量化的研究与实践，并且在智能互联汽车领域走在全国前列，如依托华中科技大学电子与信息工程系组建的智能互联网技术湖北省重点实验室，已经实现成果转化。

　　此外，在当前新工业革命背景下，汽车产业兼具了科技产业与时尚产业的双重属性，汽车成为互联网、大数据、云计算、人工智能这些新技术最佳的应用载体，汽车产业也因为这些新技术的应用，正在发生一场颠覆性的汽车产业革命，对汽车市场、汽车消费者、汽车产品、汽车企业价值链乃至对整个汽车商业生态产生重大影响。汽车产品正朝着移动出行终端转变，像一个移动的工作生活平台承载人们生活、工作、娱乐等方面的功能。汽车产业的消费模式、企业营销模式和市场运作模式等都发生着深刻变革，汽车产业链将面临重大挑战，人工智能延伸了汽车产业价值链，湖北省汽车制造业面临智能制造的转型。

　　十四五期间，汽车产业的发展目标是：继续深化供给侧结构性改革，落实《中国制造2025湖北行动纲要》部署，促进新一代信息技术与制造业的深度融合，促进全省汽车产业快速度、大规模、高水平、可持续发展，实现由汽车大省向强省的转变，实现"湖北制造"朝"湖北智造发展"。

2.湖北省汽车产业商业模式创新现状

　　通过对湖北省汽车产业标杆企业的商业模式的演变进行分析，总结出湖北省汽车产业商业模式创新的几种基本类型及特点如下：

（1）深度垂直整合模式

　　湖北省汽车产业的深度垂直整合模式体现为利用互联网技术、信息技术，通过前向一体化和后向一体化，专注细分市场，深度垂直整合上下游资源，打通传统产业链上下游，实现产业链的扩张。

　　2000年以前，受工业化的影响，湖北省汽车制造企业的供应链管理大多都是以生产、供应、销售一体化的自给自足为主，这为汽车制造企业提供了绝对的支配权和主控权，但加入WTO后和社会化大生产的潮流下，却不能使资源和信息得到最大限度的合理利用。从 2000 年开始，湖北省汽车企业开始供应链管理实践，东风汽车公司作为代表性企业，其做法体现在：一是在供应管理方面，实施战略联盟。东风公司作为制造企业，借助信息技术，成立供应链管理部，建立供应链管理系统，与各类零配件供应商建立紧密的战略合作伙伴关系。双方简化供应合同签订的流程，不用在反复的询价、报价上浪费不必要的精力，而把采购管理的重点放到如何更好地协同合作，履行供应计划和采购计划。东风公司提供更为全面的信息共享，同时供应商也保证按时、按量履行供应合同，提供质量过硬的原材料和零部件。双方达成互信互利，减少供应成本，使供应流程更加顺畅。二是现代化的信息通信技术的应用。东风汽车公司重视企业生产经营中信息的收集、存储、分析和传达，在 2003 年通过打造 SAP 和 ERP，真正做到与产业链上下游企业间的信息共享、相互协助。另一方面，在企业内部要重视信息的"横向一体化"传导，各部门、各人员间要做到互通有无、信息共享，借助先进的信息处理技术和互联网技术，完善企业内外部两个信息系统，搭建信息平台，使供应链管理真正发挥作用。三是把第三方物流作为东风公司供应链管理的一个重要组成部分。第三方物流还可以根据东风公司的特性，针对不同的产品、流程或目标，制订相应的、专业的物流计划，使汽车企业的物流活动更有针对性和有效性，东风公司通过车载定位系统对车辆进行远程管理，有助于 QCD 的实现。

在汽车流通领域，受大规模生产方式的影响，湖北省汽车产业采取传统渠道管理模式，汽车制造商以"特许经营专卖店"的经销形式构建营销网络，该模式的特点是厂家能够及时满足不断变化的消费者需求，拥有渠道的控制权，下游的渠道商手中有当地的客户资源，因而常常为了自身利益与厂家产生渠道冲突。2000 年以后，借助于互联网技术的发展，整车企业开始建立经销商管理系统，对渠道成员进行考评和激励，实现与渠道成员的共赢。作为中国最早的轿车合资企业，神龙汽车公司雪铁龙品牌 2002 年在全国的 12 个大区已建有 4S 店 350 多家，二级经销商 500 多家，覆盖了全国所有的省会城市以及直辖市，还有部分的二级城市，建立了相对健全的销售渠道。2002 年开始，东风雪铁龙又积极策划"龙腾计划"，该计划的宗旨是在现有服务网点的基础上，选取一部分最优秀的网点作为"龙腾计划"的试点单位，提高东风雪铁龙经销商整体营销实力、与国际先进营销体系接轨，同时使网络服务质量不断提升，更深入地巩固与加强东风雪铁龙在消费者心目的品牌形象，进一步提高东风雪铁龙服务网点的售后服务水平。

2008年以后随着互联网技术发展，汽车企业加大门户网站建设和第三方网站推广，开始采用线上推广线下销售相结合的销售模式。2010年后随着移动互联网的发展，汽车企业利用汽车品牌APP系统或者采用微信公众号等多媒体营销方式，盈利来源从以提供产品销售为主转向提供服务为主，出现了网上整车销售、网上贷款、网上配件销售、网上整车团购、网上预约服务、网上服务点评、网上二手车交易、网上汽车保险等种形式的销售与服务模式。

（2）定制营销模式

定制营销模式是在大规模生产的基础上，将每一位顾客都视为一个单独细分的市场，根据个人的特定需求来进行市场营销组合，满足每位顾客特定需求的一种营销方式。其主要特点是除了能极大满足消费者的个性化需求以提高企业的竞争力，一对一营销带来的信息优势，还有创新优势、技术优势和成本优势。这些优势需要相应的技术支撑，如在技术上，需要依托柔性生产系统，改变控制软件就可以适应不同品种式样的加工要求，从而使企业的生产装配线具有了快速调整的能力，可以大规模高效率地生产非标准化或非完全标准化的产品，使得企业能够同时接受大批顾客的不同订单，并分别提供不同的产品和服务，在更高的层次上实现"产销见面"和"以销定产"。另外，顾客可直接参与产品的设计，企业可根据顾客的意见直接改进产品，与顾客面对面沟通，有效避免了技术创新和产品开发的盲目性。企业始终与顾客的需求保持一致，一方面可加速需求量大的标准产品升级换代，另一方面可引导消费者提升设计思想、参与能力，增加定制产品的创造力和智慧力，更好地满足消费者的定制需求。

湖北省是专用汽车制造大省，十堰市和随州市被称为中国的"专用车之都"。专用车的最大特点是定制化，在当前工业4.0时代，定制化是其主要特点，但湖北省专用汽车的定制化程度在10年前已经处于全国的前列。作为湖北省省属企业的三环专用汽车公司，其代表性产品为三环重卡，也构建完成了相对完善有力的营销及服务体系。目前，公司在全国建有近二十个销售大区、分公司、200多个经销网点以及255家服务站，产品覆盖全国绝大多数地区，并出口东北亚、东南亚、南亚、中东及非洲等海外市场。三环重卡根据自身独特的市场特点建立了比较完善的营销网络，并有其独特的销售渠道，其中主要的营销渠道有本部直销、分公司直销、分库销售、联销、包销等。三环专汽在工业4.0驱动的定制化模式促进了湖北省众多专用车企业进行智能转型和个性化定制的发展。

（3）垂直电商模式

垂直电子商务模式是指企业利用互联网技术、通信技术在某一个行业或细分市场深化运营同一类型产品的 B2C 或者 B2B 业务的模式。其中，直连模式是通过建立线下或线上平台，去除不必要的中间环节，创造更多的直接连接，革新原有价值创造环节，通过供需多方高效互动创造价值，提升价值链的运行效率，更好地满足客户现实需求，带来价值链的整体增值。

中国专用车第一网（www.zyc1.com 中国专用汽车之都电子商务平台）是由飞天网络科技有限公司为支持随州专用汽车产业的发展悉心搭建的电子商务平台，该网络充分利用专用汽车之都的产业优势、深厚的专用汽车行业背景和资深的网络营销经验，全力打造中国专用车网络第一品牌。"中国专用车第一网"采用国际上最先进的 B2B 电子商务平台和配置完善的安全运行系统，确保了各信息网络的顺畅快捷，面向全球提供中国专用汽车及零部件产品全面资讯的电子商务服务，旨在利用互联网技术将中国专用汽车及零部件产品介绍给全球采购商，为专业车企业发布信息、查询资料、传播形像、标立品牌、开拓市场、代理商务提供理想平台，也为客户购买合适的专用车提供便利。

中国专用汽车网由是湖北省专用汽车研究院和随州市金慧信息技术有限公司联合主办，是一个以专用汽车、商用车、工程机械行业为核心，配件、生产设备、原材料等上下游并重的独立电子商务网络平台，该平台力求打造一个商用车、专用车行业的开放式互动平台，为商用车、专用车企业提供更全面更立体的展示，为用户司机提供更细致贴心的服务，该电商平台具有零风险、重诚信、售后成本低、提供增值服务多的优势，客户可以在网站平台商比价格、比信誉、比服务、比售后、比增值。

专用车中国和第一专用车网在专用车垂直网站很有代表性。专用车中国致力于打造值得信赖的购车平台，全国已有 10733 家厂商加盟。第一专用车网借助先进的网络技术，以专业的人才和优质的服务为国内外专用车企业和零部件企业提供最合适的信息化服务方案，为客户创造最大的价值。

利用互联网技术所建立的这些垂直网站，促进了供需双方信息的共享，扩大了专用车及零部件的交易量，推动了湖北省专用车行业发展。

（4）平台模式

平台模式指连接两个(或更多)特定群体，为他们提供互动机制，满足所有群体的需求，并巧妙地从中赢利的商业模式。借由网络效应和实体平台连接不同群体，调动价值链上利益相关各方甚至最终消费者积极参与，更好满足现实需求和创新挖掘并满足潜在需求，从而创新价值主张、价值创造和实现环节。

在湖北汽车产业中，较多采用多边资源整合平台模式，该模式通过建立平台联结供需双方，盘活供给侧更多资源，调动供方资源参与积极性，创新供给渠道，革新原有价值创造和实现环节，满足多元化个性化的现有和潜在需求。具体包括：

一是供给侧共享平台模式。汽车经销集团化是早期的销售平台模式，以实现不同汽车经销商的信息共享、风险分担和服务共享。随着互联网技术的发展，为扩大话语权，汽车经销商集团化发展、跨地区、跨车型、经营业态多元化发展趋势不断显现，以服务为宗旨，拉长服务链、提高盈利能力，集中度不断提高，资本市场不断涌现，具有核心竞争力的服务品牌不断出现将是汽车流通行业未来的发展趋势。湖北省代表性的销售车企是中国正通汽车服务控股有限公司（简称正通汽车），位居中国经销商集团前十位，创立于1999年，目前已拥有60多家经销网点，致力于豪华车和超豪华车的销售和服务，遍布在国内27个城市，覆盖地区既包括一线大型成熟汽车市场，还包括二三线高增长、低渗透率的汽车市场。除此之外，湖北省内第二位的是东风鸿泰汽车销售集团公司，主要从事东风各子公司汽车品牌的销售及售后服务、维修（仅限分公司经营）、物流、企业管理咨询、二手车交易、房屋出租、汽车租赁等业务，借助东风品牌的本地化优势，在省内的主要城市如武汉、襄阳、宜昌、十堰等地有36家分公司和4S店，以低成本在中低端市场占据市场优势。这两家公司都是借助信息技术和大数据挖掘技术，实现客户资源的共享，对客户进行精细化服务、需求深度挖掘和汽车后市场相关服务。

二是需求侧共享平台模式。利用互联网新技术来开发共享平台，借助扫码和在线支付技术的成熟和普及，为需求侧提供共享平台和载体，提供共享服务，从根本上革新价值主张、价值创造和实现环节。湖北典型的是斑马快跑，它是一家涵盖网约车专车、互联网巴士、同城货运和共享单车的一站式用车平台。如图4-1所示，斑马快跑整合APP+新能源车产能+斑马纹商业意识形态，以B2C模式提供全通行产业链服务。斑马快跑与滴滴不同之处主要在于两点：一是B2C模式和C2C的区别在运营模式上，斑马快跑既不会如神州专车般完全自购运营车辆，也不会像滴滴将广大私家车作为平台上的主力军，而是与车厂、租赁企业合作及司机合伙人的形式提高平台运营能力；另一不同之处在于斑马快跑基于场景定义业务边界，其价值主张涵盖货运出行、集体出行和个人出行服务，将单一的个人出行服务延伸到整个出行场景。

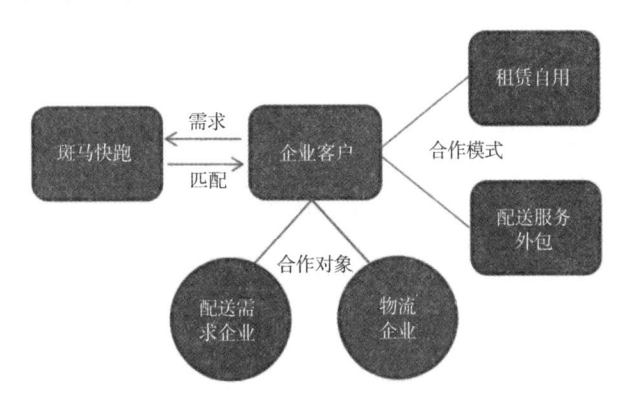

图4-1 斑马快跑的多边共创平台模式

三是供需匹配共享平台模式。利用互联网新技术来开发新的应用或解决方案，重构现实的供需关系，扩大传统产业的需求和供给，创造出增量的市场空间，提高产业资源综合利用水平。供给侧是"点石成金"，将原本闲散的资源集中起来实现碎片整合，充分利用；需求侧是"无中生有"，创造了原本不存在但是顾客重视的新消费场景。湖北典型平台企业有黄鹤行，是由武汉市56家出租车企业共同合作研发的免费打车软件，将出租车闲散时段的多余供给科学就近匹配需求，减少竞争及资源闲置浪费，打造典型的供需匹配共享平台模式。与市面上的打车软件不同，黄鹤行主要针对出租车业务，武汉市内正规出租车辆均可加入该平台，目前出租车驾驶员已开始陆续登记、安装。乘客只需要扫二维码微信关注"黄鹤行"公众号，选择便民服务，点击"招车"，就可以进入一个招车界面，结束行程后，还可在线支付。

四是多边共创平台模式。在新一代信息技术推动下，创新创业公众（包括企业和个人）根据平台的创新需求，利用平台提供的强大的共享研发和生产工具，将自己的创意和思路转化为实体产品和解决方案，或分散的创新公众通过自组织方式，利用共享研发平台，协作进行复杂产品、系统产品的生产活动，打破科层制生产方式。

近年来，大型汽车企业通过建立产业联盟或者在产业链的某个环节合作，共建研发中心、共建采购平台、共建销售渠道、共建服务渠道的汽车产业链合创新模式。东风汽车公司一方面通过产业链企业的集成联合，通过链合、整合上下游企业、打破单个企业封闭式创新，实现技术链、产业链和创新链、资金链四链融合发展模式。同时与竞争者实施合作竞争，在创新环境中共同为客户创造价值，双方发挥协同效应，资源取长补短，通过深化合作，增强彼此竞争力。另一方面，东风和一汽于2017年2月宣布共建前瞻共性技术创新中心，在创新技术等前瞻性领域展开深入合作。双方已经确定未来将集中在五个领域展开合作，包括构建前瞻共性技术平台、共享基础和先行技术研究成果；发展智能网联技术、燃料电池发动机技术及轻量化技术；培养汽车技术创新人才，推进汽车科技创新与先进成果转化；投资高投资强度的试验验证设施设备；培育双方共同的战略供应商。一汽和东风汽车公司将在创新中心的平台上，共同探索科技创新管理的新体制与新机制，共担技术和投资风险，降低研发成本，以快速提高中国汽车工业前瞻共性技术的研究水平。

  此外，该模式中较典型的是湖北省新能源汽车创新生态系统的构建和实施，代表性的有武汉市通过价值创造与获取机制构建电动汽车生态系统和2019年4月襄阳实施"智行隆中"项目。

  武汉市构建电动汽车生态系统的实践经验，一是国家电网湖北电力公司服务电动车产业发展。以武汉市为例，作为中国第一批新能源与节能汽车推广示范城市之一，武汉市电动汽车在21世纪前十年有了一定的市场和技术积累，并初步形成了武汉电动汽车产业创新生态系统的雏形。在市政府的持续推动和扶持政策支持下，隶属于国家电网的湖北省电力公司以服务湖北省电动汽车产业发展的创新理念和实践行动，逐渐成为武汉市产业生态系统的龙头企业并组建了武汉市电动车服务有限公司、换电站、充电桩等一系列基础设施，专注智慧车联网发展。基础设施的建设和充换电技术的标准化是湖北省电动汽车产业价值创造和价值获取建设的基本前提。二是在龙头企业的推动下，东风电动车辆股份公司等核心制造企业在促进生态系统的形成中，也发挥关键协同作用，促进其他电动汽车零部件企业参与者从产业的投入到商业化，共同维护生态系统的良性发展。东风电动车辆股份公司成立于2001年9月，是由东风汽车公司、湖北高新技术发展促进中心、华中科技大学产业集团、武汉经开投资有限公司等7个股东，于2001年9月在武汉经济技术开发区成立，以电动汽车的研究、制造和销售为主营业务。作为东风公司电动汽车研发与产业化的平台，历经多年发展，东风电动车公司已成功跨越创立初期以研发为主的阶段,步入以生产和商业推广为主的产业化阶段,成为国内电动汽车行业的主力军。按东风汽车公司节能与新能源汽车战略部署,东风电动车公司形成了以新能源汽车商业模式创新,东风集团新能源汽车销售协同和新能源汽车核心零部件产业化业务为核心的产业布局。

襄阳市智行隆中项目已具有较好的示范性。东风公司与华为技术有限公司以及湖北省襄阳市人民政府正式签署"智行隆中"战略合作框架协议。根据协议,三方将联合优势,把襄阳打造成国家智能网联汽车示范区、智慧出行和智慧物流创新试验区,以及智慧交通标杆城市。该项目与一汽集团正在长春打造的"红旗小镇"类似,打造成智慧城市、智慧交通、智慧生活的融合样板。北汽集团也于2018年宣布在北京顺义打造北京越野智能网联汽车特色小镇,汇集产业链资源,推广北京越野车的品牌文化。与"红旗小镇"和"北京越野小镇"不同的是,东风公司在"智行隆中"项目迅速确立了与华为的合作,到2023年,"智行隆中"将完成3.0的版本进化,实现项目整体智能化目标。

可以看出,国家电网与东风电动车公司、与湖北汽车工业学院的合作研发电动车项目,以及东风、华为、襄阳市政府的智行隆中项目,都较好地实现了产政学研结合,促成知识流动,保障生态系统发展的主要方式,以此奠定了价值获取的前提基础。但和深圳、杭州、北京相比,新能源汽车在研发、销售推广上还有很大的差距。

(5)泛产业链模式(或跨界融合)

泛产业是超出传统产业概念的更加泛化的产业概念。泛产业链模式是指企业涉足其他相关多元化的产业,以特定客户为核心,通过大数据云平台技术、通信技术整合相关产业链上的各种资源以最大化挖掘客户终身价值的一种模式。专用车领域的程力集团是集汽车技术研发、汽车制造、汽车改装、汽车零部件、金融、教育、置业投资为一体的多元化集团公司。

随着金融业的发展,近年来汽车企业开展与金融业的融合。东风标致雪铁龙汽车金融有限公司是经银监会批准于2006年成立的非银行金融机构,是神龙汽车出资50%,标致雪铁龙荷兰财务公司和东风汽车集团股份有限公司各自出资25%合资成立的公司,借助于通信技术和大数据挖掘技术,在银监会审批的经营范围内,为经销商提供有竞争力的库存车辆贷款,为客户提供零售汽车消费信贷,为商业客户提供汽车融资贷款,以及从事与上述业务相关的其他辅助业务,以促进东风雪铁龙、东风标致、雪铁龙和标致新车和任何品牌二手车在中国的销售为目的。随着新车销售盈利压力凸显，汽车金融直接利益，即车贷佣金成为经销商的重要利润来源。到2015年，车贷佣金已经成为经销商的稳定盈利来源，占总利润比约8%。

（6）与客户合作共赢模式，实施客户关系管理

2006年开始，随着互联网技术的发展，基于SAP系统的销售和采购业务管理问题已经无法满足公司总部层面的业务需要，东风商用车公司开始构建以客户为中心的CRM系统，其目的是全面拓展渠道管理和客户关系管理，快速实现商用车营销全体业务领域的系统应用。

3. 湖北省汽车产业商业模式创新存在的问题

对比国内其他省份的汽车产业发展现状，湖北省汽车产业的商业模式创新还存在一些问题。

（1）不同区域、供应链不同环节的技术创新能力不均衡影响汽车生产模式和产品技术水平

汽车技术的区域创新能力不均衡。虽然形成了武汉—随州—襄阳—十堰汽车长廊，但随州以专用车为主，襄阳以乘用车和新能源汽车为主，十堰以商用车、专用车及其零部件为主，武汉以汽车动力总成研发和关键部件为主，每个地区都有不同的侧重点。通过对十堰众多的专用车企业和零部件企业调查后发现，专用汽车产品的技术同质化和低质化现象较突出，同类产品低水平重复建设严重，虽然十堰市是中国特色专用车之都，专用车定制化实践较早，但个性化定制、智能化生产等适应工业4.0的新生产模式仍刚起步，企业对绿色发展缺乏系统研究，对商业模式创新关注较少，没有形成协调、共享发展的良好态势，反而由于区内产品同质化严重，导致恶性竞争。地方政府尚未形成有效的解决问题的办法，对今后培育和继续壮大专用汽车生产基地造成了隐患。

在研发领域，整车厂商有较强的研发实力，但上游的供应商在技术上依赖于整车厂家。供应商更多是对来件进行生产，研发形同虚设，与国外汽车技术掌握在大型零部件集团手中形成鲜明的对比。如十堰白浪汽配城是中国汽车关键零部件基地，曾经是全国最大的零部件交易市场，但目前位次下降，北京的北方汽配城和上海的东方汽配城在系统配套能力、性能和技术上已超越白浪汽配城。随着东风总部迁至武汉后，曾经2000多家零部件企业，目前不到三分之一继续经营，

三分之一搬迁至武汉或者随州，剩下的三分之一是为了追偿债务而没有实际经营。近年来在互联网发展背景下，其零部件出口量占比较少，远无法与浙江、江苏等地的零部件国际营销相比。尤其是金融危机后，湖北省以零部件制造业为代表的实体经济受到冲击，不少实体企业的经济活动转向房地产、民间借贷等领域，省内很多地方出现了虚拟经济火爆、实体经济弱化的局面。造成这一现象的根本原因是我国制造业长期处于全球价值链中低端，产品技术层次低、落后产能规模大、垄断行业进入难，零部件企业同时受到生产要素成本不断上涨投资回报率降低和整车厂压价的双重压力，利润下降，加上大部分零部件企业是中小企业，融资难，导致技术创新缺乏足够的资金支撑，影响零部件的技术水平。

（2）湖北省汽车关键技术科研成果较多，但产业化水平不高，技术优势没有转化为产业优势

汽车关键技术体现在两个方面：一个是以汽车电子技术为代表的电控技术，二是新能源汽车和智能互联汽车技术。当代汽车产业的迅猛发展，在相当程度上是由于汽车电子技术及其产业推进的。这些汽车电子技术有：一是为减少燃油消耗量、满足国际和我国规定的汽车废气排放标准必需采用的电子控制燃油喷射系统和稀薄燃烧控制等系统；二是为提高汽车安全运行性能而采用的防抱死制动系统(ABS)、安全气囊及控制系统、电动助力转向、自动变速箱、车用电涡流缓速器、倒车雷达，以及还不甚成熟的汽车自适应防撞技术；三是提高汽车运行性能，特别是安全运行的电子设备，包括汽车导航、中控电子门锁系统、智能化电子仪表、汽车电子行驶记录仪(汽车黑匣子)、车灯电动控制系统等；四是提高汽车运行平稳度、以减轻汽车运行时颠簸程度的电子控制设备；五是提高汽车通信以及信息处理的能力，在轿车和商用乘用车上广泛被采用的车载电子设备，主要是全球卫星定位系统(GPS)、通信设备、信息处理系统；六是提高乘客舒适度的电子设备，诸如汽车空调、负离子发生器、自动温度调节器等设备；七是作为支持上述一系列汽车电子设备基础的微电子、微光电子技术和一系列传感器及其产业。湖北省以东风技术中心为代表的研发机构在这些技术上已经很成熟，但产业化水平不高。

国外有的厂家甚至在一辆高档新型轿车上，装设多达80个微控制器(MCU)的微型计算机系统，这些系统大都通过CAN等型总线联结，自动或半自动进行控制，在轿车上可以实现商务办公等。由于大规模地采用汽车电子技术，汽车电

子占整车成本的比重日益增加。就我国现在已批量生产的轿车来看，上海大众汽车公司生产的帕萨特轿车已达18.7%，通用别克轿车已达25%，长春生产的奥迪A6型轿车已达28%。发达国家汽车电子在汽车制造成本中所占比重更高，已批量生产的日本丰田混合动力电动汽车的汽车电子产品的比重，创纪录地达到整车成本的48%。但湖北省生产的汽车电子化程度还没达到平均值22%。

湖北省在代表未来汽车技术的新能源汽车和智能互联汽车上虽然有较强的研发实力，但与有比亚迪和华为的深圳相比，并没有形成产业优势，产品质量水平及品牌效应不强，湖北省内的市场推广力度不够。襄阳和武汉是最早的十城千辆城市，但在商业模式创新领域探索不够，同是中部的河南省，支持宇通智能互联客车发展，2016年允许其在郑开大道上运行，在国内新能源汽车和智能互联客车的市场化领域，起到了较好的示范作用。与之相比较，湖北省在智能互联汽车和新能源汽车的配套设施不足，导致智能互联汽车的市场化运营和新能源汽车共享模式的推广实施无法展开。

（3）新能源汽车商业模式创新发展的瓶颈较为突出

新能源汽车创新发展动力不足，仍然延续在传统汽车上进行改装的生产模式和依赖国家、地方补贴而忽视市场需求的盈利模式，且新能源汽车动力电池研发能力严重不足、过分依赖外采、成本高的问题成为制约新能源汽车产业发展的最大瓶颈。其次，新能源汽车的市场环境亟待改善。新能源汽车发展环境严重缺乏，充电设施建设严重不足，远不能满足新能源汽车快速发展需要。充电设施的规划、选址、建设与车辆使用规律和使用习惯匹配衔接不够，不能为消费者提供便利的使用条件，与车辆较长行驶里程相配套的充电站网络远未形成，新能源汽车消费者普遍存在里程顾虑。针对个人用户的充电问题还没有形成系统的解决办法。另外，新能源汽车发展外向度尚需提升。全省新能源汽车及专用车国际化水平较低，"走出去"发展能力相对较弱，尚未形成区域间协同高效发展的模式。产品出口量小面窄，大部分出口产品处于国际市场中低端，利润低，竞争力不强，容易受到外界不利环境的影响。同时，缺少具有国际竞争力的跨国企业，品牌的海外影响力尚需进一步加强。

（4）汽车产品的盈利模式单一

目前湖北省的卡车行业和轿车行业与全国的情况相似，其盈利能力下降，尤其是卡车的盈利水平更低。国际卡车品牌像沃尔沃、斯堪尼亚、戴姆勒、MAN

等品牌，产品的盈利水平很高，相同型号的一辆车国外企业生产制造后售价一百万还有很大的市场销量，而在国内卡车只能卖到三十万元。其最主要的原因是这些品牌的技术和产品性能比较高，不仅卖车，还提供售后服务、配件、金融等相关增值业务。据调查，国外除汽车销售外，还有20多项盈利来源，但东风卡车等企业的赢利点仅在七八个。因此欧美国家即使在经济危机时期，汽车制造企业销量下滑，但是依靠汽车后市场的盈利也能够足够支撑公司的正常运转。

（5）产业生态系统的各环节对商业模式创新重视不够

与国内外其他相关优势企业相比，湖北省汽车产业的商业模式创新还存在一些问题，体现在：汽车服务业商业模式陈旧；盈利模式需要创新；整车企业以国有企业为主，但零部件行业"散乱差"的现状难以从根本上解决；重视技术创新，对商业模式创新不重视；管产学研用结合不够，科研成果的转化不高；创新型企业发展尤其是互联网企业发展滞后；政策扶持较少。

（6）湖北省在智慧交通城市建设起步较晚

湖北是汽车大省，但其他汽车强省都已建好相应的智慧交通特色小镇。如一汽集团正在长春打造的"红旗小镇"，打造成智慧城市、智慧交通、智慧生活的融合样板。北汽集团也于2018年宣布在北京顺义打造北京越野智能网联汽车特色小镇，汇集产业链资源，推广北京越野车的品牌文化。湖北省欲在襄阳建设智行隆中项目，根据协议，东风、华为和襄阳市政府三方将联合优势，把襄阳打造成国家智能网联汽车示范区、智慧出行和智慧物流创新试验区，以及智慧交通标杆城市，预计到2023年，"智行隆中"将完成3.0的版本进化，实现项目整体智能化目标。

（三）"互联网+"背景下湖北省汽车产业商业模式创新对策

1."互联网+"对汽车产业商业模式的影响

"互联网+"国家战略的提出，其目的是利用互联网对传统行业进行改造和升级，实现产业的跨界融合。汽车产业是我国的支柱产业，在国民经济发展中具有举足轻重的地位。通信技术和互联网技术的发展催生了一大批基于互联网的新创企业，同时对现有企业的商业模式产生极大的冲击，为传统制造型企业进行商业模式创新提供了可能。传统汽车制造商与互联网巨头已开展初步合作，由于汽车制造业有着其复杂性和专业性，特别是安全性能，未来有可能是像小米、百度这种互联网企业逆袭，而墨守成规的传统汽车制造企业也许会沦为智能汽车的低端代工者。由此可见，传统汽车制造企业要实现"互联网+"大发展，需要进行商业模式的创新，以实现汽车产业的转型升级。另外，"中国制造2025"明确提出制造业是国民经济的主体。没有强大的制造业，就没有国家和民族的强盛。打造具有国际竞争力的制造业，是我国提升综合国力、保障国家安全、建设世界强国的必由之路。汽车产业作为我国的支柱产业，是"中国制造2025"重点发展的十大制造业之一，其重点是发展节能与新能源汽车。同时，汽车是技术复杂的产品，在汽车生产过程中，需要其他制造业如新一代信息技术产业，主要涉及集成电路及专用装备、信息通信设备以及操作系统及工业软件、高档数控机床和机器人、新材料，因此汽车制造产业的转型发展关系到"中国制造2025"战略的实现。此外，"互联网+"使得汽车制造企业的营销环境发生了重大变化。汽车行业在经历了黄金成长期之后归于平缓进入成熟期；竞争激烈，低成本优势不再，利润下滑；在"互联网+"背景下，汽车用户需求日益呈现多样化、分散化和个性化趋势。随着互联网信息技术的发展，企业与用户界限日趋模糊，消费者变为产销者，借助于3D打印等技术，消费者将获得强大的研发和生产工具；定制生产方式将取代现有的大规模生产方式，智能制造将极大提高对顾客需求的响应速度。为更好满足用户需求，因此汽车制造企业需要转变商业模式，提升顾客价值和企业价值。

2."互联网+"推动湖北省汽车产业商业模式创新路径

（1）智能制造推动汽车生产模式朝定制化方向发展

"互联网+"使得汽车的定制化生产成为可能。定制化生产是继"流水线化""多样化""精益化"之后的第四次变革，汽车将成为跨行业的新技术前沿，随着技术的跨界融合，人们的用车生活、汽车营销模式都将随之改变。湖北省是专用车大省，十堰市和随州市是中国专用车之都，定制化营销模式已经形成，但在互联网背景下，终端消费者的参与程度更强，个性化定制趋势更加明显。

（2）互联网技术和通信技术的发展促使汽车产品从出行工具到全新的移动终端转变

汽车技术朝轻量化和智能网联化方向发展，汽车营销也将由十年前的网络化、时尚化、个性化和品牌化朝信息化、智能化、电动化、共享化的方向发展。汽车行业正处在前所未有的变革之中，汽车产品从出行工具到全新的移动终端转变，汽车制造商朝汽车移动出行服务商转变，汽车流通从品牌授权到多样化方式的转变，共享经济催生新的汽车使用方式和商业模式等。汽车共享、汽车制造服务化和汽车服务产品化趋势明显。

（3）通信技术和人工智能的发展使得汽车供应链体系将发生重大变化

2017年7月国务院印发了《新一代人工智能发展规划》，人工智能从行业层面提高到国家层面，同时作为汽车产业变革的核心驱动力，重构汽车的生产、流通、消费等环节，催生汽车新技术、新产品、新业态、新模式。在人工智能时代，汽车技术的重心从内燃机过渡到电子控制、车联网和大数据。汽车厂商从传统的制造商向综合性的方案、数据和服务提供商转型。人工智能技术的发展更加贴近汽车行业，汽车逐渐成为一个服务驾乘者的载体，软件以及服务型的技术和应用比重加大，未来的车企和运营商价值更多在于提供出行服务。

面对人工智能以及自动驾驶技术可能带来的巨变，原本处于竞争关系的整车企业也开始联起手来应对互联网科技公司的冲击，供应链之间合作已成为共识，如东风和一汽联合成立前瞻性技术研发中心，致力于汽车关键技术的研发和应用。另外，整车企业不再是供应链的核心。以前整车企业是汽车产业链上的核心，上游的零部件供应商以整车企业为核心，下游的汽车销售环节也受整车企业把控。在"互联网+"时代，整车企业已不再是唯一的中心，并且汽车供应链体系将发生重大变化，将原本处于产业链中下游的通信技术设备服务商和半导体芯片制造商提升到了合作伙伴的位置，供应商除了传统的零部件企业外，还包括晶片公司、传感器公司、地图公司、云服务公司、创业公司、研究机构，汽车企业与这类企业共同研发有助于解决道路安全、娱乐和自动驾驶等问题的下一代移动网络应用技术。并与人工智能相关的感知传感器/芯片、汽车零部件供应商、自动驾驶算法公司、AI技术工程公司、车联网服务配套商、地图与相关服务提供商、移动出行生态及V2X创新业态等共同构建汽车产业创新生态系统。可见人工智能延伸了汽车产业价值链。

（4）互联网促使新兴技术推动自动驾驶及共享商业模式的变革与创新

新兴技术主要涉及人工智能技术、大数据分析技术、通信技术、互联网技术、新能源汽车关键零部件突破技术等技术的深度融合发展。

要实现《新一代人工智能发展规划》中提出的目标，有赖于应用人工智能技术的自动驾驶汽车的成熟，而如果自动驾驶技术一旦大规模应用，汽车需求量将会降低，因此汽车企业需要从制造商转变为出行服务商。近两年来主流的汽车企业纷纷成立出行服务公司。此外，人工智能还将在这些出行服务公司的管理中发挥重要作用。湖北省汽车企业可以借鉴新能源分时租赁平台"盼达用车"宣布与阿里云达成合作项目，该项目于2017年8月旨在探索通过智能化软硬件持续匹配应用来提升车辆运营效率，基于大数据分析技术和AI技术领域的探索合作，基于PB级实时OLAP毫秒级响应的运算系统，达成机器自我学习建模从而替代人工打造智能化调度，可以使运营率提高72%，盈利能力提高43.5%，风险规避能力提高31.3%。随着车辆与用户群的增加，共享汽车的线下运维考验与挑战极大，调度、巡检、保险、违章、清洁等事项交错繁复，只有依靠新技术、新算法的不断应用创新，才能保障规模化线下运维的边际效益，单靠增加人力物力无法有效与及时处理复杂问题。

3. "互联网+"背景下湖北省汽车产业商业模式创新对策研究

（1）构建汽车产业创新生态圈，促进区域间的共享发展

在互联网技术背景下，省政府相关部门应做好全省汽车产业整体的发展规划，避免各区域产业雷同导致在省内竞争。各地的政府在出台汽车产业发展规划上，应结合各区域的区位优势和传统汽车产业基础，有选择地发展某类汽车企业：以单一新产品、追求细分市场为主的个性化生产的企业，还是以成熟的金融工具把汽车产品打造成金融产品提供给客户并参与物流产业价值链分享的新型专用汽车企业，或者以丰富企业产品线打造产品系统解决方案并辅以BT/BOT/PPP等新型运营模式参与市场竞争汽车企业，还是以利用"互联网+"的思维和大数据管理生产运营、销售、售后服务为一体的新型汽车企业。同时，各区域政府应出台相应土地、税收、金融和补贴政策促进这类企业的快速发展。

（2）提升汽车零部件制造企业的创新能力，提高其在产业链上的话语权

要解决湖北省零部件企业"散乱差"的问题，需要提升汽车零部件业的技术创新能力。通过调查，零部件企业最缺乏资金，因此政府应在融资政策上促进中小零部件企业的融资能力，为技术创新提供资金支持。要改变这一局面，不仅要优化实体经济发展的环境，更要靠加快制造业转型升级步伐。湖北零部件产业基础较好，十堰白浪汽配城和武汉海天汽配城的品牌知名度高，除了发展新能源关键零部件之外，也要加大对传统汽车关键零部件转型升级的支持力度，提高汽车零部件制造业发展的质量、效益和盈利水平；放宽与降低市场准入门槛，扩大民间资本投融资渠道；创新模式和方法，采用政府引导性基金、产业投资基金等多

种方式引导社会资本进入零部件制造业，使其成为推动零部件制造业发展新的资金来源。

(3) 促进汽车科教优势转变为汽车产业优势

在湖北省现有的汽车产业基础上，通过树立"创新、协调、绿色、开放、共享"五大发展理念，可通过以下两个途径促进湖北省汽车科教优势转变为汽车产业优势。一是促进科技成果的产业化。汽车技术正在经历以"底盘电动化、车身轻量化、整车智能化、交通网联化"为代表的四大变革，在此技术背景下，湖北省新一轮汽车产业转型需要汽车企业与高校、科研院所、集团客户、金融机构进行官产学研金用的深度合作，加快科研成果转化，提升其进入市场的速度，促进商业模式的创新。二是健全汽车科技人才队伍建设和激励机制。汽车产业创新生态圈的构建和实施，需要激发湖北省汽车科教人员的潜力，对民营企业而言，需要建设创新性人才队伍培育创新型人才，对国有汽车企业和科研院所，需要改革激励机制，保留和引进高技术人才，将湖北省打造为人才聚集高地和创业创新基地，提升湖北省汽车企业的自主创新能力和氛围，推动企业的率先创新行为。

(4) 加快专用车智能工厂建设以提高其定制化程度

近年来国家发展战略为专用车市场发展带来新机遇，"一带一路""长江流域经济带"以及"互联网+""大众创业，万众创新""新农村建设"等一系列国家发展战略的深度实施，将会对专用车内需市场的需求结构带来很大影响。在"一带一路"倡议导向下，专用汽车市场需求将会西移和外延，同时带动国内大物流的西移和外延；受互联网、大物流和大工程影响，客户将由分散类向集团类进行转变；加大新农村建设，将使新型农村专用车辆呈现较强的增长态势；在供给侧改革和节能、环保政策影响下，各种形式的新能源专用车将快速增长，铝合金等轻量化专用汽车配件将得到较大发展。这些都将倒逼专用车企业树立开创型发展新思维，加强与终端客户的沟通和联系，促使客户参与企业产品设计和研发，通过智能工厂实现制造成本的降低，为客户增值，从而提高企业的盈利能力。

(5) 利用"互联网+"改造传统汽车企业，促使其商业模式创新

湖北省在汽车产业发展战略制定时，除了发展新能源汽车等新兴产业外，还要利用互联网对传统汽车行业进行改造和升级，实现汽车产业的跨界融合。通信技术和互联网技术的发展催生了一大批基于互联网的新创企业，同时对现有企业的商业模式产生极大的冲击，为传统制造型企业进行商业模式创新提供了可能。

传统汽车制造商与互联网巨头已开展初步合作，由于汽车业有着其技术复杂性和专业性，特别是安全性，在汽车生产过程中，需要其他制造业的配套升级。因此湖北省可以利用武汉的光电通信业和互联网产业优势，促进省内的光电通信业、互联网业和汽车领域的深度合作，一方面可以促进光电通信业科技创新成果在汽车行业的应用，另一方面也可以促进汽车产业的转型升级。

我省的汽车工业通过近半个世纪的发展，已经形成良好的产业基础和市场资源。目前发达国家纷纷提出产业升级战略，加快推进产业创新和融合发展，产业边界日趋模糊，互联网等新兴科技企业大举进入汽车行业，传统企业和新兴企业竞合交融发展，价值链、供应链、创新链发生深刻变化，全球汽车产业生态正在重塑。在"一带一路"倡议下，汽车产业国际化发展进程提速，商用车和专用车企业需要对客户需求变化做出快速响应。

（6）重视商业模式创新，实施制造商服务化战略

汽车企业实施从以产品为中心到以客户为中心发展，支持企业由提供产品向提供整体解决方案转变，鼓励汽车服务领域大型平台商成立和发展。互联网与汽车的深度融合，使得安全驾乘、便捷出行、移动办公、本地服务、娱乐休闲等需求充分释放，用户体验成为影响汽车消费的重要因素。互联网社交圈对消费的导向作用逐渐增强，消费需求的多元化特征日趋明显，老龄化和新生代用户比例持续提升，共享出行、个性化服务成为主要方向。这些需求的变化需要汽车制造商从将推动企业在技术、产品、服务、标准等多维度创新发展，以抢占新兴领域发展先机。汽车产品形态从交通工具转变为大型移动智能终端、储能单元和数字空间，乘员、车辆、货物、运营平台与基础设施等实现智能互联和数据共享；汽车生产方式向充分互联协作的智能制造体系演进，产业上下游关系更加紧密，生产资源实现全球高效配置，研发制造效率大幅提升，从大规模生产朝个性化定制生产模式转变。

（四）东风商用车公司商业模式创新案例分析

1. 东风商用车公司简介

东风商用车有限公司起源于1969年成立的第二汽车制造厂（简称"二汽"），现为东风汽车公司旗下中重型商用车事业板块。公司继承了东风品牌商用车事业的主体业务，被誉为东风事业的发源地、东风品牌的创造者、东风文化的传承者。公司总部位于湖北省十堰市，现拥有6个专业厂、10家子（分）公司，形成了

以十堰为基地，辐射随州、襄阳、深圳和新疆的事业布局。产品覆盖了中重型卡车、客车以及发动机、驾驶室、车桥、变速箱等关键总成。历经40多年的不断发展和调整变革，近年来公司中重卡产销量实现翻番，连续多年保持了行业第一。开发了全新的东风天龙重卡和东风天锦中卡平台，分别被国家工商总局认定为"中国驰名商标"并荣获"中国汽车工业科技进步奖"一等奖；导入和本土化开发了国际先进的管理方式，并积极进行管理创新，不断构建具有东风商用车特色的管理方式等，秉承"信赖、专业、科技"的品牌理念，以"中国的东风、世界的东风"为愿景，致力于成为中国和全球市场品牌价值第一。

（1）研发与制造

东风商用技术中心成立于1983年4月1日，是东风公司汽车新产品的研发重要部门，是国家发展改革委员会、财政部、税务总局和海关总署认定的国家级"企业技术中心"，是国家科技部认定的国家一类科研院所，国内汽车行业第一批国家级"海外高层次人才创新创业基地"，固定资产近20亿元人民币。东风商用车技术中心是中国最具实力的研发机构，在湖北武汉、襄阳和十堰均设有实验和研究设施。经过四十年的建设，东风构建了比较完备的自主开发体系。在商用车领域，具备了从整车、发动机、车身开发到部分关键零部件总成的开发能力，综合实力位居国内领先水平，形成了以东风公司技术中心为核心、各子公司研发机构协同运作的复合开发体系，拥有行业领先的科技创新能力，专利申请量和拥有量居行业领先。技术中心分处湖北武汉、襄阳、十堰，现有人员近1200人，其中享有国务院政府特殊津贴5人，国家"千人计划"中的7人，研究员级高级工程师34人，高级工程师168人，博士19人，博士后流动站一个。中心设有总师室、整车设计部、车身电器设计部、底盘设计部、发动机开发部、新能源汽车研究所、研究部、试制部、试验部、开发管理部、综合部等部门。技术中心设计、研究和试制部门设在武汉，试验部门设在襄阳和十堰，在襄阳拥有一个国内设施最完善、技术手段最先进——面积达1.67平方公里的综合性汽车试验场和14个专业试验室，配备有国内外各种先进试验仪器设备1457台套。试验室面积6.32万平方米，能承担汽车整车、发动机、主动和被动安全、底盘、车身附件、汽车仪表、汽车灯光电器、汽车非金属件等各种汽车产品的开发试验和国家法规认证试验。

东风商用车采用行业先进制造技术和装备、精益的生产方式，现已形成20万辆中重型卡车、12万台发动机，6万台变速箱以及相应的车身、车架、车桥等核心总成和毛坯制造能力。车身制造方面，应用了焊装滚床滑撬传输和多功能柔性定位技术（该技术在卡车行业首次应用）等先进制造技术；车架制造方面，应用了数控辊压成型、数控三面冲孔等先进制造技术；总装配方面，应用了柔性化工装设备、便利化工艺设计、节拍瓶颈突破、智能化物流配送等先进制造技术；发动机制造方面，应用了系列柔性加工技术、机器人涂胶、自动对接热试台架等先进制造技术。东风公司自成立以来，共获得国家科技进步奖12项，其中一等奖1项，二等奖4项，三等奖7项，还获得省部（汽车行业）级科技进步奖299项。

（2）营销服务

东风商用车营销服务以持续提升东风商用车客户满意的、有价值的销量和份额为基本思想，带动公司全价值链。以"客户的持续满意"为原则，致力于将东风商用车由卡车的制造商转变为物流车辆解决方案的提供商，使客户获得价值满足、成本满足和体验满足。为客户提供一流的服务一直是东风商用车有限公司不懈的追求，早在20世纪70年代末就率先在中国汽车行业内建立了技术服务站。目前，东风商用车在中国授权经销商达到400家，服务站达到820家，服务网点达到1000多个，已形成了一个全方位、多功能、立体化、能够24小时为用户提供服务援助、技术支持的服务体系。

东风商用车有限公司注册"阳光服务"品牌，正式树立起东风卡车"阳光服务"品牌形象。率先在中国卡车企业建立起客户呼叫中心，拥有和建立起了70万份的用户来访档案。目前，东风商用车在中国的售后服务半径成功缩短至100公里以内。在东部发达地区，服务半径已缩小为30~50公里。

由表4-2可以看出，信息技术在东风商用车发展过程起到了重要的助推作用，近年来的互联网技术发展，更加促使东风商用车的科技创新步伐，而科技创新又成为商业模式的主要动因，为商业模式创新提供基础资源和能力。

表4-2　东风商用车科技创新阶段及成果

时间	创新类别	创新领域、代表性科技成果	信息技术和互联网技术的应用情况	对企业的影响
1994—2003年	自主创新	生产流程、质量和工艺改进	ERP系统构建与实施	内部管理信息化
2003—2013年	自主创新和合资合作	发动机技术的突破性创新	SAP系统实施和MIS系统构建	财务和经销商资源管理效率
2014年至今	同步研发	智能互联和新能源关键技术	APP	价值链管理

2. 东风商用车公司商业模式创新演化研究

（1）工业时代传统商业模式

东风商用车公司在此阶段的商业模式是典型的供研产销模式。体现在：

①产销模式。东风最早建立了健全的渠道管理模式、与渠道商的共赢理念、对中间商的让利等激励方案帮助经销商成长，2003年成为商用车市场领导者。

②经销模式（不同销售业态）。商用车制造商主要有五类经销模式：4S店、单一经销商、汽车交易市场、多品牌店和一些路边店。2002年以前，一汽解放是中国商用车领导者企业，但从2002年开始，东风商用车通过构建高效的渠道网络，从市场跟随者和挑战者地位成功取代一汽解放，成为中国商用车领域的领导者。东风商用车营销渠道模式主要是4S店、单一经销商这两种方式，都属于品牌专卖店。4S店是一种以"四位一体"为核心的汽车特许经营模式，包括整车销售、零配件、售后服务、信息反馈等，由东风商用车公司统一设计，并按公司要求进行展场布置，有豪华而且舒适的购车环境，还有专业的售前与售后服务，具有批发和零售的功能，从公司取得货源，也称为一级经销商。4S店业绩直接与商用车公司相关联，受控于公司，同时该模式可以方便实施东风商用车的品牌和服务战略，具有无法比拟的品牌和服务优势。而单一经销商仅有整车销售的功能，且只零售，不从厂家取得货源，而是从4S店取得货源，针对最终用户进行销售，也称为二级经销商。目前东风商用车营销渠道网络遍布在全国各省，共有经销商300多家，4S店和单一经销商各占一半，分布在全国各省的省会城市及部分二级城市，满足消费者多层次、多元化的市场需求，提高了东风商用车公司的市场竞争力，实现东风商用车"打造一流的营销网络团队"的目标。

③价值主张的变化。体现在营销理念上，除了关注消费者利益、企业盈利外，更加注重环境保护和提高社会责任感。2001年，公司在通过ISO 9001：2000质量管理体系第三方认证的基础上，推进ISO 14000环境管理标准和OHSAS 18000职业安全卫生管理标准体系建设。公司积极响应国家政策，提出了对国家、社会、环境负责的价值取向，将不断开发出节能环保新产品。

④在核心资源上，注重内部的人力资源建设，把人才作为企业技术创新的主体和根本条件。公司在人力资源方面，坚持"以人为本、创造效益"的公司宗旨，以"建立一支最高效、最完美的人才体系"为最高理念，构筑了公司充满活力的人力资源体系，公司建立了多种激励方式相结合的有效激励机制，从福利待遇、

奖金、培训、事业发展等多方面对职工进行激励，对在日常生产经营过程中为公司做出突出贡献的员工给予重奖，建立人才库、"四高"人才体系，建立选拔评审"有突出贡献专家"和"青年专家"、有突出贡献的技师和技术能手、学科和工种带头人制度。另外，公司正在积极探索施行股权激励方式，以更好地激励公司高中级管理人员及主要管理、技术骨干，形成良好的激励环境和激励氛围。另外采取产学研合作模式。公司除注重技术人员的在岗培训外，还与清华大学、华中科技大学、武汉理工大学、武汉大学、中南财经政法大学、上海财经大学等高校签订框架协议，并在清华大学设立了100万元的"清华之友——东风汽车奖学金"，建立远程教育工作站，有计划地选派优秀人才到高等学府深造。2000年和2001年分批选派21名、17名技术骨干到清华大学攻读工程硕士，同时，公司每年还推荐多名中层管理干部到清华大学、武汉大学等高校攻读工商管理硕士和进行工商管理短期进修。

（2）信息时代的商业模式创新实践

①以信息技术提升公司管理水平。2001年公司总部已经全面应用办公自动化系统，并正在着手启动网络技术、电子商务和系统的前期研究工作，使企业经营管理水平提高到一个新的层次。2001年11月11日，东风汽车股份有限公司、东风汽车公司与汉普管理咨询国际有限公司合资的"武汉东浦信息技术有限公司"在北京宣告成立，"东风汽车"由此成为国内第一家率先向信息产业进军的汽车企业。信息网络技术等现代化管理技术的运用，对于企业开拓国际市场、提高竞争能力是一种全新手段，实现了传统的汽车制造业与现代的以网络技术为代表的高新技术的紧密结合。2003年全公司实施SAP系统，在经销商领域和内部管理上实现了信息化。最早设置客户服务电话，最早提出24小时服务理念，以"可靠的产品可信的服务"立足市场。2006年开始打造CRM系统，通过CRM系统，使公司能够掌握终端客户的详细信息，占领终端市场，围绕车辆的全生命周期实施服务策略，实现从卖产品到卖服务的转型。2016在"互联网+"和大数据背景下，打造北斗计划，实现从汽车制造商朝出行服务商的转型。

②节能减排技术推动价值主张的变化。体现在营销理念的变化，东风商用车打造"ECO LIVE"绿色生态理念，携旗下东风天龙、东风天锦、东风大力神全系列车型亮相第十四届上海国际车展，通过彰显ECO LIVE绿色生态理念，致力于成为节能减排和环境改善的商用车行业领导企业和自主研发技术领先者。全

新"ECO LIVE"绿色生态理念东风商用车共有七款主力车型参展：天锦快速物流运输车、天锦4×4平头全驱油田车、符合欧V法规天锦品牌商用车、匹配DF14S AMT天龙重型牵引车、天龙6×4大功率牵引车、天龙长头牵引车、大力神X36×4重型工程车。

③同期化生产模式。在构建新的生产经营模式时，需要进行适应性的阶段化实施。通过复制、讨论、协同、改造逐步建立适应具有中国特色的生产经营模式。东风商用车公司全面导入日产"同期生产方式"，同时在信息技术支持下东风商用车实施有效的整车物流管理策略，提升其流通效率。

④平台模式。2016年东风商用车公司提出北斗计划，提升制造商服务化水平，打造商用车行业的平台模式：从卖产品（有形+无形）到帮客户赚钱，全面推行分市场、分行业、分区域的新三维营销模式，聚焦细分市场，为客户提供满意的完整解决方案，为客户创造更多价值，继续领跑行业。东风商用车2017年市场份额目标要提升至15%，为了实现该目标，东风商用车将从动力性、可靠性、轻量化以及舒适性及智能化等方面对全系新品进行四大升级，强化售后服务、网络建设方面贴近客户，持续提升客户满意度。另外，东风商用车聚焦行业客户提升市场份额，深刻洞察行业变化，积极创造和把握行业机会，提高对环境变化的战略判断和应对能力，掌握发展主动权；要进一步深化营销转型，持续提升营销力，实施精准营销聚焦客户价值，向客户提供运输解决方案，提高客户满意度和忠诚度；要强化全价值链业务协同，全力支持和保障销售，重塑东风商用车领先的市场、产品、品牌和管理优势；要持续加强经销商队伍建设，打造一支专业化、国际化、职业化的经销商队伍；要重视海外市场开拓，加快走出去步伐。东风商用车不断提升商用车制造水平和制造能力，通过强化质量管理来提升产品质量保障能力；强化管理，与经销商打造共同的管理理念、方法，并关注大客户，现金流、利润、人才等方面的管控；关注售后服务，面向现有客户进行深度开发，打造发展软实力，并将持续改善公司运营流程，通过改善流程来提高运作效率，进一步提升抗风险能力，加大后市场开拓力度，形成多方共赢局面。

⑤东风汽车的供应链管理战略是实施供产销模式。东风汽车公司作为中国汽车制造企业中的优秀代表，通过对供应链进行科学规划和有效管理。为了进一步强化企业竞争力，东风汽车制定了一系列现代企业制度及物流管理制度。特别是自2003年与日本日产汽车公司共同成立东风汽车有限公司以来，借助日产在企

业制度、生产管理、物流管理等方面的成熟经验，东风汽车进一步建立了一套符合自身的供应链管理模型。2010年以来，东风汽车又将自己的供应链管理系统升级到了一个新的、成熟的发展阶段。

一是采购管理标准和方法的创新。采用了一套"供应商管理标准系统"，为东风汽车的零部件采购提供了统一的、标准化的具体流程和方法，使得采购管理部门的采购标准、采购流程等变得有章可循。并根据《供应商资格准入标准》对与其合作的500余家供应商进行质量监测，以保证零部件质量。结合到货后的二次检验及日常抽检，东风汽车对供应商进行全面评定。对于评价不合格的供应商，东风汽车责令其限期整改，整改后仍不符合标准的予以淘汰。

二是东风汽车在生产管理方面的创新，首先通过条形码管理技术实现了生产各个环节的条码化管理。通过在生产线上的扣料区粘贴条码以及条码扫描，可对半成品、原材料实现自动扣料，并可以对每台车辆配置信息、装配信息、零部件质量、去向信息等进行追踪。其次东风汽车在生产车间开展了"5S"运动，即对生产车间提出了整理(Seiri)、整顿(Seiton)、清扫(Seiso)、清洁(Seiketsu)和素养(Shit-suke)的要求。通过实施"5S"，东风汽车生产各环节的效率有了显著提高，浪费情况得到了有效控制，员工的个人素质也得到了提升。

三是信息技术管理技术的变革。东风汽车在信息技术管理方面采用了北京中软冠群软件技术有限公司研发的 ES/1 — Super Logistics 系统。该系统属于供应链管理技术从第三阶段向第四阶段过渡时期用途更为广泛的 ERP 系统中的一种。采用此系统，东风汽车实现了成品车仓库的出入库自动化，而且系统可以自动生成车辆的定期养护计划，提高了仓库管理的准确性及效率；东风汽车通过采用 ES/1 — Super Logistics 中最适合汽车行业的 JIT 模式来管理生产作业的进度计划，并通过看板管理、条形码扫描来确保生产的准时化，形成了以销售制订生产，然后以生产推动销售的大循环，既减少了库存积压，又加快了生产节奏；在销售环节，东风汽车通过采用此系统，解决了异地销售的问题，销售公司可远程开销售提车票并得到东风汽车的确认，仓库本部可直接打印票据，这套系统使所有经销商和直接客户的销售信息在系统中被管理和统计。通过使用 ES/1 — Super Logistics 系统，东风汽车加快了信息传导的速度和准确性，大大提升了管理水平和市场竞争力。

四是物流管理体系的变革。由于东风汽车处于汽车供应链体系的核心位置——汽车整车生产企业,所以与越来越多选择物流外包的汽车制造企业一样,也选择了将物流业务外包给优秀的第三方物流公司。其物流外包分为两种,零部件物流外包和整车物流外包。在零部件物流外包方面,东风汽车要求供应商的物流公司按照东风汽车的生产节奏和实际订单数,采取"直送工位"的JIT方式提供零部件,力图做到零库存来规避风险。东风汽车采取了新的物流服务模式,即供应商将所需零配件保存在工厂,遵守小批量、高频次送货的要求,零部件物流外包企业到供应商那里定时取货。零部件物流外包企业可以在供应商比较集中的地区建立物流集中中心,由该中心到本地区的多家供应商收取各家小批量的货物,然后用大型卡车运到东风汽车的外延仓库,使零配件能够及时送到生产线上。这样的模式有利于增加循环频次,从而减少运输费用,为供应商节约了运输成本。在成品车物流方面,第三方物流企业承接了东风汽车整车从装配线下线后至发运到经销商的全程物流服务。服务内容涵盖了从PDI加装到入库再到验收、分拣直至配送的各个方面。在配送方面,东风汽车要求第三方物流企业在原有以公路运输为主的基础上,大力发展铁路、水路运输,以降低成本,提高安全性。

东风汽车供应链管理体系的构建和发展,为东风汽车的发展提供了巨大的动力。不仅使其管理能力、管理制度日趋完善,还节约了成本,提高了核心竞争力。尤其是ES/1—Super Logistics系统的使用,实现了企业信息化、现代化的长足进步,使东风汽车的成品车管理处于同行业领先地位。

⑥商务电子化。商务电子化就是借助网络尤其是借助移动互联网的各种技术手段,提升经营效率、提高企业的经营效益。借助信息技术、网络技术、虚拟仿真技术、云技术,让消费者参与到产品和服务的设计中来,提升体验感知价值,并利用智能制造技术和职能制造系统实现规模化和高溢价。基于大数据挖掘的个性化网络推荐,精准营销,通过资源整合集成后台大数据,能轻松分析掌握用户的消费习惯。大数据整合成为营销创新手段,其中,SaaS产品将在其中扮演更加重要的角色。具体方式为:与消费者与会员的沟通更便利,通过微信和网络,建立起与消费者进行互动沟通的渠道;迎合趋势,接入移动支付,迎合消费者便利购买的支付需求;搭建自有电商渠道,抢占消费者的另一半购买时间;利用大数据的分析能力,加强品类的构建,提升消费者的服务服务体验。

(3)智能化时代商业模式预测

①大规模定制和模块化生产模式。大规模定制的英文是Customer to Business,

简称C2B。C2B的核心就是以消费者为核心，消费者驱动企业。将来一切都由消费者决定，消费者和企业之间通过互联网沟通和连接，最终获得定制化产品。C2B会成为继福特T型车流水线生产和丰田生产方式之后汽车行业下一个变革方向：用户全程参与成为核心，个性化将得到充分的满足。目前为止，在专用汽车领域沃勒公司的特改订单比例达到40%，超过20000种车型的组合配置，建立了有效保证效率和质量的小批量、定制化的流程和规范。比如通过底板改制，将130多种零件号变成了3种，在线路上通过KSK虚拟总成技术，实现了线束的模块化；在发动机上通过自由组合，实现了C2B的供货。在工业4.0时代，大数据、物联网等技术确保了沃勒工艺流程灵活性和资源有效利用，以及在多批次小批量生产环境下的获利能力。产品承载的用户体验远远超出性价比所能提供的价值。东风商用车未来的大规模定制仍然需要通过供应链的优化来实现智能供应链和智能制造，让无论是零部件还是整车都在互联网上跑起来，供需各方、运输车辆的信息也做到互联互通。供应链的打造，只是智能制造和智能供应链当中的一部分，为了实现C2B战略，需要进行七大能力的建设：通过自建互联网运营能力和海量客户进行连接；整合企业内部和社会数据。通过大数据精准获取客户需求，使其直达研发和制造端，将来我们的客户需求不需要再通过这种市场调研或者是通过4S店或者是通过其他的传统的手段来获取；VR、AR和AI将会广泛应用客户交流、研发、制造，全面开放自由配置。企业效益是要通过产品和服务满意度来实现，而不是硬性搭配给消费者；加大智能制造程度，不断优化的柔性制造能力；开放社会化资源来做产品和服务的协同，建设低成本、分布式的智能供应链；迅速学习利用互联网理念不断快速迭代。

东风商用车公司要有强大的开发供应链和质保体系，才有能力和客户互动交流，才可以让客户需求在企业内部有一个落地点，通过C2B为用户创造全生命周期的美好体验，提供独特的用户价值。未来消费者不再接受车厂强加的搭配，他可以自主选择配置性价比高的汽车，选择最适合自己的个性化产品。在选购的时候，也可以和客户进行互动，让大家一起决策我们的下一步。此外东风商用车公司还会针对终端客户推出个性化改装，这些改装的零件在众筹众包的平台上向社会开放，开放之后经过主机厂的认证，最终在主机厂生产线上实现改装的个性化。

②企业生态平台化模式，即智能制造模式或互联网+制造业，电动化+智能

网联汽车。在工业 4.0 驱动的新型协同制造模式之下，制造业企业从顾客需求开始，到接受产品订单、寻求合作生产、采购原材料或零部件、共同进行产品设计、生产组装，整个环节都通过互联网联接起来并进行实时通信，从而确保最终产品满足大规模客户的个性化定制需求。这种制造模式将使企业面对客户的需求变化时，能迅速、轻松地做出响应，并保证其生产具有竞争力，企业本身将实现从单纯制造向"服务型制造"升级。互联网从营销端渗透到生产端，企业价值链的研发、设计、采购、生产、营销等各环节都要放到网络化平台上去匹配供需，最大化地打破信息不对称，提高效率，满足用户体验。

（五）东风电动车辆股份公司的商业模式创新实践

1. 企业简介

东风电动车辆股份有限公司成立于 2001 年 9 月，是一家专业从事电动汽车及相关产品研发和产业化的公司。先后被认定为国家 863 成果转化基地、国家新能源汽车专利产业化试点基地、国家汽车质检中心（襄阳）电机及电池检测试验室、湖北省电动汽车工程中心、武汉市电动汽车工程中心，技术水平和产品竞争力不断提升。以东风汽车公司为强大后盾，东风电动车公司已成功跨越创立初期的研发为主阶段，步入以生产和商业推广为主的产业化阶段，成为拥有国内领先地位、持续盈利能力的电动汽车研发商和制造商，形成以研究开发、示范运营和生产制造三大业务为核心的产业布局，奠定了在中国电动汽车领域的领军地位。公司的发展目标是，成为拥有自主核心技术、领先行业地位和良好品牌形象的国际化公司。

2. 东风电动车辆公司商业模式创新演化研究

（1）业务流程优化，创新业务内容及实施分时租赁商业模式

其中分时租赁商业模式正处于探索期。想要实现汽车共享，便离不开"分时租赁"概念，作为城市公共交通的重要补充，汽车分时租赁意指以小时或天计算提供汽车的随取即用租赁服务，消费者可以按个人用车需求和用车时间预订租车的小时数，其收费将按小时来计算。为市民和旅游者提供随用随还的便捷自驾服务，又践行了"共享经济"，避免了城市车辆急剧增加，缓解交通拥堵，更作为清洁能源，是降低城市空气污染和缓解雾霾的有效手段。"易微享电动汽车分时租赁平台"提供手机 APP、微信公众号等多种用车终端，移动端会员自助注册时长不超过 10 分钟，下单时长不超过 10 秒钟。GPS 定位导航，手机开关车门，全

程自助租车，且标准价格为 20 元 / 小时，优惠套餐、活动更多，实际算下来比出租车及私家车出行更划算，且提供给客户全方位无忧用车服务。

（2）加强技术创新，巩固行业领先地位

为保持企业发展势头，该公司不断加大科技投入，每年科技研发投入占企业全年销售收入的比例达到了 20%。同时，注重实施知识产权战略，制定了《知识产权管理办法》，将知识产权贯穿于整个科研、开发及生产活动全过程，公司产品具有自主知识产权和技术优势，在国内同行业具有较强的核心竞争力。

通过持续的研发投入和科技创新，公司的技术水平和产品竞争力不断提升，保持和巩固了行业领先地位。公司自成立以来，共取得专利申请 150 多项，其中发明专利受理授权 7 项。先后获国家、行业、企业内奖励 10 余项，其中《混合动力城市客车节能减排关键技术国家科技进步》获国家级二等奖，《东风混合动力电动城市客车开发湖北省科技进步》获省级一等奖。

公司先后承担了国家科技部、工信部及省市重要科研项目 60 余项，发表学术论文 100 余篇，承担了国标《GB/T19754—2005 重型混合动力电动汽车能量消耗量试验方法》的制定，该标准现已作为国家标准颁布实施。

（3）加强创新平台建设，积蓄发展后劲

东风先后建立了混合动力城市公交车、混合动力轿车、混合动力 MPV、混合动力军车猛士、燃料电池车、纯电动场地车六大产品开发平台；同时形成了整车开发技术、仿真技术、控制器开发、电子电器及专用总成、整车测试及评估系统五大核心能力，可承担纯电动乘用车产业化任务和新能源汽车核心零部件产业化任务。

为提升公司的核心竞争力，公司建成 4500 平方米的试验室，形成了电机试验室、电池试验室、多能源试验室、电子试验室、仿真试验室、电子试制车间、动力链试验室等混合动力和纯电动汽车开发所需的各类研发平台，具备电动汽车整车和关键零部件开发性试验能力，可承担行业电动汽车整车和电机、电池、整车控制器等关键零部件检测任务。

2008 年底，该公司开通了武汉科技信息共享服务平台东风电动车公司服务分站，主要利用共享平台和数据库，查询检索混合动力客车、纯电动乘用车、纯电动特种车、汽车电子的文献、专利、标准等方面的信息。

为提高新能源核心零部件的管理水平，2014 年开发新能源汽车电子产品

MES 条码管理系统，通过条码管理、电子看板管理和制造过程的控制，实施制造信息化管理平台的建设。该系统充分应用 TS16949 理念，实现 5M 监控，及时准确地反映物料状况、生产执行情况，并起到防错作用，及时报警、及时纠错，根据准确客观的数据制定切实可行的目标，不断改进提高生产制造水平。

（4）加强产学研结合，助推企业发展

该公司在技术创新活动过程中，不断加强与各科研院所、产品用户和上下游企业的联系和合作。

在产学研结合方面，公司与清华大学、华中科技大学、武汉理工大学、湖北汽车工业学院等高校建立了紧密的合作关系，为高校的学术研究和人才培养提供大力支持，提供试验场地、试验设备及人员配合，共同进行相关产品技术研发，加快产学研结合，加快科研成果转换，促进产学研紧密结合。

在技术创新联盟方面，聚集联盟内整车企业、核心部件企业、高校院所金融机构和科技中介服务机构的优势资源，加快突破新能源汽车核心技术，全面提升公司新能源汽车整车及核心零部件的技术水平，不断推动公司新能源汽车产业实现跨越式发展。

第五章　新常态下我国汽车产业转型与创新实践

2009年3月,为应对国际金融危机的影响,落实党中央、国务院保增长、扩内需、调结构的总体要求,稳定汽车消费,加快结构调整,增强自主创新能力,推动产业升级,促进我国汽车产业持续、健康、稳定发展,国务院颁布《汽车产业调整和振兴规划》作为汽车产业综合性应对措施的行动方案,规划期为2009—2011年。在政策推动下,中国汽车产业仍然取得了高速增长,但是2012年后,中国经济逐渐挥别了10年的高速增长区间,增长率开始放缓,逐步进入一个相对高速的增长期。2013年12月10日,在中央经济工作会议上的讲话上习近平总书记首次提出"新常态":我们注重处理好经济社会发展各类问题,既防范增长速度滑出底线,又理性对待高速增长转向中高速增长的新常态;既强调改善民生工作,又实事求是调整一些过度承诺;既高度关注产能过剩、地方债务、房地产市场、影子银行、群体性事件等风险点,又采取有效措施化解区域性和系统性金融风险,防范局部性问题演变成全局性风险。此后,习总书记在多次讲话中阐述了"新常态"的内涵。2014年5月10日,习近平总书记在河南考察时的讲话指出,我国发展仍处于重要战略机遇期,我们要增强信心,从当前我国经济发展的阶段性特征出发,适应新常态,保持战略上的平常心态。2014年7月29日,习近平总书记在党外人士座谈会上的讲话强调,要把思想和行动统一到中共中央决策部署上来,正确认识我国经济发展的阶段性特征,进一步增强信心,适应新常态,共同推动经济持续健康发展。2014年11月9日,习近平主席在亚太经合组织工商领导人峰会开幕式上的演讲上指出,中国经济呈现出新常态,有几个主要特点:一是从高速增长转为中高速增长;二是经济结构不断优化升级,第三产业、消费需求逐步成为主体,城乡区域差距逐步缩小,居民收入占比上升,发展成果惠及更广大民众;三是从要素驱动、投资驱动转向创新驱动。习近平总书记基于国内外宏观经济形势的正确分析和准确研判,提出的"新常态"重大战略判断,深刻揭示了中国经济发展阶段的新变化、准确研判了中国未来一段时期的宏观经济形势、充分展现了党中央高瞻远瞩的战略眼光和决策定力。

一、新常态下我国汽车产业转型升级研究

随着我国经济发展进入新常态,我国汽车产业发展也进入了新常态。新常态下,要实现我国由汽车大国转变成为汽车强国,需要转型升级。然而,应当如何转型升级需科学谋划。本节分析了新常态下我国汽车产业发展面临的重大挑战,从思维方式的转变、产业结构的调整、自主创新、政府与市场机制功能的发挥、人才培养等几方面阐述了汽车产业转型升级的路径与方法。

(一)我国汽车产业进入新常态

当前我国经济发展进入新常态,新常态的主要特征是"中高速、优结构、新动力、多挑战",即中国经济必然从高速增长转向中高速增长,从结构不合理转向结构优化,从要素投入驱动转向创新驱动,从隐含风险转向面临多种挑战。随着经济发展进入新常态,我国汽车产业的发展也进入了新常态,新常态的主要体现是:汽车产销量的增幅放缓,整车利润降低,零部件和汽车服务业利润所占比重增加,行业间的渗透和竞争加剧,互联网和移动互联网将对汽车产业的发展产生巨大的影响。智能化、车联网、大数据、自动驾驶等技术,在深刻改变汽车产品形态的同时,也将丰富汽车发展的商业模式。从研发、生产、物流、营销到后市场各个环节,汽车发展的生态圈也将重构汽车产业,汽车产业进入结构调整期(朱福寿,2014)。汽车产业进入新常态,使我国汽车产业发展不得不进行创新驱动和转型升级,唯如此,才能在激烈的世界汽车市场竞争中站稳脚跟,实现汽车强国梦。

(二)新常态下我国汽车产业发展面临的重大挑战

新常态下,汽车产业将面临四大变化:一是以石油为主要能源转变为以电和氢为主要能源;二是汽车社会将步入"车联网"时代,车将成为移动互联网的主要载体;三是互联网和移动互联网将不断改变汽车产业的发展路径,汽车向着智能化发展;四是汽车服务业产值和利润的比重将进一步加强。然而,当前我国汽车产业的现状却难以适应以上四大变化,面临着重大挑战,具体如下:

（1）汽车企业自主创新缺乏

汽车的智能化发展需要汽车企业的自主创新，只有自主创新才能够拥有自主知识产权和核心竞争力。多年来，中国大多数汽车企业在引进国外技术后只是简单地模仿运用，不注重消化吸收，更没有进行积极的再创新。没有主动的学习和再创新，随外资引进的技术自然不会扩散和升级，这就导致了我国汽车产业在技术先进性方面进步不大，一直走不出"引进—消化—吸收—再引进"的怪圈（温李强，李伟利，2014）。因此，我国虽然是汽车大国，但远非汽车强国，需要从"中国制造"走向"中国创造"、"中国智造"。

（2）汽车产业结构不尽合理

当前我国汽车产业结构不尽合理，主要体现在以下几个方面：一是汽车生产企业数量众多，产业集中度不够高。据统计，当前我国各类车辆生产企业1300多家，其中整车企业有171家（按集团统计77家）、专用车900多家、三轮汽车和低速货车135家，在这众多的汽车生产企业中有相当一批属于"零产量"的企业。二是汽车企业（集团）的主要利润源于汽车产品的销售，对汽车服务创造的价值和利润挖掘不够。就成熟的国际化汽车市场而言，汽车整车及零部件销售利润分别占行业利润的20%左右，60%的利润都是汽车后市场，即汽车服务业提供的。三是汽车经销商生存与发展面临危机。据统计，在我国24000多家汽车经销商中，70%汽车经销商处于亏损状态，55%的汽车经销商销售新车不盈利，而在欧美等成熟市场，新车销售为经销商贡献了20%~25%的利润。四是就汽车产业而言，汽车服务业中的维修、检测、评估、美容等行业不够规范，汽车服务业中的金融、保险、二手车、汽车租赁等业务有较大发展潜力。以二手车为例，发达国家成熟的汽车市场中，二手车业务约占到汽车消费总量的70%，我国的二手车销量仅占新车销量的1/4，经预测，二手车服务业将是一个规模可达数千亿元的市场。

（3）对互联网和移动互联网发展带来的挑战重视不够

互联网和移动互联网的发展对汽车产业发展具有颠覆性，主要体现在以下几个方面：一是互联网和移动互联网的发展导致大数据、云计算以及3D打印技术的使用，这些新技术新方法的运用又导致思维方式的变革，思维方式的变革或将引起汽车产业的革命；二是"互联网+"成为资本市场创新发展新动力，代表一种新的经济形态，其会促进以云计算、物联网、大数据为代表的新一代信息技术与现代制造业、生产性服务业的融合创新;三是新兴的电商企业正积极参与到汽车产业的发展中,如谷歌对自动驾驶技术的研究已经走在了前列,腾讯拥有打车软件,乐视和苹果都推出了造车计划;四是车联网技术已经成为汽车产品的主要竞争优势之一;五是互联网和移动互联网的发展将改变传统的汽车营销模式,大量的汽车经销商将面临着生存的危机。

(三)新常态下我国汽车产业转型升级的路径选择

为解决新常态下我国汽车产业发展面临的重大挑战,转型升级是必要的,而转型升级的动力应是创新驱动,创新驱动应综合考虑政府、企业、协会、高校、科研院所及其他社会组织等主体作用的协同发挥,在法治、政策、技术、产品、机制、市场等方面形成集成的、系统的驱动创新模式。为此,汽车产业应当从整车、零部件、装备制造等不同类型的汽车企业考虑转型升级;从法治、政策和市场机制考虑促进整个汽车产业的转型升级;从汽车产业链条的各环节考虑如何进行转型升级;从培养和储备怎样的人才考虑汽车产业应当如何进行转型升级。汽车产业的转型升级还应当与我国正在实施的"工业转型升级战略"和"汽车强国战略"相结合,通过创新驱动,实现转型升级。我国汽车产业的转型升级还应当与世界汽车产业的发展相接轨,在接轨中提升竞争力。为此,可从以下几个方面促进我国汽车产业的转型升级。

1.应当通过思维方式的转变推进汽车产业的转型升级

笔者认为,跨界融合在汽车产业转型升级过程中,无论是汽车产品的设计、生产制造、销售、售后服务,还是在汽车企业的管理方式中都普遍存在,且不断凸显,跨界融合导致思维方式的转变。传统汽车企业的生产方式是规模化和批量化,产品在生产过程中几乎与客户没有链接,客户只是被动地接受或选择汽车企业生产制造出的产品,企业的思维方式就是加大营销力度,推销产品。采用"智能生产"后,客户不仅可以了解到产品的生产过程,还可以随时参与到产品的设计和生产过程中,这就使企业的思维方式发生了根本转变,不是以"产品为中心"而是以"客户为中心",以客户的需求和体验为中心,而且客户的需求可以通过互联网和移动互联网及时地被企业获悉并在设计和生产制造中得到实现。思维方式的转变不应是被动的,应是主动的,不应在"智能生产"实现后转变这一思维方式,应当通过思维方式的转变尽快促使"智能生产"的实现。此外,面对IT业强力进军汽车产业,汽车企业也应当转变思维方式,不应对IT业拒之门外,实际已是不可能的，应当主动与IT业融合，并吸纳IT业资金、技术、数据和云计算的优势，运用互联网和移动互联网的思维方式推进汽车产业的转型升级。

2. 应当通过产业结构调整推进汽车产业的转型升级

我国汽车产业转型升级的主要路径之一就是对其产业结构进行调整，调整的方向和目标为：通过产业的集成性，进一步提高产业集中度，建立和完善汽车市场的竞争及退出机制；整合汽车生产企业与汽车经销商间关系，通过法律规制与政策导引，促使汽车经销商改革传统营销模式；加大汽车服务业发展，不断提高汽车服务业盈利比重和水平；注重通过移动互联网将汽车生产企业、汽车经销商、汽车服务企业和客户相连，通过链接创造新的价值和盈利增长点。

3. 应当通过自主创新推进汽车产业的转型升级

中国汽车工程学会名誉理事长邵奇惠指出，创新的本质特征是多元性和动态性，其内涵非常丰富，不仅限于技术创新，包括制度、机制、管理、模式、服务等方面的创新。自主创新，重在创新，贵在自主。创新是内容、实质，是民族进步的灵魂；自主是原则、精神，是国家独立、自强的保障。当前，我国汽车产业的自主创新情形不尽如人意。以汽车零部件为例，我国核心汽车零部件技术，如变速器技术、ABS和ESP等被国外零部件汽车控制。零部件的核心技术被国外控制，整车企业的"自主品牌"只能是商标上，技术上缺乏自主创新。事实上，无论是整车还是零部件企业，"逐利"是其本质属性之一。当汽车市场为汽车企业提供高额利润时，汽车企业往往忽略对技术的自主创新。当可以外购技术直接使用时，重视自主研发就变得"没有意义和价值"。因此，汽车企业更加关注的是市场，哪种车型赚钱就迅速生产哪种车型，以SUV为例，近几年来，几乎大型汽车企业均生产出了各自品牌的SUV，但在技术上却几乎没有提升。这种"逐利"性使对引进的技术消化、吸收和创新得不偿失，对技术的自主创新更是一种奢望。可见，汽车企业盈利水平高，往往导致管理和技术创新缺乏动力。然而，汽车产业的转型升级迫切需要自主创新，缺乏自主创新，我国只能成为全球最大的汽车产销国和汽车市场；缺乏自主创新，我国只能处在价值链中利润的低端；缺乏自主创新，汽车企业也就没有真正的自主品牌和核心竞争力。

4. 应当通过协同创新推进汽车产业转型升级

我国汽车产业的转型升级离不开协同创新。政府在汽车产业转型升级中主要充当"引导者"和"监督者"的角色，应当少充当"管理者"的角色。政府应当充分放权，改变当前汽车产业"多头管理、政出多门"的现状，改变当前"事前管理为主，几无事中和事后管理"的现状，改变当前"以政策管理为主，法治管理为辅"的现状（马卫，刘宇，2015）。汽车企业是整个汽车产业转型升级的主体。无论是智能化生产方式的实现、汽车产业结构的调整、新产品新技术的创新研发，还是整个产业的发展和汽车强国的实现，归根结底都由汽车企业完成。三螺旋创新理论认为，政府、企业、大学是知识经济社会内部创新制度环境的三大组成要素，形成了三种力量交叉影响的三螺旋关系，三螺旋理论的核心是随着知识经济的发展，区域内的大学与科研院所成为主要的知识资产产出地。高校和科研院所为企业的发展和社会的进步提供了智力支持与人才支撑，高校和科研院所的科研应当主要来源于企业和社会发展的需求，同时其科研成果应当应用于生产和社会实践。可考虑在政府的协调下建立专门的政产学研用科技转化平台，进行协同创新，为汽车产业的转型升级服务。

5. 应当通过人才培养推进汽车产业的转型升级

汽车产业的转型升级需要大量的人才储备，随着新能源汽车厂商车型陆续上市及量产，传统汽车厂商纷纷入局，无论是政策导向还是市场需求侧，在未来的4~5年，新能源及智能网联汽车将占到汽车保有量的25%左右，相关人才缺口将达到几十万甚至上百万的量级。特别是新能源汽车技术、研发类的高端人才十分抢手，同时随着行业数字化转型步伐不断加速，汽车企业在车联网、智能驾驶领域的布局加速的趋势下，具备互联网和汽车跨界经验的人才也越来越受欢迎。

一是互联网巨头跨界造车，新能源汽车人才需求火热。随着小米、阿里巴巴、百度等互联网巨头纷纷跨界进入汽车行业，传统的产业格局正被逐步打破，新能源汽车行业的关注度持续提升。在人才需求方面，虽然新能源汽车行业人才紧缺的情况在近年间一直存在，但随着跨界造车企业的入局，各主车厂商也纷纷加大了相关人才的招募，新能源汽车专业人才的缺口在近两年显著扩大。此外，随着新能源汽车厂商车型陆续上市及量产，传统汽车厂商纷纷入局，消费者对电动车的接受度提升，市场进入成熟的节点。新能源汽车领域人才需求旺盛，特别是技术、研发类人才需求火热。同时，随着新能源产业布局不断完善，需求量日益增长，除技术研发类需求外，各工序段工艺类和设备开发类的核心人才需求也较往年增长趋势显著。

二是汽车行业数字化升级，需要互联网+汽车跨界人才。随着行业数字化转型步伐不断加速，车联网、智能驾驶领域的布局加速的趋势下，汽车企业对于营销模式正不断探索，新的消费商业模式的落地迫在眉睫。结合新技术的迭代更新，汽车行业正朝着"以用户为中心"的数字化营销体系等方向发展，同步激增了对于用户运营、互联网营销、数字化营销、品牌体验、产品体验及相关数据前中后台营销软硬件人才需求量。从人才流动来看，在新冠肺炎疫情的推动下，汽车流通业向数字化转型的步伐不断加快。随着大数据、云平台和人工智能等各类技术的应用与日俱增，对于人才的能力需求不同于以往，具备互联网和汽车跨界经验的人才越来越受欢迎。此外，疫情等外部因素虽然影响了汽车行业转型的整体节奏，但整个车企转型的趋势依然处于稳步增长的阶段。一方面，汽车出口到海外，对于海外市场的营销人员依然保持需求。同时，国内电动车市场的发展，对于电池、电机、电控系统的"三电"领域的海外国际化人才、零部件领域的研发型人才都依然处于需求增长的阶段。

因此，汽车产业人才培养成为当务之急，而人才的培养，需要政府、企业、高校、研究和培训机构的共同努力，走政产学研结合之路，才会有明显的效果。当然，以上四者的地位和作用有所区别：政府主要是从政策和资金上给与支持，引导企业、高校和研究培训机构培养转型升级人才；高校主要承担的是学历教育，高校的学历教育应当与汽车产业转型升级的需求接轨，高校的人才优势也为汽车产业转型升级提供了智力储备；企业是培养转型升级人才的主体，人才只有在企业的不断实践中才能够得到提升，企业应当联合高校和研究和培训机构共同培养人才；研究和培训机构在人才的培养中仅起到辅助的作用，某种意义而言，它是连接企业和高校的纽带，高校培养出的人才经过研究和培训机构的训练会更加适应企业需求，企业也需要通过研究和培训机构吸纳能够直接上手的人才，以降低人才培养的成本。

（四）总结

新常态下我国汽车产业转型升级是实现汽车强国目标的必然要求，在转型升级路径与方法的选择上可谓仁者见仁、智者见智，然而，无论采用怎样的路径与方法，其过程是曲折艰难的，对此应当有充分的认识并始终如一的加以推进。自从 2015 年"中国制造 2025"被首次写入政府工作报告，我国从制造大国转向制造强国之际即是我国汽车产业转型升级从大国走向汽车强国之时。

二、新常态下我国汽车分销渠道的整合创新发展

随着中国经济发展进入新常态，中国汽车产业的发展也进入了新常态。新常态的特征除了汽车产销量的增幅放缓、整车利润降低、零部件和汽车服务业利润所占比重增加、行业间的渗透和竞争加剧以外，另一个非常显著的特征是：互联网和移动互联网对汽车产业的发展产生巨大的影响。一方面汽车企业还在扩张网络，另一方面汽车经销商生存与发展面临危机。中国汽车市场作为全球最富活力和最具潜力的汽车市场，在全球的地位越来越重要，而汽车经销商作为汽车市场的把门人，在汽车营销中的作用更为更为重要。中国已在汽车销售领域对外资取消地域、数量及股比限制，随着外商在生产和服务贸易合资和投资力度的加大，国外汽车营销理念和营销模式也逐步在中国实施，销售模式也必然存在着合资或合作后的渠道整合。

（一）中国汽车分销渠道的现状及特点

从中国汽车营销渠道整合过程的发展变化来看，近三十年，中国汽车分销渠道得到了较快发展，并由金字塔式的多层次营销体系开始向厂家直接控制的单层销售体系转变，汽车生产企业的开放型渠道体系形成。从产销体制来看，目前仍表现为三种模式：产销合一、产销分离和产销结合。《汽车品牌销售管理办法》颁布后，销售代理商也由汽车制造厂家整顿授权为"品牌专卖店"。同时大型汽车交易市场也在快速发展，如北京亚运村汽车交易市场、北方汽车交易市场、中联汽车交易市场、上海汽车交易市场等。随着互联网的发展，众多车企开始打造电商平台。因此渠道结构从单一的实体店为主转向线上线下共同作战，体现在多种经销商结构并存，由此带来的线上线下的渠道冲突也较为明显。除此之外，我国汽车分销渠道存在的问题还有4S店发展迅速，但硬件配置和软件建设不协调；营销渠道信息化水平不高；渠道整合的法律规定日趋规范，但对汽车制造商的营销渠道整合的法律或者规定不够明确等，这使分销渠道的整合研究日益迫切。

（二）中国汽车分销渠道整合的必要性分析

渠道系统往往受到多种因素的制约和影响。影响汽车营销渠道系统的外部因素主要是指营销渠道系统所处的环境，内部因素包括供应链上的零部件供应商、制造商、经销商和顾客等因素，这些外部因素往往通过影响汽车营销渠道内部因

素而起作用。

1. 对汽车制造商而言

对消费者而言，可通过渠道整合打造竞争优势。随着经济的全球化，零部件的采购要求实施全球采购，而整车的销售和售后服务也应整合国际国内市场，以提高分销渠道的效率。据报道，中国汽车制造企业在分销渠道管理方面最大的失误就是片面关注分销渠道的分销能力，渠道信息不能有效共享，忽视分销费用，导致渠道成员间各类冲突不断，SCM 成本增加，从而影响汽车制造商的营销方案和商务政策的实施，严重降低了渠道成员间的合作意愿，使渠道效率下降。可以看出，渠道整合可以理顺渠道结构，因此可以降低由于渠道混乱而造成的不必要的成本；同时对汽车企业来说，营销组合 4P 中，产品、价格和促销等策略对汽车营销的影响越来越小，而渠道系统的不易模仿性和建立的长期性，使制造商能取得更持久的优势。由此，汽车制造商可以通过低成本战略和渠道差异化战略来获取竞争优势。

2. 对汽车经销商而言

通过渠道整合，可以规范中间商市场，将一些经营业绩不佳或管理不力的中间商剔除，有利于有实力的中间商规模的扩大及自身素质和服务水平的提升，可以让厂商之间形成一种战略伙伴关系，配合更加紧密，有利于中间商的发展。其次，通过渠道整合，经销商销售和服务的范围划分会更为明确，能有效防治渠道窜货和价格体系混乱等，有利于保障经销商的利益。对于经营进口车的经销商，目前在国内主要是分网销售，如丰田在中国有雷克萨斯、一汽丰田、广州丰田三个网络。国际上目前的通行做法是并网销售。通过并网销售，不但经销商可以通过销售进口车获利，而且避免了一店两建的高额重复投资，提高利润率。

3. 对消费者而言

首先，对分销渠道系统的设计、管理、评价、优化、整合等内容，消费者是最大的受益者。从长远考虑，通过渠道的整合可以提高最终汽车产品的质量和售后维修时零部件的质量。其次，对营销渠道的整合可以降低渠道成本，防止窜货和不正当竞争，使汽车制造商对产品价格有更大的控制权，有利于提高顾客的让渡价值。另外，整合后的经销商，除了可以销售其品牌的汽车产品和服务，也可以更加专心地协助汽车制造商进行品牌的建设和促销活动的推广，消费者获得的将是更规范、更优质的产品、信息与服务，并可获得更便捷和方便的购车体验、购车过程以及售后服务，从而可以提高消费者的满意度。

（三）国外汽车分销渠道整合的成功经验

1. 汽车制造厂家在渠道整合过程中处于核心地位

由于汽车产品生产技术复杂、工艺繁多、设备投资巨大、行业壁垒高，因此，在研发、采购以及整车产品和服务的销售、维修过程中，制造商在技术、信息及专业设备等方面能提供较多的专业指导与帮助。另外，汽车产品品牌效应强，汽车制造商通过持续的营销活动建立品牌知名度和认同度，因此往往成为供应链下游的核心企业，这使制造商必然成为渠道整合过程中的组织者和发动者。

2. 对汽车营销渠道的组织和结构的整合较多

国外车企对渠道的整合主要集中在汽车零售业务上，整合后的渠道普遍较短，对网点实行分区管理，设立管理机构，管理制度十分严格，无纵横交错现象，非常简洁。戴一克集团采用前分后和的渠道整合形式，如在英国的奔驰系列和克莱勒斯系列采取了前分后合的整合策略，即前台分设两个独立的销售渠道，后台整合销售组织，配件进行整合，统一管理。又如奔驰厂家直营店包含多个子品牌在一个销售终端，但各子品牌设立独立却相邻的展厅，形成聚集优势；终端统一规范，无论是直营店还是经销商的专卖店，销售配置均与奔驰高档轿车的形象相匹配，表现为4S店的形式。而中国大多数汽车生产企业的营销渠道关系纵横交错、复杂繁多，企业难以对其进行有效控制。由于4S店建店成本和维护费用高昂，且4S店有垄断的嫌疑，因此2004年欧盟就已正式通过法令，彻底取消4S方式，减少流通费用。美国的4S店现在也发展成为分离了维修服务而仅提供销售零部件供应的2S店或者只进行销售的专卖店。

日本汽车制造商的营销渠道整合策略很有特色。以丰田为例，它的营销渠道整合策略可以归结为"前分后合、模式分隔、大合小分"。丰田汽车在日本本土采用"大分小合，区隔明显"的渠道隔离策略，以其子品牌为例，形成了丰田、宠儿、花冠、NETZ、Vista、DUO六个独立渠道，除了丰田和宠儿系列产品共享丰田店和宠儿店，其余四个系列的销售终端很少有重叠。在网络上，同一子品牌的不同类的产品完全用同一通道，服务、维修和配件紧密捆绑在一起，4S店中维修服务和配件功能，两个S是紧密结合在一起的，日本国内的销售终端也采取"大分小合"的原则进行配置和管理，各品牌店的主要标识不同，但主品牌是

TOYOTA。而在美国,丰田根据车型档次的高低采取"端次区隔"的渠道整合策略,分为高端产品的雷克萨斯销售体系和中端而又简单实用的丰田体系。

3. 汽车经销商与制造商共担风险,利益相连

由于汽车产品本身的特点,汽车经销商常常得到制造商的大力支持。在日本,汽车厂商通过参股的方式相互渗透,且加强纵向联系、密切合作。据调查,日本汽车厂家出资的零售商占到40%。汽车制造厂家往往会派遣人员参与规模较大的零售商的经营和管理。在韩国,作为最具"韩国特色"企业的现代汽车公司,它在全国独立出资建立销售点和维修服务网络,经销商本身作为汽车制造厂家的一部分,其盈亏与制造商息息相关,而且在面对客户时作为一个整体的形象出现。美国汽车制造商往往是通过与特许经销商的合同来进行渠道控制并解决汽车制造商和经销商之间潜在的冲突,能够解决消费者对特许经销商在价格和服务方面的选择问题。宝马所采取的营销渠道整合方式也较为典型,通过让制造商和经销商的利益达到一致,双方共同为做大整个蛋糕而努力。

4. 汽车在线交易和信息平台的运作步入正轨

通过利用网上数据库的优势,汽车制造商能更方便地进行直接营销,并减少对经销商及其代理商等中间商力量的依赖。除此之外,越来越多的个人和公司通过与汽车制造商的电子数据交换自动完成购买活动。日本三菱汽车公司引入基于网络的"定购交付"的解决方案,其目标是通过互联网协作系统将所有分销商联系在一起,制造商根据经销商提交的订单进行生产计划的安排,这样可以通过便捷的交流而大幅降低库存。美国通用汽车让消费者通过在线方式进行定制。消费者不仅可以选择汽车颜色,还可以指定车的形状、车门大小、发动机功率大小和传导系统。消费者网上定制选择完成后,有关信息将被传送到通用汽车公司的生产厂,生产厂完全按照消费者的要求对汽车进行装配并运送到通用汽车公司在全美各地6000家经销商,消费者则可以方便地就近付款提车。这种服务让消费者的地位提高到一个前所未有的水平,从制造商到中间商的各个环节实际上都是围绕最终消费者的需求进行的。

(四)新常态下汽车分销渠道的整合内容

1. 分销渠道信息系统的整合

商流、资金流和信息流是渠道整合的首要内容,其中信息系统的合理运作是

保证渠道商流和资金流发挥作用的关键因素。从供应链的角度来说，涉及的信息系统主要有CRM、SCM、CPC和ERP，构成了汽车分销渠道信息系统整合的主要内容，即企业与渠道之间的信息系统整合和对消费者的信息系统整合。厂商之间的信息系统整合，将依据客户关系管理的方法通过建立销售服务信息平台来实现，对消费者的信息系统通过整合营销传播系统来实现。目前汽车企业都建立了销售服务信息平台，因此信息系统的整合主要体现在营销传播系统的整合上。

新常态下实施O2O的营销模式。以汽车制造商为主导，营销传播活动内容和方式要从整个汽车分销渠道的角度进行合理选择，包括店面宣传、互联网、报纸杂志、广播的广告，户外广告，新闻发布会，厂家或者经销商组织的试驾试乘活动，厂商赞助其他社会、媒体、赛事活动或车展等方式。汽车制造商作为营销传播的主角，应该按照合适的频率来进行各种传播手段的最优组合，从而达到发挥最大的效力。另外，依托互联网和信息化技术，通过打造电商平台建立"网上展厅"，展示制造商所有产品的详细信息，包括车型、款式、配置及相应的价格、主要零部件情况，并可通过图片看到结构的细部，有的还可以采用虚拟驾驶的方式让消费者获得身临其境的感受。逐步向网上采购、网上订货、网上销售、网上结算的汽车电子商务模式发展。

2. 销售渠道组织结构的整合

在中国目前的销售体制下，汽车制造商对供应链下游的整合包括以品牌专卖为主要形式的经销商的数量、分布、规模、服务的整合，以及二级、三级代理商经销网络建设的整合管理等方面。

一是渠道扁平化。许多企业正将销售渠道改为扁平化的结构，即销售渠道越来越短、销售网点则越来越多。渠道扁平化简化了销售过程，缩减了销售成本，使所有渠道成员都获得了较大的利润空间。但扁平化不是简单地减少某一个销售环节，而是要对原有的供应链进行优化，剔除供应链中价值链没有增值的环节。但是制造商必须采取一定的平衡策略，来避免渠道水平冲突的激化。汽车制造商可采取如下措施：将自己在全国的省级分支机构和地区级办事处改造成纯粹的市场营销管理服务平台，不参与具体的经营和管理。

二是高度重视终端建设。随着汽车买方市场的来临，汽车销售渠道中的控制权开始向渠道终端转移。很多汽车制造企业认为：经销商才是我们的主要客户，而对终端的顾客需求往往漠不关心。制造商在发现销售策略与市场需求格格不入、销量大幅下滑时才加强对终端的管理。而成功构建分销网络的关键是以满足消费者的需要为前提，并正确地处理企业与中间商的关系。在这种思想指导下，利用供应链理论对分销渠道进行整合，提出分销渠道的逆向模式，从分销渠道的末端开始向上考虑整条渠道的选择，即根据消费需求、消费行为和产品特性选择零售终端，充分考虑终端的特性和利益，并根据中间商财力、信誉、能力和与零售终端的关系，进一步向上选择中间商，直至与企业有直接业务联系的经销商，将整条渠道纳入企业的营销体系。以一条二层渠道为例，分销渠道的逆向模式表现在"弱化一级经销商，加强二级经销商，决胜终端零售商"。

以东风商用车公司为例，因为二级网点（经销商）掌握着终端用户资源、了解用户需求、能够影响用户的购买行为，并且二级网点掌握着当地的关系资源，可以弥补一级网络的销售档案不能直达最终用户的缺陷，通过二级网点上报客户档案，掌握终端用户资料，因此公司将东风二级网点纳入东风公司的管理范围，对年度销售东风商用车50辆以上的单位，经过商务代表处认可，可以和东风的一级网点签订合作协议，并将协议文本留商务代表处和公司销售部网络管理科备案，二级网点按照东风的市场管理规定和价格约定进行销售，承担维护市场秩序的责任，商务代表处帮助协调其与一级网点之间的资源问题，并在其需要时，商务代表处可对其的经营情况予以指导，同时对其上报的用户档案在认定后，通过客户服务中心审核可以享受一定的奖励。

3. 渠道冲突的解决

在汽车分销渠道中，渠道冲突是难以避免的，如何识别、分析并有效解决、控制渠道冲突，是分销渠道整合中需要重点解决的问题，也是提高分销渠道效率的重要途径。传统的汽车渠道的主体中包含着制造商、一个或多个独立的分销商、经销商或网络销售商，它们都是寻求自身利益最大化的独立企业。为了实现自身利润最大化，它们甚至不惜牺牲整个分销系统的利润，体现了一种简单的买卖关系。但是，同处一条价值链的企业之间应是一种战略合作的伙伴关系。

20世纪90年代以来，在关系营销理论指导下，一些欧美营销管理学家提出渠道关系理论。渠道关系是指各个组织间的关系，而不是组织内部的关系。渠道关系理论认为组织间由于利益以及目标的不同，经常导致合作的失败，因此该理论以关系和联盟为重心对渠道成员之间的关系进行了深入研究。该理论认为渠道关系经过知晓、探索、拓展、忠诚和衰退及解散等生命周期不同阶段的发展，可能进入一个相互忠诚的阶段。而联盟是渠道关系中最高、最好的形式。通过联盟，汽车制造商可对汽车分销渠道的价值链进行整合。汽车制造商应与分销商、经销商实施全面合作伙伴关系，组成一个战略联盟，由制造商、分销商或经销商共同派专业人才从事渠道的全盘设计及管理，形成一个中央集权式销售网络，这样可以有效地控制渠道成员的行为，解决和管理渠道成员之间的各种冲突。

第六章 创新驱动汽车产业高质量发展研究

一、高质量发展的提出及内涵

质量是管理学中的重要术语,在汽车产业发展过程中,汽车企业往往根据自身企业的定位实施相应的质量战略,探寻与自身汽车产品相匹配的产品高质量发展策略。但高质量发展作为一个经济概念,是 2017 年中国共产党第十九次全国代表大会首次提出的新表述,表明中国经济由高速增长阶段转向高质量发展阶段。高质量发展一经提出,便成为经济领域研究的热门话题。新时代新阶段的发展必须贯彻新发展理念,必须是高质量发展,并且经济、社会、文化、生态等各领域都要体现高质量发展的要求。

1. 高质量发展的提出

2017 年,中国共产党第十九次全国代表大会首次提出"高质量发展"表述,表明中国经济由高速增长阶段转向高质量发展阶段。党的十九大报告中提出的"建立健全绿色低碳循环发展的经济体系"为新时代下高质量发展指明了方向,同时也提出了一个极为重要的时代课题。高质量发展根本在于经济的活力、创新力和竞争力。而经济发展的活力、创新力和竞争力都与绿色发展紧密相连,密不可分。离开绿色发展,经济发展便丧失了活水源头而失去了活力;离开绿色发展,经济发展的创新力和竞争力也就失去了根基和依托。绿色发展是我国从速度经济转向高质量发展的重要标志。

2018 年 3 月 5 日,十三届全国人大一次会议开幕,国务院总理李克强作 2018 年国务院政府工作报告时提出,"按照高质量发展的要求,统筹推进'五位一体'总体布局和协调推进'四个全面'战略布局,坚持以供给侧结构性改革为主线,统筹推进稳增长、促改革、调结构、惠民生、防风险各项工作"。

2020 年 10 月,中国共产党十九届五中全会提出,"十四五"时期经济社会发展要以推动高质量发展为主题,这是党的十九届五中全会根据我国发展阶段、发展环境、发展条件变化做出的科学判断。要以习近平新时代中国特色社会主义思想为指导，坚定不移贯彻新发展理念，以深化供给侧结构性改革为主线，坚持质量第一、效益优先，切实转变发展方式，推动质量变革、效率变革、动力变革，使发展成果更好惠及全体人民，不断实现人民对美好生活的向往。

"十四五"时期经济社会发展要以推动高质量发展为主题。2021年，恰逢"两个一百年"奋斗目标历史交汇之时。特殊时刻的两会，习近平总书记接连强调"高质量发展"，意义重大。3月5日，国务院总理李克强在2021年国务院政府工作报告中介绍，"十四五"时期是开启全面建设社会主义现代化国家新征程的第一个五年。我国发展仍然处于重要战略机遇期，但机遇和挑战都有新的发展变化。要准确把握新发展阶段，深入贯彻新发展理念，加快构建新发展格局，推动高质量发展，为全面建设社会主义现代化国家开好局起好步。2021年3月30日，中共中央政治局召开会议，审议《关于新时代推动中部地区高质量发展的指导意见》。可以看出，"高质量发展"的提出，是从我国实际经济生活出发，以建设现代化经济体系，并适应社会主要矛盾的历史性变化，以高质量发展为核心目标，以创新为战略支撑，以深化供给侧结构性改革为主线，以完善市场经济体制和构建开放型经济为动力，最终实现"两个一百年"奋斗目标。

2. 高质量发展的内涵

中国特色社会主义进入了新时代，我国经济发展也进入了新时代。推动高质量发展，既是保持经济持续健康发展的必然要求，也是适应我国社会主要矛盾变化和全面建成小康社会、全面建设社会主义现代化国家的必然要求，更是遵循经济规律发展的必然要求。

（1）高质量发展是适应经济发展新常态的主动选择

我国经济发展进入了新常态。在这一大背景下，我们要立足大局、抓住根本，看清长期趋势、遵循经济规律，主动适应经济发展新常态。要牢固树立正确的政绩观，不简单以GDP论英雄，不被短期经济指标的波动所左右，坚定不移实施创新驱动发展战略，主动担当、积极作为，推动我国经济在实现高质量发展上不断取得新进展。

（2）高质量发展是贯彻新发展理念的根本体现

发展理念是否对头，从根本上决定着发展成效乃至成败。党的十八大以来，以习近平同志为核心的党中央直面我国经济发展的深层次矛盾和问题，提出创新、协调、绿色、开放、共享的新发展理念。只有贯彻新发展理念才能增强发展动力，推动高质量发展。高质量发展，就是能够很好地满足人民日益增长的美好生活需要的发展，是体现新发展理念的发展，是创新成为第一动力、协调成为内生特点、绿色成为普遍形态、开放成为必由之路、共享成为根本目的的发展。

（3）高质量发展是适应我国社会主要矛盾变化的必然要求

中国特色社会主义进入新时代，我国社会主要矛盾已经转化为人民日益增长的美好生活需要和不平衡不充分的发展之间的矛盾。不平衡不充分的发展就是发展质量不高的直接表现。更好满足人民日益增长的美好生活需要，必须推动高质量发展。我们要重视量的发展，但更要解决质的问题，在质的大幅提升中实现量的有效增长，给人民群众带来更多的获得感、幸福感、安全感。

（4）高质量发展是建设现代化经济体系的必由之路

建设现代化经济体系是跨越关口的迫切要求和我国发展的战略目标。实现这一战略目标，必须坚持质量第一、效益优先，推动经济发展质量变革、效率变革、动力变革，提高全要素生产率，不断增强我国经济创新力和竞争力。归根结底，就是要推动高质量发展。推动高质量发展是当前和今后一个时期确定发展思路、制定经济政策、实施宏观调控的根本要求。遵循这一根本要求，我们必须适应新时代、聚焦新目标、落实新部署，推动经济高质量发展，为全面建成小康社会、全面建成社会主义现代化强国奠定坚实物质基础。

3. 高质量发展与创新驱动

创新驱动是经济高质量发展的驱动力，主要体现在创新作用于经济系统的经济总量增加、经济结构优化及经济效益提升三个方面。首先，创新能力提升为经济总量增加和扩大提供驱动力。创新成果商业化能够直接促进地区财政收入提高，同时，创新带来的变革优势能够促进国家核心竞争力提升，从而驱动经济不断向更高质量发展。其次，创新能力提升为经济结构优化提供驱动力。创新能力提升会促进产品、技术更新换代，不断提高管理和技术水平。当前，传统制造业已不能满足市场发展需求，知识密集型产业应运而生，为了维持供需平衡，高新技术产业和第三产业迅速发展，促使经济结构不断高级化、合理化。最后，创新能力提升为经济效益提升提供驱动力。创新能力提高可以大幅提升资源配置效率和劳动生产率，同时，新技术、新产品的应用不仅促进了人民生活水平提高，还刺激了市场需求，提高了消费水平。

二、汽车产业高质量发展的路径

1.汽车产业高质量发展的重要意义

近20年来,中国汽车产业经历了一个高速发展的过程,但随着2017年中国车市的放缓以至2018年产销量首次出现负增长,当前中国汽车产业面临着转型升级、提升科技创新能力推动汽车产业的高质量发展和深化汽车产业改革发展的新需求。"十四五"规划纲要中指出,"坚持把发展经济着力点放在实体经济上,加快推进制造强国、质量强国建设,促进先进制造业和现代服务业深度融合,强化基础设施支撑引领作用,构建实体经济、科技创新、现代金融和人力资源协同发展的现代产业体系"。其重中之重就是要加快推动制造业高质量发展,实现从制造大国向制造强国转变。作为国民经济的战略性、支柱性产业的汽车制造业,以其产业规模大、带动性强成为制造业转型升级的排头兵和重要载体,在一定程度上也可表征为我国制造业的综合实力。我国汽车产业总产值超过10万亿元,产品终端销售超过3万亿元,产业就业、税收和商品零售总额都超过全国的10%。我国汽车制造业体系种类齐全、配套完善,技术创新能力不断提升,整体质量水平稳步提高,但也存在一系列矛盾和问题:在产业规模高速提升背后,汽车制造业发展方式粗放、"大而不强"的现状和结构性问题明显,尤其是自主研发的产品在参与全球价值链分工体系中处于较低地位和层次;在科技创新能力、资源利用效率和产业结构水平等方面,与汽车制造强国相比还存在较大差距。与此同时,随着国内的汽车市场逐渐饱和以及制造环节的利润不断被压缩,出现汽车制造企业为获得持续竞争优势和利润,趋向服务价值链上游和下游延伸的势头。因此,鉴于日趋激烈的竞争市场和变化的经济环境,需积极顺应发展新态势,认真研究现代汽车产业升级路径,对中国汽车制造业高质量发展乃至迈向汽车制造强国之路的战略选择形成清晰的认识和科学的研判。因此,汽车产业的高质量发展取决于汽车制造业的高质量发展。

2.汽车产业高质量发展面临的新态势

针对汽车制造业如何高质量发展,较多研究围绕汽车产业的结构转型和价值链提升展开。按照"配第—克拉克定律"或者某些放大制造业占比变化的典型性事实来理解中国汽车产业结构体系发展,尤其是汽车制造业内部结构变化与转型升级等,显然会使汽车产业的高质量发展问题过于简单化。现代汽车制造业发展,不仅要强调结构的比例度，更要强调其产业本身的高级度和复杂度。现代汽车制造业与服务业发展，相互间的边界已不像以前传统产业结构那样清晰，出现了产业跨界融合发展以及制造业服务化和服务业制造化的新态势，汽车生产性服务业更是进一步出现产业内融合和产业间融合发展的趋势。从目前发达国家汽车产业转移和全球化遇到的深层次问题看，简单套用"配第—克拉克定律"会导致汽车产业空心化等严重问题。在未来的智能制造时代，汽车制造业必将发生全方位改变：一是汽车产品形态将发生改变。智联汽车将成为产业发展的战略制高点，汽车不仅是移动工具，更将成为人类的亲密伙伴。二是汽车使用模式将发生改变。未来发展方向是"轻拥有，重使用"的汽车共享，这让同时兼顾国民用车需求和节约型汽车社会建设成为可能。三是汽车产业链将发生改变。智能制造将使汽车这种大宗、复杂商品的个性化定制生产成为可能，"需求端"与"生产端"直接连通，消费者与工厂直接对话将成为常态。四是汽车产业格局将发生改变。随着互联网产业及其新技术发展的日新月异，汽车制造业也将受到巨大的跨界冲击。因此，随着汽车产业链的重塑，汽车制造业与汽车服务业的发展绝不是简单的谁替代谁的问题，更不是一个简单的"产业转移"和外包的问题，即其发展不能简单套用传统理论或者照搬发达国家的评判标准和做法。

高质量发展背景下汽车制造业面临诸多新的发展态势。从发展面临的现实问题看，亟需解决汽车制造业升级问题。汽车制造业在发展的130多年时间里，经历了流水线生产、精益生产两次革命，当前正经历以新能源、智能化等技术引领的第三次革命。面向新一轮科技革命和全球化发展的新态势，我国的现代汽车制造业体系升级，一定是"实体经济、科技创新、现代金融和人力资源协同发展"的重要过程，其核心问题是提高产业质量、能级、效率和效益，加快实现向汽车制造强国转型。

构建全新产业生态圈符合汽车产业的高质量发展的要求。汽车制造业升级涉及生产体系、制造体系和服务体系等多环节重塑，是一个整体性、系统性、复杂性和综合性的变革过程，汽车上下游生产企业和环节是总生产过程中的组成部分。新技术引领传统制造业生产力发展，随着技术族群的渗透和扩散，产业的生产力要素在汽车企业智能化、数字化等平台空间进行配置组合，提升了高级生产要素比重，扩大了汽车制造生产要素的边界和范围，优化了生产要素配置，生产工具向智能化、虚拟化方向发展，汽车产业原有生产方式发生改变，形成汽车产业内部上下游产业链、产业间各种新的联结方式，衍生出新的商品与服务。智能网联新能源汽车的发展，使汽车由单纯的交通运输工具，拓展为可移动的生活空间、娱乐空间、办公空间，成为可移动的能量源和信息源；以数据为基础推动了汽车产品和制造体系的同向升级，包括由传统整车生产企业、零部件生产企业和智能软硬件供应商构成的全新产业生态圈，形成横向、纵向的"端—端"的联系与集合，实现全产业链条中各工厂之间的综合联通与高效协作；以"电池、电机、电动"为主要特征的汽车生产构架呈现"软件+硬件+网络"的特征，主导厂商的传统组织构架也相应调整为利益共享平台——网络状产业链结构。

3. 创新驱动汽车制造业高质量发展的对策

我国明确了"十四五"期间的制造业升级方向，即产业数字化和数字产业化、新一代信息技术与制造业深度融合等。以5G、大数据、云计算、人工智能和新能源技术等突破性技术为代表的新一轮科技革命，正在引发全球制造业的深刻变革并带来"第二种机会窗口"。在面临世界百年未有之大变局和产业近30年未见之大变局下，为提升汽车制造业的高级度、复杂度和发展能级，推进我国汽车制造业高质量发展，更有赖于技术创新为汽车产业高质量发展带来的内生动力。

（1）汽车产业技术创新要确立"以研发为中心"的发展方向

汽车产业高质量发展中技术创新的核心是"研发为中心"而不再是"制造为中心"。当代制造中心的特点是"哪里有市场就到哪里建工厂"，而劳动力成本在其中起了决定性作用。过去以低端汽车配件制造为主的温州、东莞，现在全都努力实现转型升级。放眼全球，近年我国因人工成本的增高，跨国企业的制造业也开始转战越南、菲律宾等东南亚地带。近年来我国汽车企业在研发领域的投入虽然有所加强，但与汽车产业发达国家相比，差距还非常大。同时，很多地方政府对研发这种"软实力"的重视程度还不够。众所周知，苹果公司没有自己的工厂，50%以上的手机都是中国制造的，由富士康代工，然后又以高价销售到中国。苹果在美国本土也只有2万人在硅谷专门做研发，22万人在全球做市场营销，印度和中国等国家则成为它的加工厂，没有一家属于自己的制造工厂。现在美国的硅谷已经成了"车谷"，全球几乎所有汽车企业都跑到硅谷做研发，仅我国就有大约200家企业在硅谷设立研发中心和办事机构。硅谷没有制造业，而是布满了各类专门针对研发、创新的研究院和实验室，就连微软、谷歌、苹果、Facebook等公司都把研发方向瞄准汽车相关的技术，从不同角度研发新能源汽车、智能化汽车的高端科技。美国的硅谷是当代具有世界一流水平的高新科技和高度化工业互联网集散地的经典代表，它的特色是"紧抓高端、万众创业、虚拟创新、融合共享"，效果相当好，这已成为世界上不少社会群体和人们的共识。汽车高科技、高质量的研发工作，将是为了实现汽车产业高质量发展、实现汽车强国梦的一项重大举措。

（2）提升汽车产业全球价值链地位

推进汽车制造业高质量发展，亟待彻底突破中国汽车制造业在全球价值链分工体系中地位的"低端锁定"。智能化、电动化技术等高级要素呈现出边际收益递增的特征，应努力为汽车产业升级配置更多高级要素，如提升高级技术人员和企业管理人员比例，大力推动汽车生产线进行智能化改造、加大对新能源（电池、氢能）领域的投入等，实现汽车产业价值链上高级要素对初级要素的替代，摆脱在传统汽车制造业追赶过程中的路径依赖；应大力发展自主创新，实现汽车制造业由组装、加工，向产业链前端以知识和技术为主的研发环节、核心零部件研发环节移动，提升汽车制造业增加值和全球价值链地位，从而实现产业升级。

（3）基础研究是汽车制造业创新的重要支撑

要真正改变技术模仿的局面，除了形成底层"点"的创新能力，还要加大对关键领域、基础项目的攻关突破，力求提升"面"上全产业的技术实力和创新能力。需要构建我国汽车制造业创新网络，形成由企业、科研机构和高校、金融机构、技术标准服务、技术孵化等环节组成的创新体系或生态系统。通过建链、补链、延链、强链、扩链，提升基础研究和产业链的整体水平。

（4）加快汽车产业结构性改革

汽车制造强国的底层应该是坚实的汽车及其零部件制造。没有强大的零部件制造，汽车制造业高质量发展就没有支撑。要推动汽车产业供给侧结构性改革，解决资源错配问题，提高资源配置效率，在保持或提高汽车制造业比重基本稳定的前提下，着力推动汽车制造业提质、增效和升级转型，以动力变革、效率变革和质量变革重塑中国汽车制造业，在国际国内双循环中培育和增强其竞争新优势。

（5）大力推进汽车制造产业间融合发展战略和商业模式创新

在新一轮技术革命和产业变革中，汽车制造业的产品应用范围、性能属性以及与其他社会基础设施的关系都在发生变化，需要践行高端化、数字化、集群化、智联化、共享化、国际化、品牌化、绿色化的发展理念，借助大数据、人工智能、互联网等现代信息技术，加快制造业服务化和服务业制造化发展，以及建设"人—车—路—网—端—云"协同的基础设施。推动汽车制造业和全社会的"科学精神""创新精神""工匠精神"和"法治精神"相互融合、相互渗透，形成创新驱动发展的强大力量，通过实现"双碳"目标，共同推动汽车制造业的高质量发展，进而实现汽车制造强国之梦想。

三、创新驱动汽车产业高质量发展的典型案例

1. 江淮汽车以技术创新驱动全面高质量发展

以技术创新为驱动，近年来江淮汽车高质量发展取得了显著成效。日前，江淮汽车发布业绩公告显示，2021年上半年，江淮汽车实现归属于上市公司股东的净利润约48000万元。取得此业绩，与近年来江淮汽车始终坚持"节能、环保、安全、智能、网联、舒适"的关键技术研发路线有很大关系。江淮汽车每年将销售收入的3%～5%作为研发投入，大力发展新技术、新材料、新工艺的运用，持续突破节能技术、新能源和智能网联汽车关键核心技术，以技术支撑产品力，加速企业高质量发展。截至6月底，江淮汽车拥有授权专利15239件，居中国汽车企业前列。2021年上海国际车展期间，江淮汽车自主研发的全新智能汽车模块化架构——MIS皓学架构正式发布，以深厚技术积淀、前瞻技术布局和创新技术理念，宣告正式迈入全面架构造车时代，加速推动智能制造升级。MIS皓学架构集5000名研发工程师的智慧，汇集了57年的造车技术实力，结合三代乘用车产品开发经验，投入100亿元研发资源，历时5年，对标全球顶级车企，联合多家战略合作伙伴倾力打造，由模块化组件、先进的域控化电气架构和软件生态等组成，具有卓越性能、智能科技、柔性迭代的优秀基因。MIS皓学架构源于德系的底盘结构和动态调校，其良好的极限性能得到了充分挖掘，转向精准、操纵稳定，麋鹿测试❶通过车速超过每小时80公里,百公里紧急制动距离小于35米。强劲动力方面，MIS皓学架构通过搭载高性能发动机，使整车具备超高动态响应性能，百公里加速达7.5秒。低碳理念方面，MIS皓学架构采用热效率高达43%的混动专用DHE，通过构建多模混动系统，结合整车轻量化，可实现40%以上的节能降耗。舒适座舱方面，MIS皓学架构具备同级领先的噪声抑制和振动衰减能力，超低的车内噪声和振动，为用户打造无微不至的舒适座舱，时速60公里

---

❶ 国际上衡量车辆安全性的重要标准，检验的是车辆回避障碍的能力，最早为世人所知是在1997年。

时，车内噪音仅为57分贝。多维安全方面，MIS皓学架构高达70%的高强钢应用，26项主动安全配置，五星级安全呵护用户驾乘安全。

江淮汽车将基于MIS皓学架构打造15～20款具有竞争力的新产品，充分发挥MIS皓学架构的柔性迭代基因，打造新一代的电子电气架构，基于区域集中、中央计算以及SOA软件平台，实现汽车软件快速迭代以及持续对"智聆车联网"系统进行升级，用千人千车、千车千面的优秀体验不断为用户提供更高价值的出行体验。

在江淮集团全面转型升级的关键之年，江淮汽车将继续以科技创新强化竞争优势，加大在智能网联与新能源方面的研发投入，继续深化开放合作，争取早日实现"全生态链、全产业链、全价值链"综合性汽车服务平台的奋斗目标。

2. 北京奔驰践行负责任的可持续发展观，实现高质量发展

北京奔驰汽车有限公司（简称"北京奔驰"）成立于2005年8月8日，由北京汽车股份有限公司与戴姆勒股份公司、戴姆勒大中华区投资有限公司共同投资，集研发、发动机与整车生产、销售和售后服务为一体的中德合资企业。多年来，北京奔驰以卓越运营持续为消费者提供卓越产品，并在实现开创性数字化生产的同时，践行负责任的可持续性承诺。面向制造业的未来，北京奔驰将把"数字化、柔性化、高效、可持续"作为智造新理念，打造与梅赛德斯—奔驰全球生产系统一致的制造体系。北京奔驰依托现代化的管理、严苛的质量体系、持续精进的领先工艺和制造技术，满足快速增长的多元化市场需求，不断为中国消费者提供高标准的产品与服务。在科技革命高潮迭起、行业变革的今天，北京奔驰已率先踏上高端制造与创新转型的道路，引领着首都汽车工业持续向高精尖转型升级。

作为首都高端制造业的典范，北京奔驰集世界先进的制造工艺与现代化的管理于一身，先后荣获"全球卓越运营工厂""绿色示范工厂""全国文明单位""全国模范劳动关系和谐企业""全国五一劳动奖状""北京市智能制造标杆企业"及"中德智能制造合作试点示范"等荣誉，以实际行动推动自身高质量发展。从2015—2020年的6年，北京奔驰整车产销量从25万辆增长到60万辆，提前一年全面实现"十三五"规划的各项主要指标，成为北京市产值最高、利润最高、纳税最高的单体法人企业。未来，北京奔驰将继续秉承"行则致极"的企业精神，以"奔驰车，中国造"为使命，向着成为"走向世界的、国际化的中国高端汽车品牌标杆企业"的目标不断前行。

（1）技术创新为高质量发展奠定了强有力的支撑

设备精益管理是实现年产量突破60万辆的加速器。在被疫情席卷的2020年，北京奔驰以"防疫情、稳经营"为主基调，在保证全体员工健康安全的前提下，于2020年收官之际，实现了年产量突破60万辆的目标，并实现连续11年保持快速增长，这其中，设备精益管理成为北京奔驰公司2020年经营工作顺利完成与高质量发展的助推器。

先进的生产线是高质高效生产的基础。北京奔驰有三大厂区多条生产线，先后引进ImpAcT、HSN、FLS等200余种全新的生产制造技术，拥有230余类设备，设备总数超10万台，维护资产总额超百亿元。同时冲压车间拥有全球最先进的德国舒勒伺服直驱自动化生产线；装焊车间七大连接工艺通过2000余台不同功能的机器人实现自动化生产；涂装车间使用以纯水为载体的水溶性喷涂装备，在线监测系统和循环处理系统使车辆始终处于闭环控制之下；总装车间高柔性化的设备保证了不到一分钟就有一辆高品质的奔驰车驶下装配线；发动机工厂拥有近千台来自30余个世界级机床供应商的高端设备，涉及100余种先进技术。

设备精益管理是提质增效的有力保障。第一，用指标衡量管理成效。北京奔驰秉承"思行合一"的理念，自2016年提出"走向卓越"规划以来，设备维护团队在控制各项关键运营指标方面卓有成效，其中，设备技术可利用率平均提升3%，大停机次数平均降低55%，平均维修时间降低45%，预防性维护比例提升30%，单车工时/单发动机工时平均降低27%，蓝领可利用率提升20%，单车备件成本降低5%，备件库存周转率提升40%，备件库存投资比降低24%，多项KPI指标已成为戴姆勒全球工厂标杆水平。第二，智能维护很关键。智能制造是未来工业变革的发展方向，面对大数据和云计算时代的到来，设备维护团队先后在各厂区部署上线包括生产流程监控系统、信息管理系统等在内的10余种智能管理系统。通过动态监控、大数据分析、移动平台开发等功能的应用，逐渐形成移动维修解决方案和预测性维护策略两大技术版块。同时，完成SAP iPro系统的全面上线及SAP iPro移动端的推广工作，系统化管理维修工单及备件领用。在提升蓝领效率和预防性维修有效性的同时，推进维修模式向智能化方向快速转变，建立全球化的更智能的软件研发网络。第三，顺应行业发展趋势。北京奔驰的技术维护将通过更专业的技术能力、更精益的管控策略和更全面的跨国合作，为即将到来的工业技术变革做好准备，达到行业领先水平。以"高业绩、强效率、低成本"为起点，带领我国团队向着世界级维护的目标发起新一轮的冲击。只有顺势而为，才能使产品更适宜未来市场。

设备智能维护也是降本增效的有力保障。在北京奔驰制造车间内，分布着近3000台机器人，它们正在"勤劳"地完成着属于各自的工作任务。穿梭其中，仿佛置身于一座未来工厂，机器人硕大的手掌托举着汽车框架，就像变形金刚一样有力而灵活。后台人员注视着无处不在的智能监控传输出来的数据，时刻把控着每一道工艺的细节与品质。智能制造是当今以及未来的发展方向，未来机器人会更加专业化，分工会更加明确，并且与3D打印、工业VR等充分结合，形成相互协作、共同分享的新模式，同时解放人力，使人们去做更有价值的事情。人机协同、相互促进将是智能制造产业未来的发展模式。北京奔驰相继荣获2020鼎革奖中国数字化转型先锋榜年度新技术应用突破奖、2020年第二届全国汽车行业智能制造与技术创新成果特等奖等重大奖项，得到了同行极高的评价和优异的反馈。

（2）人才培养是创新驱动企业高质量发展的基础

北京奔驰始终强调"技能人才是公司人才队伍的重要组成部分，是技术工人队伍的核心骨干，在加快产业优化升级、提高企业竞争力、推动技术创新和科技成果转化等方面具有不可替代的重要作用"。面对新技术的快速迭代，各部门快速适应新环境，持续提升核心竞争力，培养复合型人才，为北京奔驰可持续发展打好坚实基础。

近年来，北京奔驰不断加强五项人才队伍建设，着力发现、培养、集聚一大批国际化的经营管理人才，引领创新型专业技术人才、高级技能人才、复合型党群人才和优秀储备人才，持续提升人才队伍建设，全面打造人才工程。筹划建立"自动化学院"人才成长体系和"导师制"活动，累计培养出高级工193名、技师97名、高级技师9名、首席技师1名，这不仅使部门发展有了持续动力，还为员工职业规划指明了方向。优秀蓝领员工多次在国家级、北京市级和集团举办的比赛中斩获佳绩，硕果累累。在白领员工方面，共计培养多名总经理、高级经理、高级主任工程师及主任工程师，向公司多个部门输出20余名优秀员工。同时积极组织内部LSX领导力培训，提升内部管理层领导力水平，部门人才培养体系全面开花结果。其中，技术维修部为全厂全公司提供设备设施维护管理员工超1000人、维修师200余人，以专业的技术探索，为公司发展加油助力。

第七章　新时期汽车产业发展与创新性人才培养

以物联网、大数据、云计算和人工智能等技术为代表的新科技革命将实现人类社会的万物互联，汽车产品未来会成为除手机之外人类最重要的终端。作为制造业的集大成者，在全球制造业转型升级、创新变革和商业模式重构的新时代，汽车产业首当其冲受到新技术带来的深刻影响。由此，汽车产业进入全面变革的特殊时期：制造体系、产业形态、产业价值链和产品形态等都将发生重大改变。与此同时，能源、环境、拥堵和安全等汽车社会制约因素又给汽车产业变革增加了外部压力。而在汽车产业深刻变革的过程中，人才的作用至关重要，因为人的变化是一切社会和产业剧变的根本原因和原始驱动力。

在万物互联的新时代，随着智能网联终端的高度普及将塑造新一代汽车使用者，他们的知识技能、视野见识、价值观念以及沟通模式等都将发生变化。同时，无处不在的人工智能也将影响人们生活的点点滴滴，进而改变人们的生活方式。因此，在汽车行业全面重构的历史进程中，汽车人才必须随之而变、先之而变，也只有这样，才能打造出顺应时代发展、满足转型需求的汽车人才大军。目前有研究从新技术角度探讨职业技能类汽车人才的全新培养目标，也有研究从企业实际需求角度分析未来汽车人才所需的长效培养机制，但专门针对未来新形势下应用型汽车人才需求变化的研究尚不多见。因此需要立足于未来汽车产业新技术和汽车应用新场景，结合应用型高校汽车相关专业发展的特点，探索未来汽车产业对应用型人才的新要求，以及高校产学研协同创新培养应用型汽车创新人才的对策措施。

一、汽车产业的创新发展对人才提出的新要求

1. 社会经济发展对汽车专业人才提出的新要求

人类社会发展至今经历了农业社会、工业社会和智能化社会三个不同阶段，当前正在步入智能化社会。在这一阶段，人将与机器协同发展，两者互为促进、

互为补充也互为制约，形成动态的微妙平衡。具体而言，未来社会的根本特点是智能化和互联化。智能化使人类的能力得到全方位的极大拓展和增强；互联化则让人与人、人与物、物与物之间时刻保持密切联系，使人类能够随时随地获取各种各样的信息和资源，享有智能化所带来的各种优势。受此影响，预计未来简单重复性的工作和大量计算性、记忆性工作将逐渐完全被人工智能（AI）赋能的机器取代；但人的作用并不会下降反而会提升，并且更多地体现在承担协调管理工作，特别是综合性的协调管理工作上。因此，未来社会需要人才具备4项核心能力：统筹协调能力、综合决策能力、分析判断能力和创新思考能力，而能够统领各方资源（人和机器）、整合复杂产业的领军型人才和创新型人才，将是未来最迫切需要的人才。

2. 汽车产品的特点对汽车相关专业人才的新要求

互联网和通信技术的发展，使汽车产品不仅是学科和技术的载体，同时也是各类应用、多元创新、价值实现、成果集成的有效载体。汽车产业链长、涉及面广、关联性强、复杂度高的特点，使汽车学科具有较强的学科综合性，能够将众多学科整合在一起，是最具跨学科特点的传统的交叉学科。汽车学科最需要复合型人才，同时，汽车人才培养又具有周期长、工作难、上手慢的特点，需要聚集各方优质的资源和人才，涵盖多种不同的能力和技术。

3. 新时期汽车产业发展对汽车人才的新要求

首先，未来汽车产业全新生态圈将涉及更广泛的人才领域。在汽车技术、通信技术、互联网技术等技术创新、商业模式创新的驱动下，未来汽车产业将以网联化为媒介，形成全新的跨界商业生态圈（如图7-1所示）。在该生态圈中，汽车企业既要保持与消费者群体的紧密相连，也要与互联网企业形成密切的合作关系，形成线上与线下相贯通、销售与服务相融合的全新模式。在这个全新的跨界产业生态圈中，汽车将成为辐射更多行业、不同领域、各种岗位的"巨无霸式"产业，从而也将为更多的人才带来更加广泛和巨大的发展机遇。

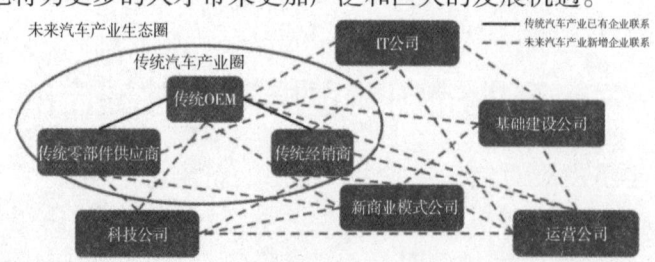

图7-1　传统汽车产业生态圈和未来汽车产业生态圈对比

其次，新时期汽车行业的复合型人才具有更为丰富的内涵。未来的汽车产业是实体与虚拟、制造业与互联网、机械工程与信息网联、产品与体验的综合体，这就需要汽车人才具备更加宽泛的知识技能、更为广阔的视野思路。

最后，互联网时代将形成全新的人才观。新科技革命使人力资源在全球范围内实现一体化使用有了可能；同时由于跨界成为常态，任何企业乃至行业都不可能包罗所有和汽车产业相关的不同领域专家，因此互联网时代的企业需要"既求所有，更求所用"的新型人才观。由于未来专业化分工将更趋细化，企业必须不断提升自身对人才的挖掘、调配、使用、组合和激励的能力，通过建立"召之即来、来之能战"的全球人力资源库，实现对资源的有效整合，并最终形成合力，从而推动企业更快更好地发展。

二、汽车产业创新发展下汽车人才的分类及知识储备

根据创新能力和创新程度，可以将汽车人才分为以下几类。

一是复合型领军人才。这类人才的职业发展目标是引导、决定汽车企业发展方向的核心力量。主要包括企业的核心管理层等，他们对汽车企业的发展起导向性作用，重要性极高，决策较多。他们需要具备汽车产业知识、汽车产品知识、国家政策法规知识、企业管理知识、战略管理知识、数据挖掘和分析能力、商业模式创新知识。

二是专业的设计研发人才。他们是各个大型汽车企业集团研发中心进行技术研发的专业人才。主要包括整车、零部件企业研发部门人员，工程公司、科技公司研发人员，该类人才对汽车产品的持续创新发展起推动作用，在产品创新领域的重要性非常高，是创新产品的直接设计者。他们需要掌握传统的汽车研发知识、汽车设计知识、汽车制造工艺知识、汽车电子电气知识、控制及系统工程知识、材料知识、人工智能知识、数据挖掘和分析知识、物联网知识和网络安全知识。

三是汽车的生产制造人才，主要是汽车和零部件企业制造工厂的人员。生产制造人才是产品生产制造的根本，是汽车企业发展的核心力量，重要性高。他们需要汽车产品知识、汽车生产流程及工艺知识、机械化设备操作及维修知识、信息化设备操作及应用、工业工程知识、数据挖掘与分析知识、平台控制和管理维护知识。

四是营销和服务人才,他们在汽车企业进行车辆市场营销和售后服务的专业人才,主要包括整车企业、汽车经销商和服务商等相关人员,他们直接面对市场,其对车辆需求情况和市场动态有敏锐的嗅觉,重要性较高。他们需要掌握汽车产品知识、营销管理知识、汽车金融知识、电子商务知识、商业模式创新知识、数据挖掘与分析知识、平台控制和管理维护知识。

五是其他人才,他们是对汽车企业的发展起到保障的各类专业人才。主要包括企业内负责质量管理、采购管理、财务管理、法务和人力资源管理、安全管理等工作的人员,他们为企业发展提供有效支撑作用。另外,未来的汽车产业将会有众多新兴力量涌入,原本垂直线型的产业价值链将会发展成为交叉网状的生态圈。在这一过程中,汽车产业的内涵将极大地丰富和拓展,产业所需各类型人才的工作内容也将因此而发生变化。

三、产学研协同助推汽车产生创新发展的建议

根据上述未来汽车产业发展所需要的人才要求及知识储备可知,未来汽车人才的需求将发生巨大变化。为了培养和塑造适应未来汽车社会和汽车产业发展变化的优秀人才,政府、高校、企业和人才自身都要明确新定位、确立新战略。政府应起到宏观调控的作用,制定相应的人才战略和人才调控政策,并在产学研协同、人才供需对接、在职人员的技能培训等领域加大投入,创造良好的外部环境。

对于学校而言,需要重新审视教育的范畴与侧重。一方面,学校要充分认识到汽车人才的范畴必将扩大,未来凡是从事与汽车相关工作的工程师都应该认定为汽车工程师;另一方面,又要坚持教育有所侧重,因为学校定位和学科发展定位目标,学科教育不可能包罗万象。为此,首先教育体系要有清晰的分层:重点高校、普通高校、大专院校、职业学校等应根据未来人才需求的结构确定合理的比例,并对不同的学生施以不同的培养侧重和全新的培养内容。其次,就汽车专业教育来说,仍应强化传统汽车知识教育,同时适当扩大知识范围,尤其是汽车电子、控制逻辑和系统工程类课程;而对于非汽车专业教育,则要在侧重本专业培养方案的基础上,适当倾向于包括汽车在内的战略新兴产业。最后,由于未来社会需要人终身不断学习,因此高校更应培养学生形成自我学习能力、创新能力以及实际动手能力,而且均要从意识和方法两个维度重点切入,即努力让学生形成学习、创新和实际动手的意识,并通过各种途径向学生传授学习、创新和实操

的方法论，这远比知识传授更为重要。

对于企业而言，产业无边界，但企业经营必须有边界，而解决这一矛盾的对策之一就是打造一个"无边界的公司（平台）"。未来企业最重要的核心竞争力就是资源组合能力，特别是在多地域、广范围内调动使用资源有效经营的能力，因此需要扁平化的组织架构、灵活性的工作模式、产权化的管理机制、更系统化的运营流程以及新的创新体系与企业文化。同时，企业必须建立召之即来的人才资源库，将人力资源管理向外延展，覆盖内部和外部的员工，最大限度地实现"随叫随到""随到随用"。企业还应考虑建立灵活的众包平台，如联合或单独注资构建"问题池"，悬赏解决问题。未来企业成功运营的关键在于能够协调、调动、使用多少资源，因此企业要积极利用新模式和新手段，努力把资源用足、用好、用精、用到极致。

对于人才自身而言，树立终生学习的理念。未来每个人都必须努力经营好自己，通过自我管理、自我成长、自我产出和自我营销来实现自身的成长与发展；同时，要强化危机意识，一份工作干一辈子的时代即将结束，无论哪个行业的人才都必须不断发掘兴趣、自我学习、自我提升，以积极心态拥抱未来。

四、新时期高校汽车营销人才实践能力培养措施

随着汽车产业的发展，汽车营销人才需求增强，据统计，汽车市场人才的需求中，汽车营销人才需求占40%左右。随着汽车市场竞争的加剧，具有实战经验的汽车营销人才更是供不应求，而广大的汽车企业不仅需要一线的销售和服务人员，还需要有一定的研究能力、能熟练把握汽车市场发展动态、能进行市场分析和营销策划的高层次营销管理人员。近十年来，汽车营销专业建设也取得了较快的发展，开设有车辆工程专业的高等院校和相关高职院校首先开办汽车营销相关专业，其中高职层面开设较多，目前在国内已有323所职业技术院校开设该专业或专业方向，每年的毕业生逾3万人。

1. 汽车相关企业对汽车营销人才实践能力的需求现状

汽车营销专业是一个跨越经济管理和汽车工程两大门类的交叉专业，专业领域涉及汽车技术和市场营销，其职业素养和专业岗位技能涵盖了汽车工程技术和人文社会科学两个方面，是从技能到心智的全方位要求。从专业所对应的工作岗位来看，汽车营销专业主要面向汽车整车及零部件企业的市场策划及销售管理工

作、汽车服务企业的汽车销售与汽车售后服务管理等岗位群，涉及汽车市场开发与拓展，汽车整车销售，汽车配件销售，汽车保险与理赔，汽车消费信贷、二手车评估与营销等相关岗位，所需要的职业能力集中于汽车市场调查、汽车营销策划、汽车销售技能和汽车服务管理等。

对汽车营销人才有需求的汽车相关企业主要有：汽车及零部件制造企业、汽车及零部件贸易企业、汽车及零部件物流企业、汽车及零部件售后服务企业、汽车保险公司、汽车类咨询公司、城市电台或电视台的汽车栏目、汽车类软件公司、学校及科研机构、汽车文化企业。目前汽车企业相关岗位招聘的专业方向主要是本科层面的车辆工程和汽车服务工程，高职层面的汽车技术服务与营销、汽车维修与运用，研究生层面的载运工具运用工程（含汽车运用工程）、汽车营销与策划，而真正写明招聘汽车营销专业的企业非常少。

通过对国内汽车企业的调研发现，汽车企业对汽车营销专业方向学生的能力需求是：具有良好的道德品质和团队合作精神，具备市场营销管理理论、汽车营销专业知识及汽车工程技术知识，能熟练运用数据分析工具和专业外语，有较强的实践能力和创新能力，能在汽车及相关行业从事管理、策划、咨询、销售等工作的高级应用型营销人才。汽车营销专业要想办好，就必须培养汽车企业所需的人才，因此汽车营销专业在培养特色上应利用汽车企业和高校所在地方的汽车产业资源，依托高校的车辆工程学科和市场营销学科的优势，使学生对汽车产品和技术有深刻理解，具有较强的市场实践、数据分析、营销策划能力。由此可见，实践能力是汽车营销专业学生的特色和优势，实践能力的培养在专业人才培养计划中占据重要的地位和作用，这就需要在制订人才培养计划时，充分考虑到学生的就业和未来的工作岗位安排，理论课程和实践教学环节的开设要达到相应的能力培养要求。

2. 以就业为导向的汽车营销专业大学生实践能力的构成

在衡量应用型本科高校的专业办学情况时，往往以就业率为考核指标。不仅要考虑就业率指标，还应考虑在本行业的就业率，即汽车营销专业方向学生在汽车行业中的就业率，这才能真正衡量本专业的办学水平。如果学生都能就业，而就业的岗位大多与汽车有关，那就说明本专业开设很有必要，能为汽车营销相关领域培养所需要的各种人才。因此专业办学应结合汽车行业对人才的需求，使学生在毕业后能在本行业工作。汽车营销实践能力包括专业能力、社会能力和方法能力。其中专业能力具体分为：市场环境分析能力、消费者购买行为分析能力、市场细分能力、营销组合能力、营销战略能力。方法能力分为：学习能力、分析与综合能力、决策能力、逻辑思维能力、提出合理化建议能力。由此学生经过本专业的学习与训练，在毕业时应具备以下的知识和能力：

第一，掌握市场营销学、管理学、经济学、法律和企业管理的基本理论和基本方法；掌握汽车构造、汽车技术及服务的基础知识。

第二，掌握市场营销的定性、定量分析方法，掌握现代企业管理的方法和工具，具有较强的实践能力和创新精神，有较强的组织管理和沟通协调能力，能够独立进行市场研究、营销活动策划以及企业管理工作。

第三，了解本学科的国际前沿和发展动态；了解汽车及相关行业的发展现状和发展趋势。

第四，掌握信息收集、分析和处理方法，熟练运用数据分析工具和专业外语，具有初步的科学研究能力。

由上可以看出，学生应具备的实践能力侧重于：计算机操作能力、数据收集和分析能力、市场分析和研究能力、营销策划能力、沟通和协调能力、资料收集和文献检索能力、写作能力、新媒体运作能力。

3. 以就业为导向的汽车营销专业大学生实践能力的培养

（1）计算机操作能力和相关软件使用能力的培养

可通过计算机基础、Visual Basic 程序设计、管理信息系统等理论课程来实现。学生需要学习计算机基本程序语言，培养计算机基本程序编写能力。另外，随着汽车企业的信息化和办公自动化水平的提高，很多汽车企业都需要通过计算机处理日常的工作，因此还应具备计算机操作技能，如掌握 Windows、Office 等基本办公软件的使用。管理信息系统的学习，应从企业管理者的角度认识信息化和数字化对企业的作用，掌握信息系统的开发应用和管理方法，会通过多种软件对汽车进行宣传和推广，具备新媒体营销的能力，使学生认识和熟悉常见的各种信息系统应用和信息系统的设计与开发的方法。

（2）数据收集和分析能力的培养

在大数据时代，作为汽车营销专业学生，在未来的工作中会涉及大量的数据，因此应通过概率论与数理统计、应用统计学、运筹学、电子商务、数据库技术、数据挖掘、Spss 统计软件应用、CRM 实训、Python 应用等理论和实践课程的学习，学会常用数据处理软件的使用方法，学会借助软件进行数据统计分析。掌握数据收集的方法，数据分析和处理的思路与方法，学会数据文件的建立、统计图形的操作、统计方法的运用以及对数据价值的挖掘方法。

（3）市场分析和研究能力的培养

汽车营销专业的学生，不管从事什么岗位的工作，都必须要了解汽车市场，包括宏观的国际市场、国内市场、当地市场或者某一细分市场，因此会计、统计、金融、管理学的基本知识是必不可少的，通过长期的积累，加上个人的思考，不断用统计方法对结论进行验证，为市场决策提供依据。当然，学生必须具备较扎实的专业基础知识之后，才能做市场分析和市场研究。需要学习的专业基础知识有汽车构造、汽车电子技术、二手车贸易、汽车保险与理赔、汽车金融等相关课程。

（4）营销策略能力的培养

营销策略能力的培养可通过市场营销学、汽车营销学、消费行为学、品牌管理、新媒体营销、营销策划、广告学等理论课程和市场营销模拟训练、汽车市场营销课程设计、汽车销售实训等来实现。理论课程学习基本的观点和方法，通过实践课程和实训课程，让学生将理论和方法应用到实践中去。

（5）沟通和协调能力的培养

通过管理沟通、商务谈判、商务礼仪、项目管理、管理学原理等的学习，掌握沟通和协调的方法，在汽车销售实训、社会实践、认识实习、专业实习、毕业实习和毕业设计中，都会应用到这些具体的方法，促使学生在这些环节锻炼沟通和协调能力。

（6）资料收集和文献检索能力的培养

这需要学生具有较强的外语阅读能力，可通过大学英语、科技英语、国际市场营销（双语）、毕业设计中的文献查阅和文献翻译、图书馆组织的文献检索方法等环节进行培养。除了要求学生掌握中文文献的收集和检索方法，还需要掌握外文文献的收集和检索方法，尤其是进入出口业务的汽车企业的工作，更应该具备较扎实的外文阅读和翻译能力。

（7）写作能力的培养

在实际工作中，写作能力是必备能力之一，可以通过各种实习报告的写作和毕业设计论文的写作，来逐步培养和提高写作能力。近年来随着移动互联网的发展，新媒体营销不断深入和普及，软文写作也成为汽车营销人才写作能力展现的主要体现和重要平台。

在培养途径上，可依托产学研合作的大型汽车企业等汽车行业背景，利用高校的车辆工程专业资源，通过构建多层次的实践教学体系，培养应用型的高级汽车营销人才；在培养环节上，通过理论课中的实践能力培养、独立实训课中的实践能力培养、校外实践环节的实践能力培养这三个环节，探索并实践行"理论教学＋实践教学""课堂学习＋课外指导""校内实训＋校外实践"的多元化教学模式。同时开展相关比赛，以赛促学，学生可以参与的主要比赛有岗位技能模拟大赛、全国营销大赛、各类行业及企业举办的汽车营销策划大赛、全国ERP沙盘模拟大赛、全国或省级学生创业设计大赛及论文比赛，也可鼓励学生参与教师的科研工作，提高研究能力。

4. 以就业为导向的汽车营销专业大学生实践能力培养的实施

（1）实施障碍

实施障碍主要体现在以下几点：一是课程体系设置的滞后性。其原因主要在于高校实行教学计划制度，许多课程在学生入学之前人才培养计划中就已设定，不能随意更改。但是现在汽车市场变化迅速，几年前设置的汽车营销课程已经不能适应当今汽车市场发展的需求；符合当前需求的课程，也只能是教师在课堂做部分补充，无法做系统、全面的介绍。二是缺乏具有实践经验的教师。目前，多数专业教师普遍缺乏营销实战经验，不了解汽车企业营销管理的现状及运作中的重点、难点问题，与汽车企业界缺乏必要的交流和沟通，所掌握的理论知识不能与汽车企业营销实践活动有效对接；有些教师具有实践经验，并在企业兼职，但是由于教学、科研、社会工作占据了绝大部分时间，没有时间和精力投入到实践教学中。因此，从事实践教学的往往是职称不高和实践经验不足的教师，严重影响了实践教学效果。三是学生实习过于形式化。实习基地是弥补课堂实践教学和校内实践教学不足的重要实践教学载体，对培养学生综合能力发挥着重要作用。然而一些学生在实习中成为某个特定业务环节的临时打工者，不能深入了解实习单位的实际运作。学生只能东拼西凑一些材料完成实习报告，实习成了可有可无的应付环节，没有发挥其应有的作用。四是作为应用型本科院校，高校对汽车营销专业实践经费的投入远远不够。高校对重点学科的投入和建设力度十分之大，因汽车营销专业开办的历史相对比较晚，在社会上的影响力也不大，大多高校对该类一般学科的关注度和重视度相对较少，投入明显不足。

（2）实施对策

一是建立以就业为导向的科学系统的汽车营销课程体系。在人才培养方案中，把课程体系的设置与用人单位的需求相联系，在制定时参考企业界的建议，使课程学习体现实践能力的培养。二是提高教师的实践教学能力。要培养学生的实践能力，首先要提高任课教师的实践水平。可以选派一些理论扎实、业务水平高的教学骨干到汽车企业任职，或者是从企事业单位聘任既有丰富的实践背景，又有深厚的理论积淀的优秀管理人员担任兼职教师，同时学校层面要改进教师评价体系，既要注重教师学历、职称，又要重视教师的实践能力。三是加强校企合作，发挥校外实习基地作用。这是一个三赢的局面，对于企业而言，可利用学校师生的专业知识，解决企业实际问题，费用支出少；对于学生而言，实习工作更有针对性，避免了形式主义；对于学校而言，事后评价学生实习效果的标准会更客观。四是学校政策的支持。学校政策支持实践教学的措施中，要加大实践教学的投入。

随着汽车产业发展从高速增长期到成熟期的过渡，汽车企业之间的竞争加剧，汽车营销专业方向的就业前景会更好。汽车营销人才实践能力的培养，离不开学校、汽车企业和学生的共同努力，因此，加强以就业为导向的实践能力培养，才能使学生在毕业时真正成为会说、能写、懂市场、深受汽车企业欢迎的复合型汽车营销人才。

参考文献

[1] 傅家骥. 技术创新学 [M]. 北京：清华大学出版社，1998.

[2] 刘宗巍. 赵福全. 论汽车产业 [M]. 第一卷. 北京：机械工业出版社，2017.

[3] 赵福全，苏瑞琦，刘宗巍. 洞见汽车强国梦 [M]. 北京：机械工业出版社，2016.

[4] 赵福全，苏瑞琦，刘宗巍. 探索汽车强国路 [M]. 北京：机械工业出版社，2017.

[5] 赵福全，苏瑞琦，刘宗巍. 践行汽车强国策 [M]. 北京：机械工业出版社，2017.

[6] 徐秉金，欧阳敏. 中国汽车史话 [M]. 北京：机械工业出版社，2017.

[7] 巫细波. 双转型期中国品牌汽车升级模式研究 [M]. 北京：中国财政经济出版社，2020.

[8] 刘宗巍. 赵福全论汽车产业 [M]. 第二卷. 北京：机械工业出版社，2021.

[9] 田育成，梁世安. 从科技发展史看科技是第一生产力 [J]. 工业技术经济，1992(4)：30.

[10] 杨久炎. 技术创新：高质量经济增长的源泉 [J]. 科学学研究，1995（1）:50-55.

[11] 宜春霞，世界制造业生产模式变迁及其启示 [J]. 经济与社会发展，2004（2）：16-18.

[12] 张丽莉. 全球汽车产业价值链的分析与启示——以通用、福特、大众、丰田为例 [J]. 价值工程，2006(3):47-50.

[13] 孙国栋，王宁. 粗链条产业链的优化分析 [J]. 科技进步与对策，2008（5):75-77.

[14] 赵红岩. 产业链整合的演进与中国企业的发展 [J]. 当代财经，2008(9):78-83.

[15] 程宏伟，冯茜颖，张永海. 基于知识驱动的产业链整合研究——以攀钢

钒钛产业链为例[J].中国工业经济,2008(3):143-151.

[16] 唐浩,蒋永穆.基于转变经济发展方式的产业链动态演进[J].中国工业经济,2008(5):14-24.

[17] 周彩红.产业价值链提升路径的理论与实证研究——以长三角制造业为例[J].中国软科学,2009(7):163-171.

[18] 刘贵富.产业链形成机理的理论模型[J].河南社会科学,2009(1):49-52.

[19]TEECE D J. Business models, business strategy and innovation[J]. Long Range Planning, 2010, 43(2):172-194.

[20]ZOTT C, AMIT R, MASSA L. The business model: recent developments and future research[J]. Journal of Management, 2011, 37(4):10, 19-42.

[21] 任海英.论技术发展中创新与优化的关系[J].科学学研究,2012,30(6):930-935.

[22] 王雪冬,董大海.商业模式的学科属性和定位问题探讨与未来研究展望[J].外国经济与管理,2012,34(3):2-9.

[23] 阳双梅,孙锐.论技术创新与商业模式创新的关系[J],科学学研究,2013,31(10):1573-1580.

[24] 上海科技发展研究中心,信息物理融合,迎接第四次工业革命,解读德国《工业4.0》落实建议[R],科技发展研究,2013,348(29):1-12.

[25] 吴晓波.后发者如何实现快速追赶———一个二次商业模式创新和技术创新的共演模型[J].科学学研究,2013,31(11):1726-1735.

[26]CASADESUS-MASANELL R, ZHU F. Business model innovation and competitive imitation: The case of sponsor-based business models[J]. Strategic Management Journal, 2013, 34(4): 464-482.

[27]DA SILVA C M, TRKMAN P. Business model: What it is and what it is not[J]. Long Range Planning, 2014, 47(6): 379-389.

[28] 唐德淼.科业变革和互联网渗透下的产业融合[J],科研管理,2015(1):453-458.

[29] 罗珉,李亮宇.互联网时代的商业模式创新:价值创造视角[J],中国工业经济,2015(1):95-107.

[30] 余东华,胡亚男.新工业革命背景下"中国制造2025"的技术创新路径

和产业选择研究 [J]，天津社会科学，2015(7)：98-107.

[31] 刘建丽．工业 4.0 与中国汽车产业转型升级 [J]．经济体制改革，2015（6）:95-101.

[32] 李晓华．"互联网+"改造传统产业的理论基础 [J]．经济纵横，2016，3（3）:57-63.

[33] 王友发，周献中．国内外智能制造研究热点与发展趋势 [J]．中国科技论坛，2016(4):154-160.

[34] 赵福全，刘宗巍．工业 4.0 浪潮下的中国制造业转型策略研究 [J]．中国科技论坛，2016(3):58-68.

[35] 赵福全，刘宗巍，史天泽．中国制造 2025 与工业 4.0 对比解析及中国汽车产业应对策略 [J]．科技进步与对策，2017，34(14):85-91.

[36] 王莉．技术创新驱动的转型发展研究——基于新能源汽车产业 [J]．科学管理研究，2016，34(5):48-52.

[37] 邢纪红，传统制造企业"互联网+"商业模式创新的结构特征及其实现路径研究 [J]．世界经济与政治论坛，2017，2(3):70-89.

[38] 关云平，严鹏．中国汽车出口竞争力："一带一路"视野下的长期结构分析 [J]．深圳大学学报（人文社会科学版），2017，34(6):34-39.

[39] 赵福全，刘宗巍，赵世佳．社会与产业变革浪潮下的人才战略与转型对策：以汽车产业为例 [J]．科学管理研究，2017，35(1):47-50，62.

[40] 迟庆萱．基于模仿创新理论的中国新能源汽车产业发展研究 [D]．济南：山东大学，2017．

[41] 辜胜阻，吴华君，吴沁沁，等．创新驱动与核心技术突破是高质量发展的基石 [J]．中国软科学，2018(10):9-18.

[42] 资本市场改革课题组．创新驱动高质量发展要深化资本市场改革——兼谈科创板赋能创新发展 [J]．经济学动态，2019(10):93-100.

[43] 杨守德．技术创新驱动中国物流业跨越式高质量发展研究 [J]．中国流通经济，2019，33(3):62-70.

[44] 韩江波．创新驱动经济高质量发展：要素配置机理与战略选择 [J]．当代经济管理，2019，41(8):6-14.

[45] 胡迟．以创新驱动打造我国制造业高质量成长——基于 70 年制造业发展

回顾与现状的考察[J].经济纵横,2019(10):53-63.

[46] 赵丽霞,阿拉腾额古乐.科技创新能力对经济高质量发展影响路径量化研究[J].科学管理研究,2019,37(4):103-107.

[47] 宋大伟.坚持创新驱动引领中国经济高质量发展[J].中国科学院院刊,2019,34(10):1152-1155.

[48] 张永安,鲁明明.创新驱动视角下企业创新效率及要素投入差异性研究——基于新能源汽车上市企业的经验数据[J].工业技术经济,2019,38(11):86-93.

[49] 刘宗巍,丁超凡,赵福全.未来汽车人才特征图谱及变化趋势研究[J].科技管理研究,2019,39(9):28-35.

[50] 张治河,郭星,易兰.经济高质量发展的创新驱动机制[J].西安交通大学学报(社会科学版),2019,39(6):39-46.

[51] 丁涛,胡汉辉.创新驱动经济高质量发展分析——以中美贸易战为背景[J].技术经济与管理研究,2019(12):100-104.

[52] 王慧艳,李新运,徐银良.科技创新驱动我国经济高质量发展绩效评价及影响因素研究[J].经济学家,2019(11):64-74.

[53] 蓝乐琴,黄让.创新驱动经济高质量发展的机理与实现路径[J].科学管理研究,2019,37(6):10-17.

[54] 乔玉婷,鲍庆龙,曾立,等.军民融合协同创新驱动产业园区高质量发展研究[J].科技进步与对策,2019,36(12):131-136.

[55] 唐柯函.创新驱动与企业高质量发展论坛暨第十一届全国比较管理学术研讨会召开[J].济南大学学报(社会科学版),2019,29(4):161.

[56] 廖直东,代法涛,荣幸.高质量发展的创新驱动路径——基于工业创新产出变化及其驱动效应的LMDI分解[J].产经评论,2019,10(3):131-143.

[57] 杨海生.军地协同创新驱动产业园区高质量发展策略——基于全面协同创新的应然分析[J].河南师范大学学报(哲学社会科学版),2020,47(6):80-85.

[58] 李华军.区域创新驱动与经济高质量发展的关系及协同效应——以广东省为例[J].科技管理研究,2020,40(15):104-111.

[59] 唐启升.以科技创新驱动引领山东高质量发展[J].科技导报,2020,38

(14):1-2.

[60] 高丽娜,宋慧勇.创新驱动、人口结构变动与制造业高质量发展[J].经济经纬,2020,37(4):81-88.

[61] 林春,孙英杰.创新驱动与经济高质量发展的实证检验[J].统计与决策,2020,36(4):96-99.

[62] 王文涛,曹丹丹.互联网资本与民营经济高质量发展:基于企业创新驱动路径视角[J].统计研究,2020,37(3):72-84.

[63] 李娇楠.创新驱动高质量发展的内在根据探析[J].领导科学,2020(2):116-118.

[64] 魏婕,安同良.面向高质量发展的中国创新驱动[J].中国科技论坛,2020(1):33-40.

[65] 刘锴,周雅慧,王嵩,等.创新驱动下中国区域高质量发展——基于平衡充分发展水平的门槛分析[J].技术经济,2020,39(12):1-8.

[66] 巫细波,程风雨,罗谷松."一带一路"沿线汽车市场时空变化特征及影响因素研究:基于2005—2017年面板数据[J].世界地理研究,2020,29(4):814-824.

[67] 赵天翊,罗欣伟,雷家骕.创新驱动高质量发展所需的创新生态体系与产业发展体系的耦合关系研究[J].中国电子科学研究院学报,2020,15(6):506-512,529.

[68] 高维龙,李士梅,胡续楠.粮食产业高质量发展创新驱动机制分析——基于全要素生产率时空演化视角[J].当代经济管理,2021,43(11):53-64.

[69] 刘和东,陈洁.创新系统生态位适宜度与经济高质量发展关系研究[J].科技进步与对策,2021,38(11):1-9.

[70] 惠娟,谭清美.新时代背景下科技创新影响区域高质量发展作用机制[J].管理现代化,2021,41(2):39-44.

[71] 田晖,程倩,李文玉.进口竞争、创新与中国制造业高质量发展[J].科学学研究,2021,39(2):222-232.

[72] 刘会武,赵祚翔,马金秋.区域高质量发展测度与创新驱动效应的耦合检验[J].技术经济,2021,40(9):1-13.

[73] 张国珍,潘爱玲,邱金龙.多维市场竞争是高质量创新的助力还是阻

力——基于汽车行业的 Heckman 两阶段实证检验 [J]. 中国科技论坛, 2021(2):17-26, 38.

[74] 朱于珂, 高红贵, 肖甜. 工业企业绿色技术创新、产业结构优化与经济高质量发展 [J]. 统计与决策, 2021, 37(19):111-115.

[75] 刘鑫鑫, 惠宁. 互联网、技术创新与制造业高质量发展——基于创新模式的异质效应分析 [J]. 经济问题探索, 2021(9):143-155.

[76] 窦克勤, 何小龙, 李君, 等. 从新冠疫情防控看信息技术创新应用促进经济社会高质量发展 [J]. 科学管理研究, 2021, 39(2):2-8.

[77] 谢泗薪, 胡伟. 经济高质量发展与科技创新耦合协调: 以京津冀地区为例 [J]. 统计与决策, 2021, 37(14):93-96.

[78] 孙斌, 田植良, 王亮文, 等. 创新驱动的装备制造产业集群高质量发展研究 [J]. 计算机仿真, 2021, 38(7):1-6, 16.

[79] 郭斌, 杜曙光. 新基建助力数字经济高质量发展: 核心机理与政策创新 [J]. 经济体制改革, 2021(3):115-121.

[80] 贾洪文, 张伍涛, 盘业哲. 科技创新、产业结构升级与经济高质量发展 [J]. 上海经济研究, 2021(5):50-60.

[81] 张喜玲, 唐莎. 数字金融、高质量就业与自主创新 [J]. 金融与经济, 2021(9):32-41.

[82] 李朴民. 持续强化创新引领高质量发展的人才支撑 [J]. 中国人力资源开发, 2021, 38(5):2-3.

[83] 于兆吉, 单诗惠, 王海军. 产教协同模式下的高质量创新人才培养 [J]. 现代教育管理, 2021(2):23-29.

[84] 冯梦黎, 胡雯. 中国创新系统对经济高质量发展的影响研究 [J]. 技术经济与管理研究, 2021(4):12-16.

[85] 姜玉梅, 孟庆春, 李新运. 区域科技创新驱动经济高质量发展的绩效评价 [J]. 统计与决策, 2021, 37(16):76-80.

[86] 冉征, 郑江淮. 创新能力与地区经济高质量发展——基于技术差异视角的分析 [J]. 上海经济研究, 2021(4):84-99.

[87] 李文鸿, 曹万林. 科技创新、对外开放与京津冀高质量协同发展研究 [J]. 统计与决策, 2021, 37(7):122-126.

[88] 塞令香,苏宇凌,丁甜甜.数字创新驱动中国海洋产业高质量发展研究[J].管理现代化,2021,41(5):20-24.

[89] 克琴.新发展格局下创新驱动与商贸流通业高质量发展——基于技术创新与管理创新的比较[J].商业经济研究,2021(14):13-17.

[90] 李浩.以创新驱动、绿色转型聚力长江经济带高质量发展——《长江经济带创新驱动与绿色转型发展研究》评介[J].华中师范大学学报(自然科学版),2021,55(3):505-506.

[91] 黄毅敏,马草原,张乃心,等.高质量发展视阈下创新驱动制造业价值链攀升的机理研究——以河南省为例[J].生态经济,2021,37(8):64-70.

[92] 任保平.把创新驱动嵌入高质量发展各个环节[J].红旗文稿,2021(7):34-36.

[93] 李娜娜,杨仁发.创新驱动与城镇化高质量发展效应研究[J].城市问题,2021(3):38-47.

[94] 师博,樊思聪.创新驱动经济高质量发展的空间效应与机制研究[J].广西大学学报(哲学社会科学版),2021,43(2):78-84.

[95] 袁宝龙,李琛.创新驱动我国经济高质量发展研究——经济政策不确定性的调节效应[J].宏观质量研究,2021,9(1):45-57.

[96] 孙艺璇,程钰,刘娜.中国经济高质量发展时空演变及其科技创新驱动机制[J].资源科学,2021,43(1):82-93.

[97] 陶长琪,冷琴.以创新驱动促进江西省制造业高质量发展的实证研究[J].江西师范大学学报(自然科学版),2021,45(1):1-9.

[98] 赵玉海.新经济时代支持创业的两种工具研究[D].南京:河海大学,2006.

[99] 邵天宇.互联网思维下的商业模式创新路径研究[D].大连:大连理工大学,2014.

[100] 罗文.互联网产业创新系统及其效率评价研究[D].北京:北京交通大学,2014.